실용적인 클라우드 보안

실용적인 클라우드 보안

클라우드 보안 기초와 실무

크리스 닷슨 지음 김종준 · 신동혁 옮김

에이콘

지은이 소개

크리스 닷슨^{Chris Dotson}

Chris Dotson

IBM 선임 기술직원이자 IBM 클라우드와 왓슨^{Watson} 플랫폼 조직의 수석 보안 아키텍트다. Open Group Distinguished IT 아키텍트 자격증을 비롯해 11개의 전문 자격증을 보유했으며, IT업계에서 20년 이상의 경력이 있다. http://www.ibm.com 홈페이지에서 클라우드 혁신가로도 여러 차례 소개됐다. 주력 분야는 클라우드 인프라 보안, 네트워킹 인프라 보안, 서버, 스토리지이며 농담을 아주 좋아한다.

감사의 글

이 책은 훌륭한 아내 타비타 닷슨^{Tabitha Dotson}의 격려와 지원 없이는 불가능했을 것이다. 아내는 이런 기회를 놓칠 수 없다며 나를 격려해줬고, 이 책을 성공적으로 마무리하려고 1년 넘게 최선을 다했다. 또한 다양한 아이디어를 제공해준 우리 자녀 사만다^{Samantha}(그리스 신화에 대한 폭 넓은 지식 제공)와 몰리^{Molly}(끊임없는 도전 정신과 다른 시각을 제공)에게 감사한다.

책을 출판하는 과정에는 많은 사람의 지원이 있었다. 그동안 지원해주신 분들께 감사 인사를 전하고자 한다. 편집자 Andy Oram, Courtney Allen, 검토를 해주신 Hans Donker, Darren Day, Edgar Ter Denielyan, 책을 출판 하는 전 과정에서 나를 지원해주고 이끌어준 오라일리의 멋진 팀에 다시 한 번 감사드린다.

마지막으로 질문에 답해주고 아이디어를 짜줬으며, 쓸데없는 말장난을 들어주고, 실수에 웃어주고, 실제로 책의 대부분 내용을 가르쳐준 모든 친구, 가족, 동료, 멘토에게 감사하고 싶다.

옮긴이 소개

김종준(juneei@naver.com)

기업 보안 및 개인정보 보호 담당자로, 반도체업계, 모바일업계에서 근무했으며 현재 이커머스 기업에서 보안 팀을 이끌고 있다. 특히 AWS 클라우드 환경을 활용하는 기업에서 그 시작과 확장을 직접 경험하며 온프레미스와 클라우드 환경 모두를 아우르는 보안 강화에 많은 노력을 기울여 왔다. 보안 정책, 개인정보 보호, ISO27001, ISMS-P 등 보안 인증 및 내부 보안 감사, ISO31000 프레임워크 기반의 위험 관리, 미국 영화협회의 MPAA, 다양한 기술 보안 경험 등 보안과 개인정보에 다양하고 광범위하며 높은 수준의 경험이 있다.

온프레미스 환경의 IT와 보안을 경험한 독자라면 이 책을 이해하는 데 전혀 어려움이 없을 것이다. 이 책을 읽고 업무에 적용하면서 역량을 펼치기를 바란다.

신동혁(008sdh@naver.com)

대기업, 이커머스업계, O2O 플랫폼을 거쳐 현재 글로벌 미디어 기업의 정보 보호 최고책임자[CISO]겸 개인정보 보호 책임자[CPO]로 근무하고 있다. 다양한 기업에서 해외 컴플라이언스 규제, 국내외 보안 인증 ISO27001, ISO27701, ISMS-P 등 보안 체계를 구축했다. 정보 보호 공학 석사, 컴퓨터 공학 박사 학위를 취득했으며, 국립 충북대학교에서 경영정보학과 겸임 교수, 고려사이버대학교 정보관리보안학과 교수로 후학 양성에도 기여하고 있다.

이 책은 클라우드 환경의 IT와 보안을 다루고 있지만 기존 온프레미스 경험이 어느 정도 있다면 내용을 이해하는 데 크게 어려움이 없을 것이다. 이 책이 클라우드 IT와 보안의 기초를 다지는 데 도움이 되기를 기원한다.

옮긴이의 말

이 책은 클라우드 컴퓨팅 환경에 보안 정책과 기술을 어떻게 적용해야 하는지, 기존 온프레미스 환경과 클라우드 환경 서버에 어떤 보안 차이점이 있는지를 설명한다. 기존 온프레미스 환경에서 보안을 구축하고 운영한 경험이 있다면 클라우드 환경에서 보안을 적용하는 방법을 더욱 쉽게 배울 수 있다. 이 책은 기본적인 보안원칙과 개념, 데이터 자산 관리와 보호, ID 및 접근 관리, 취약점 관리, 네트워크 보안, 침해 사고 탐지 및 대응 등 여러 도메인의 실용적인 기술을 쉽게 설명한다.

기업에서 ISMS, ISMS-P, ISO27001, ISO27701과 같은 국내외 보안 인증을 준비하는 기업 보안 담당자, 이제 막 클라우드 보안에 입문하는 학생에게도 도움을 줄 수 있는 기초 지식도 담고 있다. 클라우드 보안에 입문해서 공부를 시작하는 독자, 실무를 진행하는 독자에게 도움이 되기를 기원한다.

에이콘출판의 기틀을 마련하신 故 정완재 선생님(1935-2004)

차례

들어가며

이 책은 클라우드 환경을 보호할 수 있도록 돕는 실용적인 가이드다. 거의 모든 조직에서 보안은 시간과 비용적인 투자를 확보하기 위해 싸워야 하며, 우선순위가 많이 밀린다. 보안 측면에서 '가성비'에 중점을 두는 것은 중요하다.

이 책은 클라우드에 처음 입문하는 보안 전문가, 보안에 책임 있는 아키텍트와 개발자에 상관없이 가장 중요한 정보 자산을 보호할 때 가장 필요한 보안 통제를 적시적소에 적용하는 데 도움이 될 것이다. 기본적인 보안 요소를 견고히 익히고 추가 보안 통제를 적용해 나감으로써 보안 능력을 높일 수 있다.

보안 통제와 원칙은 클라우드와 온프레미스 환경에서 유사하지만 몇 가지 중요한 차이점이 있다. 따라서 온프레미스에서 보안을 경험했던 사람들에게 실제 클라우드 보안에 관한 몇 가지 권장 사항은 놀랄 정도로 다르다. 대부분의 정보 보안 분야에서는 보안 전문가들 사이에 의견 차이가 있다. 이 책에서 제시하는 권장 사항은 실제 클라우드 환경에서 보안을 운영해본 경험을 녹였고, 추가적으로 새롭게 개발하고 있는 기능적인 정보를 제공한다.

초반에서는 클라우드와 온프레미스 환경에서 사용자의 책임이 어떻게 다른지 이해하고, 보유한 정보 자산이 무엇이며 해당 자산에서 발생할 수 있는 가장 큰 위협은 무엇인지, 어떻게 위협으로부터 자산을 보호할 수 있는지를 설명한다.

나머지 장에서는 가장 먼저 고려해야 할 중요한 보안 통제를 우선순위에 따라 적용할 수 있도록 실용적인 지침을 제공한다.

- ID와 접근 관리

- 취약점 관리

- 네트워크 통제

마지막 장에서는 침해 시도가 있을 때 이를 탐지하고 대응하는 방법을 다룬다. 실제로 보안 침해 사고가 발생하기 전에 마지막 장을 먼저 읽는 것이 좋다.

조직에서 PCI 인증이나 SOC 2 보고서와 같은 인증이나 증명을 확보해야 한다면 몇 가지 특정 위험을 주의해야 한다. 또한 조직에 적용돼야 하는 규정은 어떤 것이 있는지 확인해야 한다. 예를 들면 미국에서 PHI(건강 정보 보호)를 처리하거나 애플리케이션이 호스팅되는 위치에 관계없이 EU 시민의 개인정보를 처리하는 경우도 있다.[1]

편집 규약

이 책에서는 아래와 같은 표기 규칙을 사용한다.

고정폭 글자

프로그램 목록뿐만 아니라 프로그램 요소를 설명하는 문단에도 사용된다. 예를 들면 변수, 함수 이름, 데이터베이스, 데이터 유형, 환경 변수, 문장, 키워드 등이 있다.

---

1. 국내 조직에서 개인정보를 처리하는 경우 개인정보보호법을 적용받을 것이다. – 옮긴이

굵은 글씨의 고정폭 글자

독자가 문자 그대로 입력해야 하는 명령이나 다른 텍스트를 표시한다.

이 요소는 팁이나 제안을 의미한다.

이 요소는 일반적인 참고를 의미한다.

이 요소는 경고나 주의를 나타낸다.

문의

이 책에 대한 의견이나 기술적인 질문이 있다면 bookquestions@oreilly.com으로 이메일을 보내주기 바란다. 이 책의 오탈자, 예제와 추가 정보는 원서의 도서정보 페이지 http://bit.ly/practical-cloud-security에서 찾아볼 수 있다.

한국어판의 정오표는 에이콘출판사의 도서정보 페이지 http://www.acornpub.co.kr/book/cloud-security에서 찾아볼 수 있다. 한국어판에 관한 질문은 이 책의 옮긴이나 에이콘출판사 편집 팀(editor@acornpub.co.kr)으로 문의해주길 바란다.

표지 그림

표지에 있는 동물은 붉은 솔개다. 독수리, 매와 관련된 이 맹금류는 서유럽과 스칸디나비아 일부 지역에 서식한다. 동쪽으로 우랄 산맥, 서쪽으로 이스라엘, 이집트에서도 발견된다.

이 새의 몸통 대부분과 날개깃 위쪽의 깃털은 오렌지색 계통의 붉은색이다. 평균 길이 24~28인치, 날개폭은 68~70인치다. 날개폭은 크고 무게는 가벼워서 먹이를 찾으려고 우아하게 날 수 있다. 갈라진 꼬리는 비행 중에 두드러지게 나타난다. 또한 고기를 찢는 데 적합한, 독수리와 비슷하게 구부러진 부리를 갖고 있다. 쥐, 들쥐, 두더지, 토끼와 같은 작은 동물과 썩은 고기를 먹는다.

붉은 솔개는 일부일처제고, 수컷과 암컷이 함께 둥지를 짓고 새끼에게 먹이를 준다. 이 새들은 해마다 같은 둥지로 돌아갈 수 있으며, 다음 세대에는 자신이 부화된 곳에서 몇 마일 떨어진 곳에 둥지를 트는 경향이 있다.

중세시대에 붉은 솔개는 마을의 부패한 음식이나 해충을 해결해준다고 알려졌지만 영국에서 이 새는 유해 동물로 여겨졌다. 20세기 초까지 사냥으로 거의 멸종될 뻔한 적도 있었다. 20세기 말과 21세기 초에 다시 들여와 현재 가장 멸종 가능성이 높은 종으로 간주돼 영국의 녹색 목록에 있다.

오라일리 책 표지의 많은 동물이 멸종 위기에 처해 있다. 이 세상의 모든 동물이 중요하다는 것을 잊지 말자.

표지 그림은 캐런 몽고메리[Karen Montgomery]가 그린 것으로, Lydekker의 Royal Natural History 도감에 사용된 흑백 판화를 바탕으로 그렸다.

1장

원칙과 개념

이 책은 실용 가이드이긴 하지만 실용적 부분에 본격적으로 뛰어들기 전에 몇 가지 클라우드와 관련된 보안 원칙을 높은 수준에서 다뤄볼 필요가 있다. 숙련된 보안 전문가이지만 클라우드에는 익숙하지 않다면 '클라우드 책임 공유 모델' 절을 살펴 보길 바란다.

최소 권한

최소 권한 원칙은 간단히 말해 사람이나 자동화 도구가 오로지 업무를 수행하는 데 필요한 것에만 접근해야 된다는 것이다. 최소 권한 원칙을 자동화에 적용하는 것을 간과하기 쉬운데, 예를 들면 데이터베이스에 접근하는 구성 요소는 쓰기 권한이 필요하지 않은 경우 데이터베이스에 쓰기가 가능한 자격증명을 부여하는 것을 허용해서는 안 된다.

실제로 최소 권한을 적용한다는 것은 흔히 기본적으로 접근이 거부되는 정책들이 적용된다는 것을 의미한다. 즉, 사용자에게 기본적으로 어떤 권한도 부여되지 않거나 거의 권한이 부여되지 않는다는 것을 말한다. 그리고 사용자가 요구하는 권한들은 요청과 승인 절차가 필요하다는 것을 의미한다.

클라우드 환경의 경우 일부 관리자는 클라우드 콘솔에 접근할 수 있어야 하는데, 이 클라우드 콘솔은 가상 머신과 같은 클라우드 자산을 생성, 수정, 삭제할 수 있는 웹 페이지다. 많은 클라우드 제공자의 경우 클라우드 콘솔에 접근할 수 있는 누구든지 기본적으로 해당 클라우드 제공자가 관리하는 모든 것에 대해 무엇이든 할 수 있는 신적인 권한을 갖게 된다. 여기에는 프로비저닝된 시스템의 운영체제에서 어떤 통제가 수행되고 있는지에 관계없이 클라우드 환경의 모든 부분에서 데이터를 읽고 수정하고 삭제할 수 있는 기능이 포함될 수 있다. 이러한 이유로 온프레미스^{on-premises}에 있는 물리적인 데이터 센터만큼 클라우드 콘솔에서의 권한과 접근을 엄격하게 통제할 필요가 있고, 특정 권한을 보유한 사용자가 수행하는 작업들도 마찬가지로 엄격히 기록돼야 한다.

심층 방어

이 책에서 다루는 많은 통제가 완벽히 구현된다면 다른 통제들은 필요하지 않게 될 것이다. 심층 방어는 공격자가 어떤 약점을 이용해 어떻게 공격할지 결정했거나 보안 통제의 구현 방식에 문제가 있기 때문에 거의 모든 보안 통제가 실패할 수 있다는 사실을 인정하는 것이다. 심층 방어로 중첩되는 보안 통제 계층을 겹겹이 생성하게 돼 한 계층에서 실패하더라도 뒤에 위치한 다른 계층에서 공격자를 잡을 수 있다.

이 심층 방어를 너무 깊이 있게 시행한다면 잘못된 방향으로도 진행될 수 있다. 나중에 설명하겠지만 직면할 수도 있는 위협 요소가 무엇인지 이해하는 것이 중요한 이유이기도 하다. 하지만 원칙적으로 조직이 갖고 있는 어떤 단일 보안 통제라도 지적할 수 있어야 하며, "이 단일 통제가 실패하면 어떻게 할 것인가?"라는 질문에 답할 수 없다면 심층 방어는 충분하지 않다는 것을 의미한다.

위협 행위자, 다이어그램, 신뢰 범위

위험에 대해 생각하는 방식은 다양하지만 나는 자산 지향적 접근법을 선호한다. 자산 지향적 접근법은 보호할 필요가 있는 자산에 먼저 집중하는 것을 말한다. 2장에서 데이터 자산부터 다루는 이유다.

누가 조직이 운영하는 서비스에 문제를 일으킬 가능성이 가장 높은지 명심하는 것도 좋은 생각이다. 사이버 보안 용어로 표현하면 이들은 바로 잠재적인 '위협 행위자'인 것이다. 예를 들어 자금력이 뛰어난 정부 관련자들은 경계할 필요가 없을 수도 있겠지만 데이터를 훔쳐 돈을 벌려고 하는 범죄자나 웹 사이트 변조를 시도하려는 '핵티비스트hacktivist'가 공격할 수 있다. 그러므로 모든 방어 수단을 설계할 때 언제나 이들을 대비해야 한다는 것을 명심해야 한다.

위협 행위자 및 동기와 방법[1]에 대해 수많은 정보와 토론이 가능하겠지만 이 책에서는 걱정할 필요가 있는 주요 4가지 위협 행위자 유형을 고려할 것이다.

- 주로 돈벌이에 관심 있는 범죄 조직이나 별도의 범죄자

- 훔친 데이터를 공개하거나, 공공 기물을 파손하거나, 사업을 방해해 신뢰를 떨어뜨리려 하는 핵티비스트

- 신뢰를 떨어뜨리거나 돈벌이에 주로 관심이 있는 내부 공격자

- 기밀 정보를 훔치거나 사업을 방해하는 데 관심이 있을 수도 있는 정부 관계자

사용자 경험 설계 분야에서 사용하는 기법을 좀 빌려 얘기한다면 해당 그룹의 구성원을 상상하고 구성원들에게 이름을 부여하며 카드에 그들의 '페르소나persona'를 조금은 적어두고 방어 기법을 설계할 때 그 카드를 잘 보이게 하고 싶을 수 있다.

---

1. 버라이즌(Verizon) 데이터 침해 조사 보고서(https://www.verizon.com/business/resources/reports/dbir/)는 훌륭한 무료 리소스다. 산업군, 방법, 경영진 측면으로 구성된 다양한 유형의 성공적 공격 사례가 이해하기 쉽게 요약돼 있다.

두 번째로 할 일은 애플리케이션에서 무엇을 얘기하려 하는지 알아내는 것이고, 이를 알아내는 가장 쉬운 방법은 먼저 전체 그림을 그린 뒤 약점이 있을 만한 곳이 어딘지 찾는 것이다. 보안을 어떻게 디자인하는 것이 좋은지 그 방법을 알려주는 좋은 책들이 있지만[2] 모두가 스스로 직접 의사결정을 내릴 수준의 보안 전문가가 될 필요는 없다. 하지만 조직이 높은 위험 환경에 있다면 막대 그림(인물과 동물의 몸통과 사지는 직선으로, 머리는 원으로 그린 그림)을 그리는 것보다는 좀 더 적절한 도구를 사용해 제대로 된 그림을 그려야 한다.

다양한 애플리케이션 아키텍처가 있겠지만 여기서 사용하는 샘플 애플리케이션에서는 간단한 3 티어 구조로 보여준다.

1. 막대 그림을 그리고 '사용자'라고 이름을 붙인다. 다른 막대 그림을 그리고 '관리자'라고 표기한다(그림 1-1). 나중에 다중 사용자 및 관리자 또는 다른 역할을 가진 것을 알게 되겠지만 이제 시작하는 단계이기 때문에 조급해 하지 말자.

그림 1-1. 사용자와 관리자 역할

2. 사용자와 통신하는 첫 번째 구성 요소(예, 웹 서버)를 박스로 그려보자. 사용자부터 첫 번째 구성 요소까지 선을 그린 뒤 그 선에 사용자와 구성 요소 사이에서 통신하는 방식을 기록하자(그림 1-2). 여기서 언급하고 있는 구성 요소는 서버리스 함수일 수도 있고, 컨테이너나 가상 서버나 다른 어떤 것

---

2. 아담 쇼스탁(Adam Shostack)의 『Threat Modeling: Designing for Security』(Wiley)를 추천한다.

일 수도 있다. 이런 식으로 설명하면 누구든 첫 번째 구성 요소를 이야기할 수 있게 되므로 가장 먼저 해야 할 일이 될 것이다. 첫 번째 구성 요소에 연결할 수 있는 불필요한 다른 구성 요소들을 신뢰 영역에 두는 것은 정말 원치 않는다.

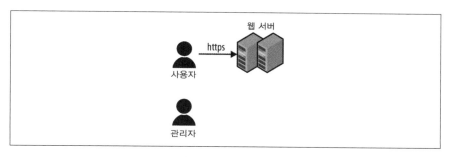

그림 1-2. 첫 번째 구성 요소

3. 첫 번째 시스템에서 통신해야만 하는 다른 모든 구성 요소를 첫 번째 구성 요소 뒤에 다른 박스로 그려놓고 해당 구성 요소로 연결되는 선을 긋는다(그림 1-3). 데이터를 실제로 저장하는 시스템에 도달하게 되면 그 옆에 작은 기호(주로 실린더)를 그려 어떤 데이터가 있는지 기록한다. 애플리케이션에 대해 더 이상 박스를 그릴 것이 없을 때까지 계속해서 진행한다.

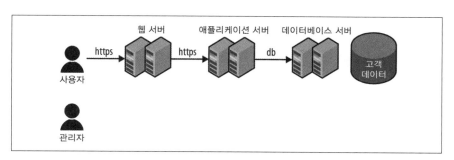

그림 1-3. 추가된 구성 요소

4. 이제 관리자(및 사용자가 정의한 다른 역할)가 애플리케이션에 접속하는 방법을 그려본다. 관리자는 이 애플리케이션에 통신하려고 여러 가지 다양

한 방법을 사용하는데, 예를 들어 클라우드 제공자가 제공한 포털 내 콘솔이나 API, 운영체제에 직접 접속하는 것, 또는 사용자가 시스템 운영체제에 접속하는 것과 같은 방법으로 애플리케이션과 통신할 수 있다(그림 1-4).

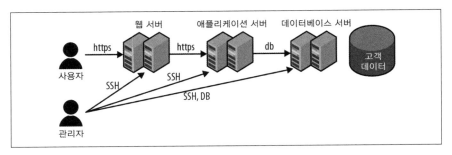

그림 1-4. 관리자 접속

5. 박스 주위에 점선으로 신뢰 범위$^{trust boundary}$를 그려보자(그림 1-5). 신뢰 범위란 신뢰 범위 내에 있는 모든 것을 범위 내부의 다른 보안 요소에 의해 적어도 어느 정도 신뢰성을 확신할 수 있지만, 범위 밖의 다른 것에 대해 신뢰하기 전의 검증을 요구하는 것을 의미한다. 공격자가 신뢰 범위의 한 부분을 차지하면 결국 모든 것을 완벽히 통제할 수 있다고 보는 것이 합리적이다. 따라서 각 신뢰 범위를 통과하는 데 어느 정도 노력을 기울여야만 한다. 같은 신뢰 범위 안에 다중 웹 서버를 그려봤다. 이 그림에서 웹 서버들은 각각 웹 서버를 서로 완전히 신뢰한다는 것을 의미한다. 누군가 한 서버에 접속하면 모든 서버에 효과적으로 접근할 수 있다. 달리 말하면 누군가 이러한 웹 서버 중 하나를 손상시키면 다른 모든 서버도 손상돼 더 이상 손상될 것이 없게 된다.

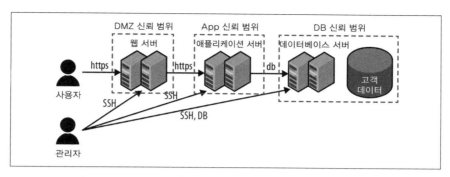

그림 1-5. 구성 요소 신뢰 범위

6. 어느 정도는 다른 세계보다 우리 전체 시스템을 더 신뢰하기 때문에 관리
자를 포함한 모든 박스 주위에 점선을 그리되, 사용자는 그리지 않는다(그
림 1-6). 웹 서버 및 데이터베이스 관리자와 같이 여러 관리자가 있다면 그
들은 다른 신뢰 범위 영역 내에 있을 수 있다는 것을 유념하자. 신뢰 범위
내부에 신뢰 범위가 있다는 것은 신뢰 수준이 서로 다르다는 것을 의미한
다. 예를 들어 여기 있는 서버들은 애플리케이션 내부의 다른 신뢰 범위에
있는 서버들이 보내는 네트워크 연결을 당연히 받아들이겠지만 그 서버들
이 신뢰할 만한지 계속 확인하려고 할 것이다. 해당 서버들은 전체 애플리
케이션 신뢰 범위 밖에 놓인 시스템에서 오는 연결은 받지 않을 수 있다.

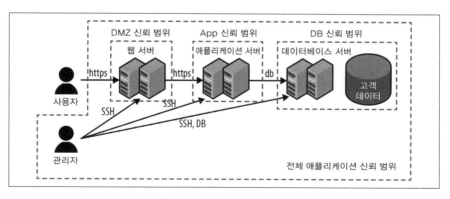

그림 1-6. 전체 애플리케이션 신뢰 범위

그림 1-6을 활용해 책임 공유 모델, 자산 인벤토리, 통제, 모니터링을 다룰 때 샘플 애플리케이션으로 쓸 것이다. 다이어그램에서 클라우드의 세부 통제가 보이지 않지만 장을 진행하면서 이 다이어그램은 변경될 것이다. 다이어그램에 그려진 선이 신뢰 범위를 넘는 곳을 잘 살펴보자. 이곳들은 우선적으로 보안에 집중해야 될 곳이다.

클라우드 제공 모델

IaaS^{Infrastructure as a Service}, PaaS^{Platform as a Service}, SaaS^{Software as a Service}의 개요가 없으면 완전한 클라우드 컴퓨팅 책이 아니라는 불문율이 있다. IaaS나 PssS와 같은 서비스 모델은 표준 개요라기보다 오히려 일반적 개념을 이해하는 것에만 유용하다는 점을 말하고 싶다. 특히 IaaS와 PaaS 사이의 경계는 점점 더 모호해지는 중이다. 인터넷에서 사용자 정보를 캐시해서 사용자와 가까이 있게 하는 CDN^{Content Delivery Network} 서비스는 PaaS인가? IaaS인가? 사실 CDN 서비스가 PaaS인지 IaaS인지는 별로 중요하지 않다. 중요한 것은 서비스에서 무엇이 제공되고 제공되지 않는지 이해하는 것이 중요하다. PaaS, IaaS처럼 어떤 특정 카테고리에 깔끔하게 들어맞는지가 중요한 것이 아니다.

클라우드 책임 공유 모델

보안 담당자가 대답해야 하는 가장 기본적 보안 질문은 "나는 보안의 어떤 부분을 담당하고 있는가?"이다. 이 질문은 흔히 온프레미스 환경에서 답변이 되고 있다. 개발 조직은 코드 에러를 책임지고, IT 운영 조직은 그 밖의 모든 것을 책임진다. 현재 많은 조직이 데브옵스^{DevOps} 모델을 운영 중인데, 데브옵스 모델에서 개발과 운영의 책임이 공유되고, 개발 팀과 운영 팀 사이 경계가 모호하거나 심지어 경계가 존재하지 않는다. 조직이 어떻게 구성되든지 상관없이 대부분의 모든 보안책임은 회사 내부에 존재한다.

온프레미스에서 클라우드 환경으로 이동할 때 발생할 수 있는 가장 불안한 변화 중 하나는 보안을 위한 더욱 복잡한 책임 공유 모델$^{Shared\ Responsibility\ Model}$이다. 온프레미스 환경에서 조직 내의 사용자를 위해 서버를 운영하는 IT 부서와 다른 부서 간의 양해 문서와 계약서를 갖고 있을 수도 있다. 그러나 많은 경우 IT 비즈니스 사용자는 요구 사항이나 코드를 내부 제공자에게 전달하고, 특히 보안 영역에서 모든 보안 요구 사항을 이행하는 데 익숙해져 있었다.

심지어 조직 내의 서비스를 일정시간 동안 클라우드 환경에서 운영해 왔다 할지라도 클라우드 제공자의 책임이 어디까지인지 생각하는 것을 멈출 필요는 없다. 클라우드 제공자와 사용자의 책임 경계선은 사용자가 구매한 클라우드 서비스 유형에 따라 달라진다. 거의 대부분의 클라우드 제공자는 문서화 및 교육과 같은 방법으로 이를 다룬다. 그러나 이를 설명하는 가장 좋은 방법은 피자를 먹는 것에 비유하는 것이다.

Pizza-as-a-Service[3]를 이용해 피자가 너무 먹고 싶다고 하자. 피자를 먹고자 선택할 수 있는 방법은 많다. 집에서 피자를 만들 수도 있지만 재료도 충분해야 하고 피자를 만드는 시간이 많이 걸릴 수도 있다. 피자가 먹고 싶으면 집에서 바로 오븐에 구워먹는 피자를 식료품점에서 구할 수도 있다. 이때 필요한 것은 오븐과 피자를 먹을 장소뿐이다. 또 다른 방법은 가장 좋아하는 피자 배달점에 전화 주문을 하면 된다. 그렇지 않으면 식당에 가서 피자를 직접 주문할 수도 있다. 다양한 구성 요소의 다이어그램을 그린 후 그 구성 요소들이 누구에게 책임이 있는지 그려보면 그림 1-7과 같이 나타낼 수 있다.

---

3. 알버트 바론(Albert Barron)의 기사에 나온 오리지널 컨셉(http://bit.ly/2U7Ku5W)

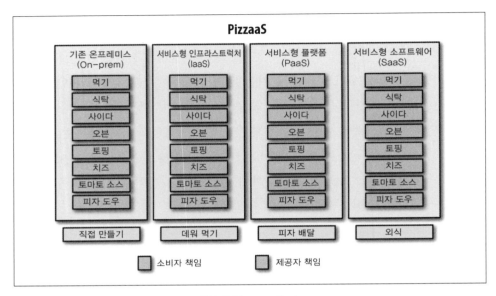

그림 1-7. Pizza as a Service

기존 온프레미스에서는 집에서 피자를 만드는 것에 비유할 수 있다. 서로 다른 구성 요소(재료)를 많이 구입하고 피자를 만들려고 재료들을 직접 도우 위에 올려야 되지만 만들고 싶은 대로 만들 수 있는 유연성이 있다. 밀가루로 만든 피자 도우 위에 멸치나 계피를 올리면 어떨까? 누군가가 그 피자를 맛있게 먹을 수 있다면 피자를 그렇게 만들어도 된다.

IaaS를 사용하면 기본 계층은 이미 완료된 것이다. 이러한 기본 계층을 이용해 맛있게 빵을 굽고 샐러드와 음료수를 추가할 수 있으며, 이렇게 추가된 것에 대한 책임성을 갖게 된다. PaaS를 사용한다면 사용자에게는 이미 많은 것이 정해져 있고 사용자는 서비스를 전체 솔루션 개발의 일부로 사용하기만 하면 된다(앞 절에서 얘기한 것처럼 서비스가 IaaS인지 PaaS인지 카테고리화하는 것은 어려울 수 있고, 많은 경우 IaaS와 PaaS가 함께 발전하고 있기 때문에 정확한 분류는 중요하지 않다. 중요한 건 서비스가 제공하는 것이 무엇인지, 사용자는 어떤 책임이 있는지 이해하는 것이다).

SaaS(그림 1-7에서 비교)를 사용하면 모든 것이 사용자를 위해 구성된 것처럼 보인다. 그러나 아직 충분한 것은 아니다. 사용자가 안전하게 음식을 먹을 책임이 있고 음식을 먹다 질식하는 상황이 생기더라도 레스토랑은 책임지지 않는다. SaaS 세계에서 책임성은 적절하게 접근 통제를 관리하는 데 폭넓게 사용된다.

피자 대신 기술에 관한 다이어그램을 그리면 그림 1-8과 비슷하다.

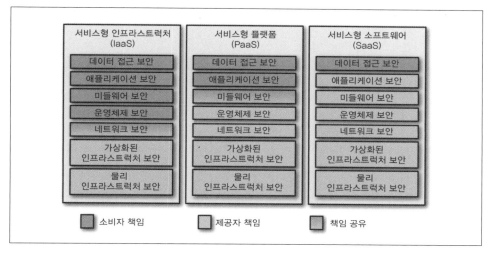

그림 1-8. 클라우드 책임 공유 모델

안타깝게도 클라우드 컴퓨팅의 현실은 피자를 먹는 것보다 좀 더 복잡하며 거기엔 애매한 영역이 있다. 다이어그램 제일 아래에 있는 것들은 글자 그대로 구체적이다. 클라우드 제공자는 물리적 인프라 보안에 전적인 책임을 진다. 온프레미스 환경에서는 비인가 직원이 물리적 시설에 함부로 진입하지 못하도록 대부분 회사는 합리적 수행 방법으로 꼬리 물기 방지용 생체 인식 보안 적용, 보안 요원 배치, 슬래브 간 장벽 설치를 활용한다.

마찬가지로 제공자가 가상화된 환경을 제공한다면 제공자는 가상화된 인프라 보안 통제가 사용자의 가상 환경을 다른 가상 환경으로부터 분리되게 하는 데 책임이 있다. IaaS의 경우 해당 취약점을 해결하는 것은 클라우드 제공자 책임이었지만 운영체제 내의 취약점 수정은 고객 책임이었다.

네트워크 보안은 그림 1-8의 IaaS 부분에서 책임 공유로 표시돼 있다. 그 이유가 무엇일까? 다이어그램에서 나타내기는 어렵지만 네트워킹에는 여러 계층이 있고 각 계층에 대한 책임은 다른 당사자에게 있다. 클라우드 제공자는 자체적으로 책임지는 제공자 자체 네트워크를 갖고 있다. 그러나 보통 최상위 가상 네트워크가 있다(예, 일부 클라우드 제공자는 가상 프라이빗 클라우드를 제공한다). 가상 네트워크를 합리적인 보안 구역으로 세분화하고 이 보안 구역의 접근 허용 규칙을 적절하게 수립하는 것은 고객의 책임이다. 또한 많은 구현에서 고객 책임인 오버레이 네트워크, 방화벽, 전송 암호화를 사용한다. 이는 6장에서 심도 있게 다룬다.

운영체제 보안은 일반적으로 간단하다. 사용자가 IaaS를 사용한다면 운영체제 보안은 사용자 책임이고 플랫폼이나 소프트웨어 서비스를 구매한 경우 운영체제 보안은 제공자 책임이다. 일반적으로 플랫폼이나 소프트웨어 서비스를 구매했다면 기본 운영체제에 대한 접근 권한은 주어지지 않는다(내가 해봐서 아는데와 같은 일반적인 엄지의 법칙처럼 사용자가 정의된 규칙을 깰 능력이 있다면 사용자는 그것을 보호해야 할 책임이 있다).

미들웨어는 데이터베이스, 애플리케이션 서버, 대기열 시스템과 같은 소프트웨어의 일반적인 이름이다. 미들웨어는 운영체제와 애플리케이션 사이에 위치하며, 최종 사용자가 직접 사용하지는 않지만 최종 사용자용 솔루션을 개발하는 데 사용된다. 사용자가 PaaS를 사용하고 있다면 미들웨어 보안은 책임 공유다. 제공자는 소프트웨어를 최신 상태로 유지하겠지만(사용자가 좀 더 쉽게 업데이트할 수 있게 해줌) 암호화 같은 보안 관련 설정 책임은 사용자에게 있다.

애플리케이션 계층은 최종 사용자가 실제로 사용하는 계층이다. SaaS를 이용 중이면 이 애플리케이션상 취약점(예, 크로스 사이트 스크립팅, SQL 인젝션)은 제공자 책임이 된다. 그러나 이 책을 읽고 있다면 조직에서 어떤 누군가의 SaaS만 사용하는 건 아닐 것이다. 다른 모든 계층이 탄탄한 보안을 갖고 있을지라도 애플리케이션 계층의 취약성은 모든 정보를 쉽게 노출시킬 수 있다.

마지막으로 데이터 접근 보안은 거의 언제나 고객 책임이다. 조직에서 누군가에게 특정 데이터에 접근 허용(예, 스토리지 사용 권한 부여, 미들웨어 사용 권한 부여, SaaS 사용 권한 부여)을 클라우드 제공자에게 잘못 요청한 경우 제공자가 할 수 있는 일은 사실상 없다.

아무도 보안을 다루지 않고 있을 때 클라우드 제공자가 보안을 핸들링하고 있다고 가정하는 것은 많은 보안 사고 발생의 근본 원인이다. 책임 공유 모델에 대한 이해 부족으로 발생되는 많은 보안 사고 사례는 개방형 아마존 웹 서비스^{AWS, Amazon Web Services} 심플 스토리지 서비스^{S3, Simple Storage Service} 버킷을 들 수 있다. 물론 AWS S3 스토리지 자체는 보안성이 있고 암호화돼 있지만 접근 통제 설정을 적절히 하지 않으면 스토리지 보안성 및 암호화돼 있는 것은 별 소용이 없을 것이다. AWS S3 스토리지에 부적절한 접근 관리로 손실이 발생한 사례는 다음과 같다.

- 19,800만 명 미국 유권자 데이터

- 회사 기록 자동 추적

- 무선 통신 고객 기록

- 300만 명 이상 인구 통계 조사 기록

- 5만 명 이상 인도 시민 신용 보고서

책임 공유에 대한 논의가 너무 기본적이라 생각이 든다면 상위 25% 클래스 내에 속한 것이다. 2017년, 바라쿠다 네트워크^{Barracuda Networks} 설문 조사(http://bit.ly/2EcgeQG)에 따르면 책임 공유 모델은 여전히 기업들 사이에서 널리 오해되고 있다. 설문 결과를 살펴보면 IT 의사결정권자의 77%는 퍼블릭 클라우드 제공자가 클라우드 내의 데이터 보호에 책임이 있다고 답했으며, 68%는 클라우드 제공자가 고객 애플리케이션을 보호할 책임도 있는 것으로 안다고 답했다. 하지만 실제 사용자가 클라우드 제공자와 계약한 계약서 내용을 살펴본다면 이러한 응답 내용들은 실제 사실과는 다르다는 것을 알 수 있을 것이다.

위험 관리

위험 관리는 다양한 책에서 다루는 깊이 있는 주제다. 위험 관리에 대해 좀 더 진지하게 고민하고 있다면 더글러스 허버드^{Douglas W. Hubbard}의 『Failure of Risk Management: Why It's Broken and How to Fix It』(Wiley)와 NIST 특별 출판 800-30 Rev 1(http://bit. ly/2VmsLrV)을 읽어보길 권한다. 사람들은 위험을 평가하고 평가한 위험에 대해 어떻게 조치해야 하는지 파악하는 데 아직 미숙하다. 여기서는 보안 사고와 데이터 침해 위험을 관리하는 가장 기본적인 사항을 알려주고자 한다.

위험이 너무 명백하면 위험은 발생될 수 있다. 대부분 위험 관리 시스템에서 위험 수준은 나쁜 일이 일어날 확률(가능성)과 발생하면 얼마나 나쁜 것이 일어날지(영향)를 기본 조합으로 한다. 예를 들어 발생 가능성이 매우 높고(예, 고객이 설정한 암호 '1234'를 누군가 예측하는 것), 그런 일이 일어나면(예, 모든 고객 파일이 유출되고 큰 벌금을 내는 것) 매우 나쁜 위험일 것이다. 발생할 가능성이 매우 낮지만(예, 운석이 서로 다른 2개 지역의 데이터 센터를 한 번에 날려버리는 것) 위험 수준을 결정하는 데 사용하는 시스템에 따라 발생한다면 매우 안 좋은 위험일 수 있다.[4]

이 책에서는 알려지지 않은 위험(발생 가능성과 발생할 때의 영향에 대해 충분한 정보가 없는 위험)과 알려진 위험(적어도 우리가 직면한 것을 알고 있는 것)에 대해 얘기할 것이다. 알려진 위험을 알게 되면 그 위험에 대해 다음 4가지 중 1가지를 할 수 있다.

1. **위험 회피**: 정보 보안에서 위험 회피는 조직 내 시스템을 꺼버리는 상황을 생각할 수 있다. 더 이상의 위험을 없애는 것은 물론이고 처음 시스템을 실행해 얻은 혜택도 없어지게 된다.

---

4. 위험은 상호작용하거나 종합될 수 있다. 두 개의 위험이 있다면 각 위험은 상대적으로 발생 가능성이 낮거나 영향력이 낮을 수 있지만 두 개의 위험이 동시에 발생한다면 영향력은 높아질 것이다. 예를 들어 이중화로 구성된 전원 라인 중 하나가 단절되는 영향은 무시할 수 있지만 둘 다 단절됐을 때 미치는 영향은 정말 좋지 않을 것이다. 이런 경우는 흔하지 않지만 2017년 애틀랜타 공항 정전 사태(https://cnnmon.ie/2SqCPyb)가 그 좋은 예다.

2. **위험 감소:** 위험은 여전히 존재하겠지만 나쁜 일이 일어날 가능성이나 나쁜 일이 발생할 때 영향을 줄이려는 추가적인 일을 한다. 예를 들어 좀 덜 민감한 데이터가 저장됐다면 위반할 때 민감한 데이터를 저장한 것보다 영향은 덜할 것이다.

3. **위험 전가:** 다른 사람에게 비용을 지불하고 일을 처리하면 그 위험은 업무를 맡은 다른 사람의 문제가 된다. 위험 전가는 클라우드에서 많이 이뤄진다. 클라우드 환경에서 사용자는 시스템 하위 수준 관리의 많은 위험을 클라우드 제공자에게 전가한다.

4. **위험 수용:** 전반적 위험 수준과 지속적 활동의 이득을 살펴본 후 위험이 존재한다고 적어두고 모든 이해 관계자가 위험에 동의하도록 한 다음 계속 진행하게 한다.

위 네 가지 중 어떤 것이든 합리적일 수 있다. 그러나 위험이 무엇인지 모르거나 위험이 무엇인지 알지만 이해 관계자들로부터 매수 당해 결과를 따져보지 않고 받아들이는 행동은 절대로 해서는 안 되는 것이다. 적어도 스프레드시트나 문서 어딘가에는 조직 내에서 인지한 위험, 조치 사항, 필요한 승인 내용을 상세히 기록한 목록을 갖고 있어야 한다.

2장

데이터 자산 관리와 보호

1장에서 제공자의 책임이 어디서 끝나고 사용자의 책임이 어디서 시작되는지는 어느 정도 알았으니 이제 우리가 제일 먼저 해야 될 것은 데이터가 지금 어디에 있는지, 앞으로 어디에 위치할지 알고, 데이터를 어떻게 보호할 것인지 파악하는 것이다. '자산 관리'라는 용어를 들으면 많이 혼란스러울 수 있다. "우리 자산이 정확히 뭐고, 자산을 관리하려면 뭘 해야 하는가?"라는 질문을 하게 되는데, 분명한(그러나 별로 도움이 안 되는) 답은 어떤 자산을 갖고 있든 자산은 가치가 있다는 것이다. 이제 좀 더 자세한 얘기를 해보자.

이 책은 자산 관리를 '데이터 자산 관리', '클라우드 자산 관리'로 나눴다. 데이터 자산은 조직이 가진 중요한 정보(예, 고객 이름, 주소, 신용카드, 계좌번호) 또는 이런 중요 정보에 접근하기 위한 자격증명 같은 정보를 말한다. 클라우드 자산이란 데이터를 저장하고 처리하는 기능을 갖고 있는 서버나 컨테이너와 같은 컴퓨팅 리소스와 객체 스토리지, 블록 스토리지와 같은 스토리지, 데이터베이스와 대기열 같은 플랫폼 인스턴스를 말한다. 클라우드 자산을 관리하는 것은 3장에서 다룬다. 대부분의 경우 데이터 자산이나 클라우드 자산 중 하나로 먼저 시작할 수 있는데, 전체 큰 그림을 보려면 왔다 갔다 해야 될 것 같아 클라우드 자산보다 데이터 자산으로 시작하는 게 좋을 것 같다.

클라우드상 데이터 자산 관리 방법은 온프레미스와 크게 다르진 않지만 실제 관리
하는 데 도움이 될 일부 기술이 있다.

데이터 식별과 분류

1장에서 얘기한 것처럼 최소 메모지에 간단한 구성도를 그려 위협 모델들을 생각
나는 대로 간단하게 적어보면 중요한 데이터가 무엇인지, 걱정해야 될 위협 행위
자는 누구인지, 위협 행위자가 어떤 것을 노리는지 알 수 있을 것이다. 위협 행위자
가 데이터를 공격할 수 있는 다양한 방법을 살펴보자.

가장 인기 있는 정보 보안 모델 중 하나가 CIA^{Confidentiality, Integrity, Availability}다. C.I.A.는
기밀성, 무결성, 가용성을 의미하는데, 위협 행위자는 기밀 데이터를 훔치려 하고,
훔친 기밀 데이터를 돈 받고 팔 수도 있으며, 조직이나 관리자를 난처하게 만들 수
도 있다. 공격자는 데이터를 변조해 데이터 무결성을 침해하려고 시도하기도 하는
데, 은행 잔액을 변경하는 것이 그 예다. 공격자는 은행 잔액이 얼만지는 모르겠지
만 공격자 입장에서 생각해보면 그런 공격은 효과적일 수 있다. 금액이 얼만지는
몰라도 내 은행 잔고가 빌 게이츠 계좌만큼만 된다면 행복할 것 같긴 하다. 위협
행위자는 재미나 이득을 위해 서비스를 오프라인으로 전환시키거나 랜섬웨어로
파일을 암호화해 데이터 가용성을 침해하려고 할 것이다.[1]

대부분 한정된 자원을 갖고 있다. 이 한정된 자원을 지킬 수 있도록 우선순위를 두
자.[2] 데이터 등급 분류 체계는 한정된 자원을 지키는 데 도움을 주지만 필요 이상으
로 복잡하게 체계를 만들 수 있다는 것 또한 유념하자.

---

1. 랜섬웨어는 데이터를 사용할 수 없게 무단으로 수정하기 때문에 가용성과 무결성을 침해한다.
2. 무제한 리소스를 갖고 있다면 연락하기를 부탁한다.

데이터 등급 분류 수준 예

모든 조직은 다르지만 다음 규칙들은 데이터 가치 평가를 위한 단순한 좋은 출발점을 제공하며, 이에 따라 침해를 당할 위험이 뭔지도 알게 해준다.

낮음

'낮음' 등급으로 분류된 정보는 공개되거나 비공개될 수 있다. 해당 정보가 공개될 경우에도 조직에 미치는 영향은 매우 낮거나 무시할 수 있는 수준이다. 몇 가지 예는 다음과 같다.

- 서버의 공개 IP 주소

- 개인 데이터와 시크릿이 포함되지 않은 애플리케이션 로그나 가치 없는 애플리케이션 로그 데이터

- 어떠한 시크릿도 없는 소프트웨어 설치 파일이나 공격자에게 가치 없는 아이템

보통

'보통' 등급으로 분류된 정보는 적절한 합의 없이 조직 외부에 공개돼선 안 된다. 대부분(특히 대규모 조직)에서 '보통' 등급으로 분류된 데이터는 조직 내에서 필요한 경우만 공개되는 것을 원칙으로 한다. 대부분 조직에서 대부분 정보는 '보통' 등급에 포함될 것이다. 몇 가지 예는 다음과 같다.

- 공격자에게 유용한 정보 시스템 설계에 대한 상세 정보

- 피싱phishing이나 사칭 등 타인으로 위장할 수 있는 정보

- 흔하게 얻을 수 있는 일상적인 금융 정보(예, 구매 주문서나 여행 경비)

높음

'높음' 등급으로 분류된 정보는 조직에 상당히 중요하며, 이 정보가 공개되면 조직에 심각한 손해를 끼칠 수도 있다. '높음' 등급으로 분류된 정보에 접근하는 것

은 여러 안전장치를 통해 매우 엄격하게 통제돼야 한다. 어떤 조직에서는 '높음' 등급으로 분류된 정보를 '왕관 보석'이라고 부른다. 몇 가지 예는 다음과 같다.

- 미래 전략에 대한 정보나 경쟁업체에 상당한 이득을 줄 재무 정보

- 인기 청량음료나 프라이드치킨 조리법 등 영업 비밀

- 클라우드 인프라 전체에 접근할 수 있는 자격증명(제국으로 들어가는 열쇠)

- 고객 금융 정보처럼 안전하게 보관돼야 하는 민감 정보

- 위반하면 뉴스거리가 될 수 있는 기타 정보

법률 및 산업 규칙에 따라 어떤 정보 등급을 분류하는 것이 효과적일 수 있다. 예를 들어 유럽 연합 GDPR^{General Data Protection Regulation}은 개인정보 처리에 대한 여러 가지를 요구하고 있는데, 일반적인 개인정보를 처리하는 경우 해당 개인정보를 '보통' 수준으로 분류하고, 이에 맞춰 보호할 수 있다. 조직에서 카드 정보를 처리하고 있다면 PCI^{Payment Card Industry} 표준에 따라 해당 카드 정보는 '높은' 위험 수준으로 분류될 것이다.

또한 데이터 등급 분류와 보호에 도움을 줄 수 있는 클라우드 서비스가 있다는 것도 주목하자. 예를 들어 Amazon Macie(https://amzn.to/2T0ffgA)는 S3 버킷에서 중요한 데이터를 찾는 것을 도와줄 수 있고, 구글 클라우드 데이터 DLP^{Data Loss Prevention} API(http:// bit.ly/2GYVoqW)는 특정 유형의 중요한 데이터 등급 분류와 마스킹 처리를 할 수 있게 도와줄 수 있다.

사용하는 데이터 등급 분류 체계가 뭐든 간에 각 데이터의 등급 수준(예, 낮음, 보통, 높음)을 정의하고 이 등급 분류에 해당되는 데이터를 예로 적어보자. 그리고 해당 등급의 데이터를 생성, 수집, 보호하는 모든 사람이 데이터 등급 분류 체계를 제대로 이해하고 있는지 확인해야 한다.

관련 산업이나 규제 요구 사항

이 책은 컴플라이언스 책이 아니라 보안에 대한 책이다. 총체적 일반화 개념으로 컴플라이언스는 제3자에게 조직이 갖춘 보안을 증명하는 것이며, 조직 내 환경에서 실제로 시스템 및 데이터 보안을 하고 있다면 컴플라이언스는 훨씬 쉽게 달성될 수 있을 것이다. 이 책은 보안 업무를 수행 하는 데는 도움을 주지만 시스템이 보안성을 갖춘 후에는 컴플라이언스 작업과 문서화는 추가적으로 해야 한다.

하지만 어떤 컴플라이언스 요구는 보안 설계에 영향을 줄 수도 있기 때문에 보안 설계 초기 단계에서 몇 가지 산업이나 규제 요구 사항은 기록하는 것이 중요하다.

유럽 개인정보 보호 규제^{EU GDPR}

이 규제는 데이터가 전 세계 어디에 위치하던 관계없이 유럽 연합이나 유럽 경제 지역 시민의 개인 데이터에 적용될 수 있다. GDPR은 '특히 식별자를 참조해 직접 또는 간접적으로 식별할 수 있는 식별 가능한 개인 및 이에 관련된 모든 정보'에 대한 접근 권한을 카탈로그화, 보호, 감사할 것을 요구한다. 2장의 기법은 일부 GDPR 요구 사항을 충족하는 데 도움이 될 수는 있지만, 보호하려는 데이터 일부에 관련된 개인정보를 포함해야 한다.

연방 정보 보안 관리법^{Federal Information Security Management Act} 또는 미국 연방 위험 및 승인 관리 프로그램^{Federal Risk and Authorization Management Program Certification}

연방 정보 보안 관리법은 기관별로 시행되는 반면 미국 연방 위험 및 승인 관리 프로그램은 여러 기관에서 사용될 수 있다. 하지만 연방 정보 보안 관리법과 미국 연방 위험 및 승인 관리 프로그램 2개 모두는 데이터 및 시스템을 FIPS 199(http://bit.ly/2BQRBJc) 및 기타 미국 정부 표준에 따라 분류할 것을 요구한다. 조직이 이러한 인증 중 하나가 필요한 영역에 있다면 반드시 FIPS 199 분류 등급을 사용해야만 한다.

미국 국제 무기 거래 규정^{US ITAR}

자체 규정 이외 국제 무기 거래 규정을 적용받는다면 ITAR를 지원하는 클라우드 서비스를 선택해야 한다. 이런 서비스는 일부 클라우드 제공자로부터만 제공되며 미국 인력에 의해서만 관리된다.

글로벌 PCI DSS

신용카드 정보를 처리하는 경우 지불 카드 산업 데이터 보안 표준에 따라 세부적 통제가 요구되며, 그 표준에는 저장해서는 안 되는 특정 유형의 데이터가 있다.

미국 건강보험 이동성과 결과 보고 책무 활동^{US HIPAA}

미국에서 건강 정보^{PHI, Protected Health Information}를 취급하는 경우 건강보험 이동성과 결과 보고 책무 활동에 따라 건강 정보를 목록에 포함해 보호하도록 규정하고 있으며, 이 건강 정보들은 일반적으로 암호화를 필요로 한다.

전 세계적으로 MTCS(싱가포르), G-Cloud(영국), IRAP(호주) 등 많은 규제 및 산업 요건이 있다. 이런 규제에 해당된다고 판단되면 해당 데이터가 보호되도록 설계된 데이터 유형을 검토해서 그에 따라 카탈로그를 만들고 데이터를 보호하자.

클라우드 내 데이터 자산 관리

앞에서 설명한 내용들은 대부분 일반적 모범 사례이고 클라우드 환경에 특정되지 않는다. 그러나 클라우드 제공자들은 사용자에게 데이터 식별과 분류에 도움을 줄 수 있는 특별한 상황에 있다. 우선 클라우드 제공자들은 데이터를 어디에 저장하든지 사용자에게 말할 수 있을 것이다. 클라우드 제공자는 스토리지 비용을 청구하고 싶기 때문이다.

또한 클라우드 서비스 이용은 설계에 따라 어느 정도 표준화를 가져온다. 대부분의 경우 클라우드 내 영구적 데이터는 다른 많은 물리적 서버에 부착된 수천 개의 서로 다른 디스크에 분산되는 것보다 데이터를 저장하는 클라우드 서비스 중 하나 (예, 객체 스토리지, 파일 스토리지, 블록 스토리지, 클라우드 데이터베이스, 클라우드 메시지 큐)에 존재할 것이다.

클라우드 제공자는 스토리지 위치를 목록화할 수 있는 도구를 제공한다. 뿐만 아니라 스토리지에 접근(주의 깊은 통제 방식으로)해서 어떤 데이터 유형이 저장돼 있는지 확인할 수 있는 도구도 제공한다. 모든 스토리지 위치를 살펴보고 중요한 데이터가 있는 위치를 자동으로 분류하는 클라우드 서비스도 있다. 그런 후 이 정보를 이용해 데이터를 저장하는 클라우드 자산에 태그를 지정할 수 있다.

 조직에서 중요한 데이터를 식별하고 있다면 비밀번호, API 키, 데이터를 읽고 수정하는 데 사용되는 여러 시크릿에 대해 잊지 말자. 4장에서 시크릿을 보호할 수 있는 가장 좋은 방법을 얘기하겠지만 사용자는 그 시크릿이 어디 있는지 정확히 알고 있어야 한다.

샘플 애플리케이션을 살펴본다면 분명히 데이터베이스 안에 고객 데이터가 있다. 하지만 중요한 자산을 다른 곳에 갖고 있는가? 여기 몇 가지 고려 사항은 다음과 같다.

- 웹 서버에는 고객을 식별하는 데 사용되는 로그 데이터가 있다.

- 웹 서버에는 TLS 인증서를 위한 개인키가 있다. DNS와 BGP 하이재킹을 악용해 누군가 특정 사이트로 위장해서 고객 비밀번호를 훔치고, 훔친 비밀번호를 이용해 실제 사이트에 로그인할 수 있을 것이다.

- 고객 식별을 목적으로 비밀번호 해시 목록을 보관하고 있는가? 4장에서 설명한 것처럼 일종의 연합 ID 시스템을 사용하길 바라지만 그렇지 않다면 비밀번호 해시 목록은 공격자에게 좋은 표적[3]이 된다.

---

3. 링크드인(LinkedIn)의 650만 개의 암호 해시가 크랙돼 링크드인에서와 동일한 암호를 사용하는 다른 계정을 망가뜨리는 데 사용된 것을 기억하는가?

- 모든 애플리케이션 서버는 데이터베이스에 접근하기 위한 암호나 API 키가 필요하다. 이 암호를 사용하면 공격자는 애플리케이션에서 데이터베이스의 모든 것을 읽거나 수정할 수 있다.

심지어 정말 간단한 애플리케이션조차 보호할 필요가 있는 많은 것이 분명히 존재한다. 그림 2-1은 앞에서 살펴본 그림 1-6에 데이터 자산을 추가한 그림이다.

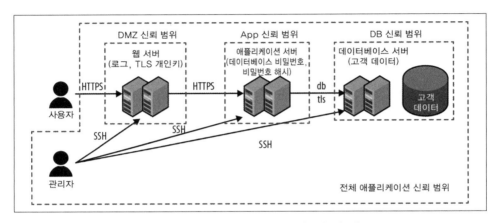

그림 2-1. 데이터 자산을 포함한 애플리케이션 다이어그램

클라우드 리소스 태깅

쿠버네티스와 같은 컨테이너 관리 시스템은 물론 대부분 클라우드 제공자는 태그 개념을 갖고 있다. 태그는 일반적으로 이름(또는 '키')과 값의 조합이다. 이러한 태그들은 인벤토리 내의 리소스 분류는 물론 접근에 대한 결정, 경고 대상 선택까지 많은 목적으로 사용될 수 있다. 예를 들어 개인 식별 가능 정보가 포함된 모든 항목에 대해 개인 식별 정보 데이터[PII] 키와 yes 값을 가질 수 있으며, 데이터 유형 키와 개인 식별 정보 데이터 값을 사용할 수 있다.

문제는 명확하다. 조직 내의 모든 사람이 다른 태그들을 사용하면 그 태그들은 쓸모없을 것이다. 사용 시기에 대한 설명이 포함된 태그 목록을 작성하고, 여러 클라우드 제공자에서 동일한 태그를 사용하고, 자원을 생성할 때 자동화(예, 자동화된 도구)로 적용해야 한다. 클라우드 제공자 중 하나가 명시적으로 태그 사용을 지원하지 않더라도 일반적으로 JSON처럼 쉽게 구분할 수 있는 형식으로 태그 고정에 사용될 수 있는 다른 설명 필드가 있다.

태그는 자유롭게 사용할 수 있어 태그를 생성하는 것은 전혀 문제가 없지만 클라우드 제공자는 리소스당 태그 수를 제한하고 있다(리소스당 15개 ~ 64개가 일반적). 나중에 카테고리를 분류하거나 결정할 때 태그가 필요 없으면 태그들은 쉽게 무시된다.

일부 클라우드 제공자는 리소스에 태그가 제대로 적용됐는지 확인할 수 있도록 자동화를 제공한다. 따라서 리소스에 태그가 지정되지 않았거나 리소스에 태그가 잘못 지정된 경우 빨리 파악해 수정할 수 있다. 예를 들어 모든 자산에 허용되는 최대 데이터 분류를 태그로 지정해야 하는 규칙이 있는 경우가 있다고 하면 사용자는 자동화된 스캔을 실행해 태그가 없는 자원이나 사용자가 분류하지 않은 자원을 찾을 수 있다.

모든 주요 제공자는 어떤 방식이던지 태그를 지원하겠지만 지금 책을 쓰는 이 시점에서 모든 제공자가 태그를 지원하는 서비스를 전부 제공 중인 상태는 아니다. 예를 들어 데이터베이스를 사용하지 않고 생성한 가상 시스템에 태그를 지정할 수도 있다. 태그를 사용할 수 없는 경우 해당 서비스 인스턴스 수동 목록을 사용해 기존 방식대로 처리할 필요가 있다.

표 2-1은 서로 다른 클라우드 제공자가 태그를 지정할 때 부여한 여러 가지 이름을 보여준다.

표 2-1. 태깅 기능

인프라명	기능명
아마존 웹 서비스	Tags
마이크로소프트 애저	Tags

(이어짐)

인프라명	기능명
구글 컴퓨트 플랫폼	Labels and network tags
IBM 클라우드	Tags
쿠버네티스	Labels

3장에서 리소스에 태그를 지정하는 방법을 자세히 설명하겠지만 먼저 지금은 '데이터 등급: 낮음', '데이터 등급: 보통', '데이터 등급: 높음', '규제: GDPR'과 같은 서로 다른 클라우드 리소스에 적용할 수 있는 데이터 관련 태그를 기록해두자.

클라우드 내의 데이터 보호

2장에서 다루는 몇 가지 데이터 보호 기술은 온프레미스에도 마찬가지로 적용될 수 있지만 많은 클라우드 제공자는 데이터를 보호하기 위한 쉽고 표준화된 좀 더 저렴한 방법을 제공해준다.

토큰화

데이터와 유사하게 작동하지만 공격자에게 쓸모없는 데이터를 저장하는 이유는 무엇일까? 신용카드 번호와 함께 가장 많이 사용되는 토큰화는 중요한 데이터 일부를 토큰(일반적으로 임의로 생성됨)으로 대체하는 것이다. 토큰은 일반적으로 원본 데이터와 동일한 특성(예, 16자리 길이)을 갖기 때문에 해당 데이터를 가져오도록 작성된 기본 시스템을 수정할 필요가 없다. 토큰 서비스 한 곳만이 실제 중요 데이터를 알고 있다. 토큰화는 그 자체로 사용되거나 다음에 다룰 암호화와 함께 사용될 수 있다.

예를 들어 브라우저와 연동해 중요한 데이터를 전송 전에 토큰화하는 클라우드 서비스, 애플리케이션에 도달하기 전에 민감한 데이터를 토큰화하는 클라우드 서비스(브라우저와 애플리케이션 사이에 위치) 등이 있다.

암호화

암호화는 데이터 보호를 위해 사용할 수 있는 천상계 기술인 것 같지만 불행히도 모든 데이터를 암호화하려면 문제가 좀 더 복잡해진다. 데이터는 다음 세 가지 상태일 것이다.

- 전송 중(네트워크 통한 전송 중)

- 사용 중(컴퓨터에서 현재 CPU 처리 중이거나 RAM에 저장된 상태)

- 저장 중(디스크와 같은 지속적인 저장 장치)

전송 중인 데이터 암호화는 필수적으로 필요한 통제다. 이 부분은 6장에서 자세히 설명한다. 여기서는 두 가지 상태를 설명한다.

 더 많은 비트가 항상 필수적인(또는 유용한) 것은 아니다. 예를 들면 AES-128은 미국 연방 정부 표준을 만족하고 AES-256보다 일반적으로 속도는 빠르지만 양자 컴퓨터 때문에 결국 AES-128은 깨질 것이다. 또한 해시가 나중에 더 짧은 길이로 잘리면 SHA-512와 같은 해시 알고리즘은 추가 보호 기능을 제공하지 않을 것이다.

사용 중인 데이터 암호화

이 글을 쓰는 시점에서 사용 중인 데이터를 암호화하는 것은 비교적 새로운 것으로 매우 높은 보안 환경을 대상으로 한다. 사용 중인 데이터 암호화는 하드웨어 플랫폼에서 지원이 필요하고 클라우드 제공자에 의해 공개돼야만 한다. 가장 일반적인 구현은 프로세스 메모리를 암호화하고, 심지어 특권 사용자(또는 특권 사용자처럼 실행되는 멀웨어)도 읽을 수 없게 하는 것이다. 그리고 프로세서는 특정 프로세스가 실행 중일 때만 이 프로세스를 읽을 수 있게 하는 것이다.[4] 조직이 매우 높은 보안 수준 환경에 있고 위협 모델이 특권 사용자로부터 메모리 데이터를 보호하고자 하는 기능을 포함하고자 한다면 메모리 암호화를 지원하는 플랫폼을 찾아야 한다. Intel SGX, AMD SME, IBM Z Pervasive Encryption과 같은 브랜드에서는 메모리 암호화를 지원한다.

저장 중인 데이터 암호화

저장 중인 데이터 암호화를 정확히 구현하려면 정말 복잡해질 수 있다. 문제는 데이터 암호화에 있는 것이 아니라 데이터 암호화를 위한 많은 라이브러리에 있다. 일단 데이터를 암호화한 후 암호화된 데이터에 접근할 수 있는 암호 키를 갖게 되는데, 문제는 바로 이것이다. 많은 사람은 그 암호 키를 어디에 보관할까? 암호 키 보관 장소는 어디일까? 데이터 바로 옆이다. 문을 잠그고 문 바로 옆의 문고리에 열쇠를 매달아 놓은 후 "이것은 열쇠입니다."를 적어놓은 상황을 상상해보면 이해가 갈 것이다. 진짜 보안('데이터 암호화 완료' 체크박스에 표시를 하는 것 대신)을 하고 싶다면 적절한 키 관리는 필수다. 다행히도 저장 중인 데이터 암호화에 도움을 줄 수 있는 클라우드 서비스가 있다.

암호화된 데이터는 효과적으로 압축될 수 없다. 데이터를 압축하고자 한다면 데이터 암호화 이전에 데이터를 압축하자.

높은 보안 수준을 가진 기존 온프레미스 환경에서 암호 키를 보관하려고 하드웨어 보안 모듈HSM, Hardware Security Module(대개 확장 카드나 네트워크를 거쳐 접근되는 모듈)을 구입할 수도 있다. 하드웨어 보안 모듈은 비인가 접근에 대해 상당히 논리적이며

---

4. 인메모리 암호화는 프로세스 외부 공격으로부터만 데이터를 보호한다. 프로세스 자체가 해서는 안 되는 일을 하는지 관리한다면 이러한 관리 활동을 악용해 메모리를 읽고 데이터를 유출할 수도 있다.

물리적인 보호 기능을 갖고 있다. 대부분 시스템의 경우 물리적 접근 권한을 가진 사람은 누구나 쉽게 접근할 수 있다. 그러나 하드웨어 보안 모듈에선 누군가 데이터를 가져가려고 시도하거나 X-레이로 스캔하거나, 전원을 만지작거리거나, 음흉한 눈으로 살펴보는 즉시 데이터를 소거할 수 있는 센서가 있다.

하드웨어 보안 모듈은 비싸서 온프레미스 환경에서는 대부분 적합하지 않다. 그러나 클라우드 환경에서 하드웨어 보안 모듈과 암호 키 관리 시스템 같은 첨단 기술들을 예전보다 적은 예산으로 프로젝트에 포함시킬 수 있게 됐다.

일부 클라우드 제공자는 사용자 환경을 보호할 수 있게 전용 하드웨어 보안 모듈을 대여해주는 옵션을 갖고 있다. 전용 하드웨어 보안 모듈은 최고 수준의 보안을 요구하는 환경에서는 필요할 수 있지만 클라우드 환경에서는 여전히 비싸다. 또 다른 대안은 키 관리 서비스가 될 수 있다. 키 관리 서비스는 백엔드에서 하드웨어 보안 모듈을 이용해 키를 안전하게 유지해주는 멀티테넌트 서비스다. 사용자는 하드웨어 보안 모듈과 키 관리 시스템 양쪽 모두를 신뢰해야 한다. (하드웨어 보안 모듈 하나만 신뢰하는 것 대신) 이것은 약간의 추가적인 리스크가 더해진다. 그러나 키 관리를 스스로 하는 것과 비교하면 키 관리 시스템은 0이나 매우 낮은 비용으로 뛰어난 보안성을 제공한다. 적절한 보안 예산을 가진 프로젝트의 경우 키 관리의 이점을 누릴 수 있다.

표 2-2는 주요 클라우드 제공자가 제공하는 주요 관리 옵션을 나열한 것이다.

표 2-2. 키 관리 옵션

제공자	전용 HSM 옵션	키 관리 서비스
아마존 웹 서비스	CloudHSM	Amazon KMS
마이크로소프트 애저	----	Key Vault(software keys)
구글 컴퓨트 플랫폼	----	Cloud KMS
IBM 클라우드	Cloud HSM	Key Protect

키 관리 시스템을 진짜 제대로 사용하려면 어떻게 해야 할까? 키 관리 시스템을 정말 제대로 사용하려면 좀 복잡하다.

키 관리: 키 관리에 대한 가장 간단한 접근법은 먼저 키를 생성한 후 해당 키로 데이터를 암호화하는 것이다. 암호화에 사용된 키를 키 관리 시스템에 저장한 후 암호화된 데이터를 디스크에 기록하면서 암호화에 사용된 키를 기록한 표식과 함께 저장하는 것이다. 이 접근법에는 두 가지 주요 문제점이 있다.

1. 열악한 키 관리 시스템에서는 많은 부담이 된다. 모든 파일은 서로 다른 키를 원할 충분한 이유가 있다. 따라서 많은 고객을 가진 키 관리 시스템은 키를 즉시 검색할 수 있도록 수십억 또는 수조 개의 키가 저장돼 있어야 하는 것이다.

2. 데이터를 안전하게 지우려면 키 관리 시스템을 믿고 키 삭제 작업이 끝난 후 취소할 수 없게 키를 삭제해야 한다. 어떠한 백업 복사본도 옆에 두지 말아야 한다. 또 다른 방법은 암호화된 모든 데이터[5]를 덮어 쓰는 것이다. 이 방법은 시간이 걸릴 수도 있다.

사용자는 많은 데이터를 덮어쓰려고 몇 시간이나 며칠 기다리는 것을 원치 않을 것이다. 데이터 객체를 빠르고 안전하게 삭제하는 두 가지 방법이 있다. 첫째, 키 관리 시스템에서 키를 삭제하는 방법이다. 이 방법은 한 번에 여러 객체를 삭제하는 데 효과적이다. 둘째, 단일 데이터 객체를 삭제하려고 실제 데이터가 저장된 장소의 키를 삭제하는 것이다. 이런 이유로 두 개의 키 레벨을 가질 수 있는데, 키 암호 키와 데이터 암호 키다. 이름에서 알 수 있는 것처럼 키를 암호화하는 키는 데이터를 암호화하는 데 사용되는 키를 암호화(또는 '래핑')하는 데 사용하고, 래핑된 키

---

5. 1996년부터 연구된 덮어씌워진 하드 디스크상의 데이터 복구 가능성을 연구한 것으로 잘 알려진 USENIX 논문(http://bit.ly/2U4QRXK)에도 불구하고 오늘날 이것은 여전히 실용적이지 않다. SSD(Solid State Drive)상에서 덮어 씌워진 데이터 복구는 쓰기 방식 때문에 좀 더 실용적이지만 대부분 SSD에서 전체 드라이브를 완전히 지워버리는 '보안 삭제' 기능이 있다. 자세한 내용은 Michael Wei 외의 2011 USENIX 논문(http://bit.ly/ 2Vj7SxO)을 참고하자.

들은 데이터 바로 옆에 저장된다. 키를 암호화하는 키는 일반적으로 키 관리 시스템 안에 있고 보안 때문에 절대 외부에 공개되지 않는다. 래핑된 데이터를 암호화하는 키들은 필요시 래핑을 해제하려고 하드웨어 보안 모듈로 전송된다. 그 뒤 래핑되지 않은 암호 키들을 사용해 데이터를 암호화하거나 복호화한다. 래핑이 안된 키들은 절대 적어두면 안 된다. 사용자가 암호화 또는 복호화 작업을 마치게 되면 사용자는 래핑이 안 된 키들을 잊어버리게 된다.[6]

키 사용은 실제 현실에 비유하면 이해하기 쉽다. 누군가 주택(이 주택은 모든 데이터를 포함)을 판다고 가정하자. 문을 열 수 있는 집 열쇠를 부동산 업자에게 맡긴 상황을 가정해본다면 집 열쇠는 데이터를 암호화하는 키와 같다. 그 열쇠는 집(데이터)에 접근하는 데 사용할 수 있다. 부동산 업자는 문 위의 박스에 열쇠를 넣을 것이고, 그 열쇠는 부동산 업자가 제공하는 코드로 보호될 것이다. 이 코드는 암호화하는 키와 비슷하고, 코드를 전달하는 부동산 서비스는 키 관리 서비스와 유사하다. 약간 더 비유하자면 열쇠 상자를 키 관리 시스템으로 가져가면 열쇠 상자는 당신이 그 열쇠를 복사하지 않을 것(또는 디스크에 저장하지 않는다)이라는 동의서와 함께 열쇠를 줄 것이다. 일이 끝나면 그 사본은 잊어 버려라. 상자를 여는 코드는 실제로 절대 볼 수 없다.

집(데이터)까지 걸어갔을 때 데이터 키가 바로 거기 있다는 걸 알 순 있지만 그 키는 다른 키 또는 비밀번호 없이는 열 수 없다. 물론 현실에선 해머와 약간의 시간이 있다면 상자에서 열쇠를 꺼낼 수 있을 것이다. 또는 창문을 깰 수 있게 허용한다면 열쇠는 필요 없을 것이다. 해머와 동등하게 생각할 수 있는 암호는 데이터 키를 보호하는 데 사용되는 키와 비밀번호를 추측한다. 키나 비밀번호 추측은 일반적으로 모든 가능성('무차별 공격')을 시도하거나 암호에 대해 많은 흔한 암호를 시도('사전 공격')함으로써 수행된다. 암호화 알고리즘과 알고리즘 구현이 정확하다면 '해머'

---

6. 여기서는 극단적으로 단순하게 설명한 것이다. 암호화에 대해 정말 깊이 있게 다루고 싶으면 Bruce Schneier의 『Applied Cryptography』(Wiley)를 참고하자.

가 박스에 들어가는 예상 시간은 우주 수명보다 길다.

서버 측 암호화와 클라이언트 측 암호화: 좋은 소식은 키 관리 대부분을 사용자 스스로 수행할 필요가 없다는 것이다. 대부분 클라우드 환경에서는 스토리지와 키 관리 시스템을 사용자가 이용 중이고, 스토리지 인스턴스를 위한 키 관리 시스템 암호화를 설정했다면 스토리지 서비스는 데이터를 암호화하는 키들을 자동으로 생성하고 키 관리 시스템 내에서 관리할 수 있는 키를 암호화하는 키를 사용해 래핑된 키들을 데이터와 함께 저장하게 된다. 키 관리 시스템에서 계속 키를 관리할 수는 있지만 키 관리 시스템에 래핑이나 언래핑을 요청할 필요가 없고, 직접 암호화 작업과 복호화 작업을 수행할 필요가 없다. 어떤 제공자들은 이 서버 측 암호화를 호출한다.

멀티테넌트 스토리지 서비스는 데이터를 복호화할 수 있는 기능을 갖고 있으며, 오류로 인해 스토리지 서비스는 비인가자가 스토리지 서비스에 데이터 복호화를 요청하는 것을 잠재적으로 허용할 수 있다. 이런 이유 때문에 스토리지 서비스에서 암/복호화를 수행하는 것은 사용자 자신의 인스턴스에서 복호화를 수행하는 것만큼 안전하지는 않다. 하지만 위험 허용 오차가 매우 낮다면(그리고 낮은 위험 허용에 부합하는 예산을 가진 경우) 테스트가 잘된 클라우드 서비스를 사용해 암/복호화를 처리하게 하는 것이 좋다.

클라이언트 측 암호화를 사용할 때 서버는 그 키들이 없기 때문에 암호화된 데이터를 읽을 능력이 없다. 서버 측 검색, 계산, 인덱싱, 멀웨어 검사, 기타 고부가가치 작업을 수행할 수 없는 것을 의미한다. 동형 암호화는 데이터 복호화 없이 암호화된 데이터상에서 정확하게 더하기 같은 작업을 수행할 수 있게 한다. 이 글을 쓰는 시점에서 동형 암호화는 실용화가 너무 느린 상태다.

개인의 뛰어난 경력 대부분을 암호화에 바칠 생각이 없는 한 스스로 암/복호화 시스템을 만들려고 하거나 실행하려고 하지 말자. 암/복호화를 직접 수행할 때에도 NIST SP 800-131A(Rev 1이나 그 이상)에서 권장하는 것처럼 잘 테스트된 보안 알고리즘만 구현하자.

암호화 삭제: 대량 데이터를 신뢰할 수준으로 완전 삭제하는 것은 어렵다.[7] 데이터를 완전히 덮어쓰는 데는 오랜 시간이 걸리며, 그 후에도 데이터가 남아 있을 수 있고 심지어 그 후에도 다른 복사본들이 계속 남아 있을 수 있다. 이 문제는 암호화 삭제로 해결할 수 있다. 이 접근법의 경우 디스크에 클리어한 텍스트 데이터를 저장하지 않고 암호화된 버전만을 저장한다. 그 후 데이터 복구가 불가능하게 만들고 싶으면 키 관리 시스템 내의 키를 암호화하는 키에 대한 접근을 삭제하거나 취소할 수 있다. 이렇게 하면 키를 암호화하는 키와 함께 있는 모든 데이터를 암호화하는 키는 전 세계 어디서든 쓸모없게 될 것이다. 또한 래핑된 데이터를 암호화하는 키만 지우면 특정 데이터를 지울 수 있다. 따라서 256비트 키를 덮어씀으로써 효과적으로 멀티테라바이트 파일을 복구할 수 없게 만들 수 있다.

암호화가 다양한 유형의 공격에 미치는 영향

설명한 것처럼 저장 중 데이터 암호화는 공격자들의 선택을 제한함으로써 중요한 데이터를 보호할 수 있다. 데이터는 암호화가 수행된 장소 몇 군데에서만 투명하게 이용할 수 있다. 몇 가지 성공적 공격 사례와 우리가 암호화를 선택해서 공격자를 얼마나 괴롭힐 수 있는지 살펴보자.

물리적 미디어에 대한 공격자의 비인가 접근 권한 획득: 공격자는 데이터 센터나 쓰레기통에서 디스크를 훔치거나 전송 중에 테이프를 훔치는 데 성공할 수 있다.

저장 중 데이터 암호화는 물리적 미디어 데이터를 보호해 공격자가 미디어에 접근

---

7. 역설적이긴 하지만 대량 데이터를 삭제하는 것은 실수로 쉽게 이뤄질 수도 있다.

(예, 비밀번호가 깨지는 경우)을 하더라도 데이터를 사용할 수 없게 한다. 이런 유형의 공격이 일반적으로 큰 위험은 아니지만 대부분 클라우드 제공자가 물리적 통제와 미디어 통제를 제공한다는 것은 이런 공격을 고려할 때 아주 좋은 소식이다(스마트폰 및 노트북과 같은 휴대용 장치는 더 중요하다). 오직 '박스 체크'만 하는 암호화는 종종 물리적 도난의 위협만을 완화하는 데 도움이 될 뿐이며, 언래핑된 키를 데이터와 동일한 미디어에 저장하는 경우 이 보호는 실패하기 때문에 이러한 위협이 완화되지 않을 수도 있다.

플랫폼이나 스토리지 시스템에 대한 공격자의 비인가 접근 권한 획득: 데이터베이스, 블록 스토리지, 파일 스토리지, 또는 객체 스토리지 인스턴스에서 데이터를 읽고 쓸 수 있는 공격자나 악의적인 운영자가 있을 수 있다.

스토리지 시스템 자체가 암호화를 해야 할 책임이 있는 경우 공격자는 종종 스토리지 시스템 내에 존재하는 기술 통제에 따라 데이터에 접근하도록 시스템을 속일 수 있다.

그러나 시스템을 속이는 것은 전혀 다른 시스템(키 관리 시스템) 내에 최소한 감사 가능 흔적을 남길 것이므로 키 접근 동작이 비정상적이면 충분히 공격을 제한할 수 있고 누구든지 재빠르게 키 접근 동작이 비정상적이라는 것을 알려줄 수 있다. 그러나 애플리케이션이 스토리지 시스템에 이미 암호화된 데이터만을 전송한다면 공격자는 쓸모없는 '비트백bag of bits'에 접근할 수 있을 뿐이다. 공격자들은 데이터를 사용할 수 없게 할 수 있지만 데이터 무결성과 기밀성을 손상시킬 수는 없다.

앞서 언급한 바와 같이 스토리지 시스템의 통제에 대한 신뢰와 자체적으로 신뢰하고 투자한 통제를 저울질해야 한다. 일반적으로 정보가 유출되면 스토리지 시스템의 소유자가 사용자보다 더 많은 것을 잃게 될 것이다. 사용자에게도 해가 되겠지만 제공자를 파산시킬 수도 있다.

하이퍼바이저에 대한 공격자의 비인가 접근 권한 획득: 대부분 클라우드 환경은 물리적 하드웨어상 실행되는 하이퍼바이저의 최상위에서 실행 중인 여러 가상 머신('게스트')을 가진다. 일반적인 우려는 공격자가 동일한 물리적인 시스템상의 다른 게스트 데이터를 읽거나 수정할 수 있다는 것이다.

공격자가 게스트 메모리를 읽을 수 있다면 메모리 스캔을 이용해 복호화 키를 찾을 수 있고 복호화 키를 이용해 데이터를 복호화할 수 있다. 이 방법은 데이터를 직접 읽는 것보다 훨씬 어렵지만 종종 성공할 수 있다. 따라서 이 공격이 조직에 심각한 영향을 줄 수 있다면 단일 테넌트 하이퍼바이저나 베어메탈 시스템과 메모리상 데이터를 암호화하는 하드웨어 기술의 사용을 고려해보자. 하지만 데이터 침해에 대한 통계를 보면 대부분 보안 투자는 이런 하드웨어 기술이 아닌 다른 곳에 투자될 것이라는 것을 쉽게 결론지을 수 있을 것이다.

운영체제에 대한 공격자의 비인가 접근 권한 획득: 공격자가 애플리케이션이 실행 중인 운영체제에 비인가 접근하는 경우 고려해야 할 두 가지 시나리오가 있다.

- 공격자는 운영체제 접근이 제한돼 있다. 이 시점에서 운영체제 통제만이 효과적인 통제다. 공격자가 프로세스나 암호 키들을 가진 파일에 접근하거나 복호화된 스토리지에 접근하는 경우 저장 중 데이터 암호화는 데이터에 대한 접근을 차단하지 않는다.

- 공격자는 전체 운영체제에 접근할 수 있다. 권한 상승 취약성 공격은 정말로 많아서 운영체제에 접근이 제한된 공격자는 흔히 운영체제 전체 권한을 갖게 될 수도 있다. 충분한 시간이 주어지고 앞에서 설명한 사용 중인 데이터 보호 기능 없이도 공격자는 프로세스 메모리를 읽고, 상위 계층에서 사용하는 암호 키를 검색하고, 해당 프로세스에 접근할 수 있는 모든 데이터에 접근할 수 있다.

애플리케이션 대한 공격자의 비인가 접근 권한 획득: 애플리케이션이 작동하려면 데이터를 읽을 수 있어야 하며, 이 말은 공격자가 애플리케이션에 대한 비인가 접근을 획득하면 모든 데이터에 접근할 수 있고, 이로 인해 모든 노력이 수포로 돌아 갈 수 있다는 것을 의미한다. 그러나 암호화와 기타 접근 통제를 적절히 사용하면 공격자가 손상된 애플리케이션이 접근하는 데이터 이외의 데이터를 읽을 수 없게 할 수 있다.

일반적으로 스택의 '하위'가 물리적 하드웨어고 스택의 '상위'가 애플리케이션인 경우 가능한 스택의 '상위'에 가깝게 암호화를 수행함으로써 더 많은 유형의 침해에 대한 보호를 받을 수 있다. 트레이드오프는 흔히 사용자가 스스로 더 많은 일을 해야 한다는 것이고 하위 계층에서 위반될 가능성을 고려할 필요가 있다는 것이다.

대부분의 경우 애플리케이션 보안성 강화에 투자하는 것보다 더 낮은 계층의 보안성을 강화하는 데 더 많은 노력을 기울여왔다. 애플리케이션이 최소한 그 아래 레이어만큼의 보안성이 없으면 암호화 작업을 애플리케이션으로 옮겨서 하게 되는 경우 실제로 위험이 줄어드는 것이 아니라 증가하게 된다. 애플리케이션 손상은 모든 것을 잃어버리게 만들 것이다. 따라서 대부분 작업의 경우 하위 계층(암호화된 데이터베이스, 암호화된 블록/파일 스토리지 등)에서 사용할 수 있는 암호화 도구를 사용하는 것이 좋다. 위험 부담을 최소화하고 필요한 최소 노력을 위해서는 매우 민감한 데이터에만 애플리케이션 수준의 암호화를 권장한다.

정리

클라우드 전략을 수립할 때 분명한 것과 분명하지 않은 부분을 모두 포함해 어떤 데이터가 있는지 파악해야만 한다. 공격자가 읽고 수정하고 삭제한 경우의 영향에 따른 각 유형의 데이터를 분류한다. '태그 사전'에서 이용할 수 있는 태그에 대해 조직 전체가 합의하고 클라우드 제공자가 제공하는 태그 기능을 이용해 데이터가 포함된 리소스에 태그를 지정하자.

가능하다면 나중에 변경이 어려울 수 있으므로 스토리지 인스턴스를 생성하기 전에 암호화 전략을 결정해야 한다. 대부분 클라우드 제공자의 키 관리 시스템을 사용해 암호 키를 관리해야 하며, 가능하면 스토리지 서비스에 내장된 암호화 기능을 사용하고 스토리지 서비스 자체가 손상될 수 있는 위험에 대해서는 수용하자. 데이터를 저장하기 전에 데이터를 직접 암호화할 필요가 있는 경우 잘 테스트된 보안 알고리즘 구현만 사용하자.

키에 접근할 수 있는 사용자와 시스템을 주의 깊게 통제하고 키가 비정상적으로 사용되는 시점을 알 수 있게 알림을 설정하자. 이렇게 하면 스토리지 인스턴스에 접근 통제 이외의 또 다른 보호 계층이 제공되는 것이고, 암호화된 방식으로 정보를 쉽게 지울 수 있는 방법도 제공된다.

암호화와 관련된 문제 중 하나는 데이터를 암호화하고 복호화하는 데 필요한 추가 처리 시간으로 인해 성능이 저하될 수 있다. 운이 좋게도 이제 더 이상 큰 문제가 되지 않는다. 하드웨어는 저렴하고 모든 주요 칩 제조업체는 CPU에 어떤 형태의 하드웨어 가속 기능을 내장하고 있다. 성능 때문에 데이터를 암호화하지 않는 것은 좋은 변명은 아니지만 실제 통제 장치를 이용해 테스트해야만 확신할 수 있다.

암호화 관련돼 더 중요한 문제는 데이터 가용성이다. 암호 키에 접근할 수 없으면 데이터에 접근할 수 없다. 암호 키에 접근하기 위한 일종의 '유리 조각' 프로세스가 있는지 확인하자. 소음이 적고, 감지와 경고 없이 사용할 수 없는지 확인하자.

3장

클라우드 자산 관리와 보호

이 시점에서 보유 중인 데이터, 저장 위치, 저장 데이터를 잘 보호할 수 있는 멋진 방법을 갖고 있어야 한다. 다른 클라우드 자산과 인벤토리는 어떻게 관리하고 보호되는지도 살펴보자.

2장에서 언급한 것처럼 클라우드 제공자는 비용 청구를 위해 프로비저닝한 자산 목록을 갖고 있다. 또한 이 목록을 볼 수 있는 API를 제공하고 재고와 자산 관리를 도와줄 수 있는 특별한 애플리케이션을 일반적으로 제공한다.

클라우드 제공자는 자체 포털이나 API를 사용해 사용자가 프로비저닝한 자산만 알 수 있다. 예를 들어 가상 머신을 프로비저닝한 후 가상 머신상 수동으로 생성한 컨테이너에 대해 클라우드 제공자는 알 수 없을 것이다.

클라우드 인프라와 서비스들은 때론 저렴하고 프로비저닝하기 쉽다. 저렴하고 프로비저닝이 쉽다는 것은 전 세계 수많은 자산을 쉽게 생성할 수도 있지만 쉽게 잊어버릴 수도 있다는 것을 의미한다. 생성 후 기억하지 못하는 각 자산은 마치 폭발하길 기다리는 시한폭탄에 비유할 수 있다. 그리고 그 곳에서 보안 사고가 발생할 수도 있다.

기존 IT와의 차이점

클라우드 자산 관리와 보호에서 한 가지 중요한 차이는 클라우드 환경의 물리적 자산과 보호에 대해서는 일반적으로 전혀 걱정할 필요가 없다는 것이다. 자산 태그, 안티테일링, 슬래브 간 장벽, 데이터 센터 창, 카메라, 기타 물리적 보안과 물리적 자산 추적 통제 배치를 즐겁게 아웃소싱할 수 있다.

또 다른 중요한 차이는 프로비저닝한 클라우드 자산 구축 프로세스에 IT 그룹이 참여한다는 것이다. 기존 IT 환경에서는 서버와 같은 자산 구축은 어렵고 많은 시간이 소요됐다. 일반적으로는 서버 같은 자산 구축은 중앙 집중식 IT 그룹이 요구된다. 서버 같은 자산 구축은 세부적인 프로비저닝 프로세스를 따를 것이고 데이터베이스나 스프레드시트 내에 자산 목록들을 유지할 것이다. 일반적으로 IT는 자본이 들어가기 때문에 섀도우 IT(숨겨지거나 공식적으로 사용 승인되지 않은 IT 리소스) 생성에는 자연적인 장벽이 존재한다. 대부분 조직에서 대규모 지출은 신중하게 통제된다.

클라우드 컴퓨팅의 한 가지 중요한 이점 중 하나는 대규모 자본 지출을 월별 비용으로 대체하고 용량 계획을 IaaS 제공자에게 넘겨버린다는 것이다. 이는 훌륭하지만 비즈니스의 IT와 재무 영역은 IT 리소스의 효과적 문지기 역할을 하는 것이 어렵다는 것을 의미한다. 어떤 비즈니스 영역에서는 누구든 신용카드만 있으면(때론 신용카드가 없어도) 상당히 많은 IT 리소스를 쉽게 프로비저닝할 수 있다. 그리고 이렇게 쉽게 프로비저닝하는 것은 자산 관리 문제로 빠르게 연결될 수 있다.

클라우드 이전의 기존 IT에서 대부분 조직은 일정 부분의 섀도우 IT를 갖고 있었다. 클라우드 시대에서 섀도우 IT 문제들은 일반적으로 훨씬 나빠지고 자산은 오직 서버만이 아니다.

클라우드 자산 유형

클라우드 자산을 효과적으로 관리하기 전에 자산이 무엇이고 보안과 연관된 어떤 특성이 있는지 이해할 필요가 있다. 저자는 명확히 정의된 자산 카테고리를 생성하는 것이 자산 관리의 개념을 잡는 데 도움을 준다고 생각한다. 이런 이유로 나는 클라우드 자산을 카테고리화해봤다(예, 컴퓨팅, 스토리지, 네트워크 자산). 하지만 다른 카테고리를 선택할 수도 있을 것이다.

많은 클라우드 자산이 매일 생성된다. 조직에서 이런 자산 유형 모두를 관리하지 않을 수 있다. 한곳에서 모든 자산을 추적할 필요는 없다. 중요한 건 모든 자산의 보안 관련 사항을 파악하는 것이다.

수많은 클라우드 자산을 가진 환경으로 진입 중이라면 자산 관리용 100% 솔루션을 즉시 가질 필요는 없다. 즉각적인 효용을 위해서는 보안 관련도가 가장 높은 자산에 집중한 후 추가 자산 유형들을 점진적으로 목록에 추가하자. 많은 조직의 경우 보안과 연관성이 가장 높은 자산은 몇 가지 유형의 데이터 스토리지와 컴퓨팅 자산이다.

클라우드 자산 유형을 살펴보면 기존에 알고 있던 자산 유형을 기록하고 보안과 가장 관련 높은 자산 옆에 별표를 표시하는 것은 도움이 될 수 있다. 3장은 주로 자산 관리 관련 장이지만 자산의 일부 보안 속성은 현재와 미래 클라우드 환경의 설계에 영향을 줄 수 있다. 3장에서는 식별된 클라우드 자산 유형을 목록화하는 방법을 소개한다.

많은 클라우드 자산은 자주 생성되고 삭제되기 때문에 일시적이라고 할 수 있다. 자산이 일시적으로 존재한다는 것은 자산 관리를 어렵게 만들고 IP 주소 추적 등 기존에 사용하던 관리 기법 등이 효과적이지 않을 수도 있다는 걸 의미한다.

컴퓨터 자산

컴퓨터 자산은 일반적으로 데이터를 가져오고 처리해 무언가를 수행한다. 예를 들어 매우 간단한 컴퓨터 리소스는 데이터베이스에서 데이터를 가져오고 요청에 따라 해당 데이터를 웹 브라우저나 비즈니스 파트너에게 보낼 수 있으며, 데이터를 다른 데이터베이스 내의 데이터와 결합할 수도 있다.

이러한 클라우드 자산 카테고리는 완전히 다르다. 컴퓨터 리소스는 임시 데이터 등 데이터를 저장할 수 있다. 일부 한정된 데이터 형태를 사용하면 데이터가 있는 모든 장소를 추적해야 하므로 데이터를 임시로 저장하는 것을 잊지 말자.

가상 머신

가상 머신은 가장 친숙한 클라우드 자산 유형이다. 가상 머신은 비즈니스 기능을 수행하는 운영체제와 프로세스들을 실행한다. 클라우드 환경의 가상 머신은 많은 경우 온프레미스와 매우 유사하게 작동한다.

가상 머신 공격

클라우드 가상 머신은 한 가지 중요한 측면에서 온프레미스 가상 머신과는 근본적으로 다르다. 클라우드 환경에서는 동일한 물리적 시스템을 다른 클라우드 고객과 공유할 수 있다. 이러한 동일한 물리적인 시스템을 사용하는 다른 고객들은 모든 프로세서 시간, 네트워크 대역폭, 스토리지 대역폭을 사려 깊지 않게 모두 소진시킬 수 있어 가상 머신이 효율적으로 작업을 수행하는 데 있어 '불편한 이웃' 문제를 일으킬 수 있다. 그러나 이런 고객들도 의도적으로 악의적일 수 있고 시스템 기밀성, 무결성, 가용성을 공격하려고 동일한 물리적 하드웨어상에 다른 조직의 사용자가 존재한다는 것을 악용할 수도 있다. 이는 훔친 자격증명을 사용하거나 서버 소프트웨어의 취약점을 악용하는 것과 같은 서

버에 대한 표준 '프론트 채널' 위험에 대한 추가적인 위험이다.

일반적으로 다른 고객(또는 누군가 소유한 가상 머신에 접근하고 있는 공격자)이 공격할 수 있는 방법은 크게 두 가지다. 첫째, '하이퍼바이저 브레이크아웃' 또는 '가상 머신 이스케이프'로 공격이 이뤄진다. 그곳에서 가상 머신의 공격자가 하이퍼바이저를 위반하고 물리적 시스템을 완전히 통제할 수 있다. 다행히 하이퍼바이저는 가상 시스템의 입력을 거의 받지 않도록 설계됐기 때문에 공격하기가 쉽지 않다. 일반적으로 하이퍼바이저를 인계하려는 가상 머신은 반가상화된 스토리지나 네트워크 인터페이스에서 취약점을 찾아야 한다.

물리적 시스템이 구분된 건물처럼 돼 있으면 가상 시스템은 '네트워크' 또는 '스토리지'라고 라벨링된 두 개의 메일 슬롯으로만 교육장에 연락할 수 있는 별도 아파트와 같다. 나는 이것을 '백 채널' 공격이라고 부른다. 백 채널 공격은 가상 머신 뒤의 인프라스트럭처를 공격하기 때문이다.

공격자가 정보를 얻을 수 있는 다른 방법은 '사이드 채널' 공격을 이용하는 것이다. 사이드 채널 공격은 실제 시스템에서 코드를 실행할 때 발생하는 의도하지 않은 부작용을 기반으로 한다. 똑같은 하드웨어에서 실행 중일 때 공격자는 프로세서 명령이나 캐시 액세스 타이밍을 유심히 관찰함으로써 가상 머신의 중요한 정보(예, 암호나 암호 키)를 추론할 수 있다. 이는 유명한 취약점인 스펙터와 멜트다운이 작동하는 방식이다.

가상 머신을 사용하면 안 된다고 하는 건 아니다. 사이드 채널과 백 채널 공격 같은 이런 유형의 위험은 대부분 조직에서 수용할 수 있다. 그러나 실제 물리적 하드웨어 공유에 따른 일부 잠재적인 취약점이 존재한다는 것을 아는 것은 중요하다. 물리적 보안과 마찬가지로 이런 유형의 공격을 완화시키는 것은 거의 항상 클라우드 제공자의 책임이라는 것은 좋은 소식이다(경우에 따라 운영 중인 가상 머신에 운영체제의 수정 설치가 필요할 수도 있다).

가상 머신은 항상 운영체제를 갖고 있다. 이 운영체제는 운영체제 벤더에서 제공하는 커널과 함께 '사용자 스페이스' 프로그램도 포함돼 있다. 어떤 서버는 운영체제의 일부로 제공되는 소프트웨어만 사용해 모든 기능을 수행할 수 있다. 그러나 대부분 가상 머신에는 조직에서 작성한 플랫폼/미들웨어, 사용자 지정 애플리케이션 코드와 같은 추가 소프트웨어가 설치돼 있다.

가상 머신을 구성할 때 매우 많은 다양한 구성 요소를 함께 섞어 구성할 수 있기 때문에 서버의 각 계층에 대한 취약점 관리, 접근 관리, 구성 관리에 주의해야 한다. 성공적인 공격자는 가상 머신이 접근할 수 있는 모든 데이터에 접근할 수 있으며 해당 가상 머신을 사용해 나머지 인프라나 다른 사용자를 공격할 수 있다.

가상 머신을 관리할 때 필요한 몇 가지 항목은 다음과 같다.

- **운영체제 이름과 버전:** 운영체제 벤더는 제한된 시간 동안만 보안 수정 버전을 지원하므로 최신 상태로 업데이트하고, 지원되는 OS 버전을 실행하는 것은 중요하다.

- **플랫폼이나 미들웨어 소프트웨어 이름과 버전:** 웹 서버, 데이터베이스 서버, 대기열 관리자와 같은 소프트웨어일 수 있다. 라이선스 관리는 물론 취약점 관리 목적(보안 권장 사항이 릴리스된 경우)으로 이 소프트웨어를 추적하는 것은 중요하다.

- 조직에서 운영하고 있는 가상 머신상의 모든 사용자 지정 애플리케이션 코드

- 가상 머신 IP 주소와 가상 머신이 속한 가상 프라이빗 클라우드 네트워크 (해당되는 경우)

- 운영체제에 접근이 허용된 사용자, 그리고 운영체제와 별도로 플랫폼/미들웨어/애플리케이션에 접근이 허용된 사용자

그중 대부분은 온프레미스 가상 머신과 동일하지만 클라우드 가상 머신들은 일반적으로 생성에 1~2분밖에 걸리지 않는다. 이는 필요에 따라 생성하고 삭제할 수 있다는 것을 의미한다. 빠르게 생성하고 삭제한다는 것은 필요할 때 빠르게 스케일업이나 스케일다운하는 데 좋지만 자산 관리를 더욱 어렵게 할 수 있다. 이런 이유로 가상 머신에 설치된 에이전트나 클라우드 제공자의 인벤토리 시스템을 사용해 관련된 모든 정보를 자동으로 수집해야 할 수 있다.

추가적으로 가상 머신 자체(흔히 '인스턴스'라고 함)를 관리하는 것 외에도 새로운 가상 머신을 생성하려고 복사되는 '이미지'나 템플릿도 관리해야 한다. 시작 후 신속하게 패치를 적용할지라도 그 누구도 새로운 서버들이 치명적인 취약점을 가진 상태에서 온라인에 연결되는 것을 원치 않을 것이다.

일부 클라우드 제공자들은 가상 머신 외에 '베어메탈' 시스템도 제공한다.[1] 베어메탈 시스템은 가상 머신과 똑같은 보안 요건을 갖고 있지만 일반적으로 업데이트가 필요한 펌웨어도 있을 수도 있다.

많은 클라우드 제공자 역시 '전용' 가상 머신을 제공한다. 클라우드 제공자가 똑같은 물리적 시스템 위에 다른 사용자 가상 머신을 스케줄링을 하지 않겠다고 약속한 경우를 제외하고 전용 가상 머신은 일반적인 가상 머신과 똑같은 방법으로 생성된다.

베어메탈 머신과 전용 가상 머신은 앞의 '가상 머신 공격'에 설명된 위험의 대상은 아니지만 일반적으로 비용이 더 많이 든다. 모든 보안 결정과 마찬가지로 비용과 편익은 따져봐야 한다. 나는 일반적인 문제들(예, 취약점 관리나 접근 관리)이 잘 관리되기까지는 추가적인 보안을 위해 베어메탈 머신이나 전용 가상 머신까지 요구하지는 않겠다.

---

1. 베어메탈은 클라우드가 아니라고 이의를 제기하는 사람들이 있다. 가장 일반적인 표준인 NIST SP 800-145(http://bit.ly/2Exem6x)에 따르면 근본적인 클라우드 컴퓨팅의 특징은 주문형 셀프 서비스, 광범위 네트워크 접근, 리소스 풀링, 빠른 탄력성, 관리형 서비스다.

다음 자산 유형 중 상당수는 가상 머신을 '서비스형as a service'으로 제공되고 있는 더 작은 구성 요소로 해체한 것으로 볼 수 있다는 점을 유의하자.

컨테이너

가상 머신과 마찬가지로 컨테이너는 웹 서버나 사용자 지정 애플리케이션 코드와 같은 비즈니스 기능을 수행하는 프로세스를 실행한다. 그러나 가상 머신과는 달리 컨테이너에는 전체 운영체제가 포함돼 있지 않다. 컨테이너는 자신이 호스팅된 가상 머신의 커널을 사용하며, 운영체제와 함께 제공되는 기타 소프트웨어는 없을 수 있다.

컨테이너는 1초 이내 시작이 가능하다. 1초 이내 시작이 가능하다는 것은 많은 환경에서 거의 끊임없이 컨테이너가 생성되고 계속 삭제된다는 것을 의미한다.

컨테이너 공격

가상 머신을 실행하는 하이퍼바이저는 공격 받는 범위가 매우 작은 반면 모든 컨테이너에서 사용하는 공유 커널은 공격받는 범위가 훨씬 크다. 예를 들어 리눅스 커널은 300개 이상의 시스템 호출을 포함하고 있고, 그중 상당수는 컨테이너에서 사용될 수 있다. 이러한 시스템 호출에 취약점이 있으면 이를 악용해 한 컨테이너에서 실행되는 코드가 전체 시스템에 접근할 수 있다.

이는 컨테이너가 본질적으로 불안정하다는 걸 의미하진 않지만 컨테이너가 보안 요구 사항이 매우 다른 구성 요소 사이의 유일한 신뢰 범위로 사용되지 않도록 주의해야 한다. 예를 들어 가장 민감한 데이터가 처리되는 컨테이너와 동일한 서버에 인터넷 사용자가 자신의 코드를 실행할 수 있는 컨테이너가 있으면 문제를 발생시킬 것이다.

컨테이너 분리는 시간이 지남에 따라 계속 성숙도가 높아질 것이다. 컨테이너는 seccomp와 같은 기술을 사용하는 시스템 호출을 점점 더 적게 제한할 수 있으며, 그러한 시스템 호출 중 하나에 취약점이 존재할 가능성을 줄일 수 있다.

컨테이너에 운영체제의 전체 복사본이 들어있고 관리자가 로그인할 수 있는 경우 기본적으로 소형 가상 머신이 된다. 컨테이너를 이 '미니 가상 머신' 모델에서 사용할 수 있지만 이 방법은 컨테이너를 사용하는 최선의 방법이 아니다. 컨테이너의 자산 관리 전략은 컨테이너를 어떻게 사용하는지에 따라 일정 부분이 의존될 수 있다. 우리는 '본질적인' 컨테이너 모델과 '미니 가상 머신' 두 가지 모델을 살펴볼 것이다.

기본 컨테이너 모델: 기본 컨테이너 모델에서는 다음과 같다.

- 컨테이너는 기능 수행에 필요한 최소 운영체제 구성 요소를 보유해야 한다.

- 각 컨테이너는 단일 기능만 수행해야 한다(또는 일부 문서에서는 다르게 생각하는 경우도 존재한다).

- 컨테이너는 불변한다. 즉, 컨테이너는 시간이 지나도 변하지 않는다. 컨테이너는 일부 다른 구성 요소를 변경할 수 있다(예, 스토리지 서비스에 데이터 쓰기). 그러나 스토리지는 컨테이너 자체와는 분리돼 운영된다.

- 불변하는 컨테이너는 존재하는 동안 이미지 내의 완벽한 코드 복사본을 유지한다. 컨테이너는 자신의 코드를 업데이트하지 않으며, 누구도 그 코드를 변경하려고 로그인하지 않는다. 컨테이너를 업데이트하는 것보다 오래된 컨테이너를 삭제하고 업데이트된 코드가 적용된 새로운 컨테이너를 만드는 것이 낫다.

원래 변치 않는 컨테이너는 관리자가 정기적 유지 보수를 위해 로그인할 필요가 없어야 한다. 단, 흔히 비상 접근을 위한 몇 가지 규정이 필요할 수 있다. 일반적으로 컨테이너에 로그인이 허용되지 않으면 컨테이너에 대한 접근 관리는 서버보다는 덜 위험하다. 취약점 및 구성 관리는 여전히 중요한 위험이지만 주어진 컨테이너 범위는 여러 가지 다양한 기능을 수행할 수 있는 서버 범위보다 훨씬 좁다.

기본 컨테이너는 일반적으로 가상 머신보다 생성과 삭제가 더 흔하게 발생한다. 이 말은 컨테이너 자체보다 컨테이너 이미지를 목록화하는 것에 더 신경 써야 된다는 것을 의미하고, 컨테이너는 복사되는 이미지를 추적하기만 하면 된다. 컨테이너 이미지는 주로 목록화하는 것이 필요한데, 이미지 내의 소프트웨어와 구성 요소들을 추적 관리해야 되기 때문이다. 따라서 이미지는 취약점이 발견되면 보안 수정과 새로운 구성으로 업데이트될 수도 있다.

'미니 가상 머신' 컨테이너 모델: 컨테이너를 축소형 VM처럼 취급하는 모델에서는 다음과 같다.

- 컨테이너는 대개 운영체제의 사용자 모드 구성 요소 전체 복사본을 실행한다.
- 컨테이너는 다중 기능이나 서로 다른 성격의 두 가지 서비스가 하나의 동일한 컨테이너에서 동작하는 것을 수행한다.
- 컨테이너는 관리자 로그인과 종료 시간 변경이 가능하다.

미니 가상 머신과 같은 컨테이너를 사용한다면 가상 머신처럼 컨테이너를 목록화하고 보호해야 한다. 즉, 인벤토리를 수집하려면 에이전트를 설치하고 사용자, 소프트웨어, 가상 머신에 관해 앞 절에 언급된 기타 모든 항목을 추적해야 한다는 것을 말한다.

두 모델 모두에서 새 컨테이너에 취약점이 발생하지 않게 하려면 이미지를 목록화하고 업데이트해야 한다.

컨테이너 오케스트레이션 시스템: 컨테이너는 훌륭한 기술이며, 더 좋은 점은 컨테이너를 함께 묶어 더 높은 수준의 기능을 수행 하고, 이렇게 묶은 것을 여러 개 복사하고, 해당 복사본에 대한 밸런싱을 수행하고, 다른 구성 요소 간 통신을 쉽게 하는 등의 기능을 제공한다는 것이다. 이런 유형의 시스템을 컨테이너 오케스트레이션 시스템이라고 한다

이 글을 쓰는 시점 기준으로 컨테이너 오케스트레이션의 가장 인기 있는 구현은 도커 컨테이너가 있는 쿠버네티스다. 쿠버네티스 배포에서 주요 자산은 클러스터로, 클러스터는 이미지에서 복사된 도커 컨테이너를 보관하는 포드^{pod}를 보유한다. 쿠버네티스 환경에서 다음 구성 요소의 인벤토리를 고려하자.

- 쿠버네티스 클러스터는 쿠버네티스 클러스터에 대한 접근을 통제하고 쿠버네티스 소프트웨어를 최신 상태로 유지하기 위한 것이다. 소프트웨어의 취약점은 쿠버네티스에서 실행 중인 모든 포드를 손상시킬 수 있다.

- 쿠버네티스 포드는 하나 이상의 도커 컨테이너를 포함한다. 쿠버네티스 커맨드라인이나 API를 사용해 현재 존재하는 포드와 그 포드를 구성하는 컨테이너를 추적 관리할 수 있다.

- 도커 컨테이너 이미지

서비스형 애플리케이션 플랫폼

서비스형 애플리케이션 플랫폼^{aPaaS}을 제공(예, Cloud Foundry 또는 AWS Elastic Beanstalk)한다는 것은 사용자가 직접 가상 머신을 프로비저닝하지 않고도 코드를 배포할 수 있게 해준다는 것을 의미한다. 이러한 서비스 형태는 플랫폼의 일부로 데이터베이스와 같은 많은 자원을 제공한다. 예를 들면 배포는 작성한 코드와 aPaaS에서 프로비저닝된 데이터베이스로 구성될 수 있다. 데이터베이스를 생성할 때 배포가 시작되고 삭제될 때 중지되지만 실제로 VM$^{Virtual Machines}$이나 컨테이너를 만들어 보관할 필요는 없다. 이는 클라우드 제공자가 수행해야 할 일이다.

aPaaS의 보안은 aPaaS, 그리고 공급자가 aPaaS를 어떻게 구현 하느냐에 따라 달라진다. 운영 중인 컴퓨터, 네트워크, 스토리지 자산을 다른 클라우드 고객으로부터 분리해 유지하는 격리 모델을 이해하는 것은 중요하다. 예를 들어 많은 클라우드 파운드리를 구축하면 다른 고객들과 동일한 가상 머신에서 실행되므로 컴퓨팅 격리를 하기에는 제한이 있다. 사용자는 때때로 네트워크의 다른 컨테이너에 접속할 수 없기 때문에 네트워크 격리가 양호할 수 있다. 스토리지 격리는 제공자가 제공하는 영구 스토리지 서비스에서 수행되는 암호화에 따라 수준이 결정되고 스토리지 서비스마다 다를 수 있다.

aPaaS 배포를 생성할 때 취약점 및 구성 관리를 위해 배포 자체와 배포 자체의 종속성(예, 빌드 팩이나 기타 하위 구성 요소) 모두를 추적해야 한다. 그러나 기본 컴퓨팅 리소스나 스토리지 리소스를 목록화할 필요가 없다. 이러한 리소스는 사용자가 통제 밖이기 때문이다.

서버리스

서버리스 기능은 필요한 경우에만 코드를 실행할 수 있는 방법이다. 예를 들어 AWS Lambda, Azure Functions, Google Cloud Functions, IBM Cloud Functions 등이 있다.

서버리스를 제공하는 것은 서비스가 요청되기 전까지 실행되지 않기 때문에 aPaaS 서비스 형태와는 다르다. 들어오는 요청을 앉아서 기다리는 입장에서 특별한 것은 없다. 즉, 오랫동안 실행되는 인스턴스가 없기 때문에 해당 이미지로부터 생성된 '이미지'와 '인스턴스' 두 개를 모두 추적 관리할 필요가 없다.

서버리스 자산의 경우 운영체제나 플랫폼 구성 요소를 인벤토리로 관리할 필요가 없다. 사용자는 코드 취약점을 관리하고 기능적 접근만 통제할 수 있도록 서버리스 배포를 목록화하기만 하면 된다.

스토리지 자산

스토리지 자산은 일반적으로 '영구적' 데이터다. 여기서 언급됐던 다른 유형의 자산들보다 더 영구적 경향이 있다. 일반적으로 데이터는 많은 양을 이동시키는 것이 어렵고 시간이 많이 소요되기 때문에 '번거로운 일'로 묘사된다. 2장에서 가장 중요한 데이터와 스토리지 자산을 식별했지만 고려하지 못한 다른 스토리지 자산이 있을 수 있다. 여기서는 일부 가능성을 살펴본다.

저자는 대부분의 조직에서 자산 기반 위험 평가 방법을 권장했기 때문에 이 책에서도 특히 스토리지 자산을 강조할 것이다. 접근 관리는 이 절에 나열된 모든 클라우드 스토리지 자산에 대해 고려할 가장 중요한 보안 요소다.

블록 스토리지

블록 스토리지는 하드 드라이브의 클라우드 버전일 뿐이며, 회전하는 디스크 컨트롤러와 동일한 방식으로, 서버에 작은 블록(예, 16KB)으로 데이터를 사용할 수 있게 만든다. AWS 일래스틱 블록 스토리지^{Elastic Block Storage}, 애저 버추얼 디스크^{Azure Virtual Disks}, 구글 퍼시턴스 디스크^{Google Persistent Disks}, IBM 클라우드 블록 스토리지^{Cloud Block Storage} 등이 그 예다.

블록 스토리지의 주요 보안 문제는 접근 관리인데, 블록 스토리지에 직접 접근할 수 있는 공격자는 해당 스토리지를 사용하는 서버가 가진 운영체제 수준의 통제를 우회하기 때문이다.

파일 스토리지

파일 스토리지는 클라우드 버전의 파일 시스템으로, 데이터를 디렉터리와 파일로 구성한다. 예를 들어 AWS 일래스틱 파일 시스템^{Elastic File System}, 애저 파일^{Azure Files}, 구글 클라우드 스토리지 FUSE, IBM 클라우드 파일 스토리지^{Cloud File Storage}가 있다.

블록 스토리지와 마찬가지로 우선적으로 관심을 가져야 될 부분이 접근 관리다. 파일 시스템 자체는 파일에 대한 접근 통제 목록^{ACL, Access Control List}을 제공하지만, ACL은 파일 스토리지가 아닌 운영체제 자체에서 수행된다. 파일 스토리지의 접근 권한을 가진 공격자는 파일 스토리지에 저장된 모든 파일을 읽을 수 있다.

객체 스토리지

스토리지 측면에서 객체^{Object}는 객체에 대한 메타데이터가 포함된 바이트 스트림 이라는 점에서 플랫 파일^{flat file}과 매우 유사하다. 주요 차이점은 다음과 같다.

- 파일은 폴더 내에 다른 폴더가 있을 수 있는 폴더에 저장된다. 객체는 버킷 내부에 다른 레벨의 구조 없이 모두 함께 '버킷'에 던져진다.[2]

- 객체와 관련한 사용자 지정 메타데이터가 존재할 수 있다. 파일 시스템은 생성자, 생성 시간, 권한과 같은 파일 시스템이 제공하는 메타데이터 유형 으로 제한된다.

- 객체는 생성 후 변경할 수 없다. 업데이트하려면 객체를 새 객체로 바꾸자. 파일을 갖고 파일 일부를 업데이트하거나 추가적인 데이터를 추가할 수 있 을 것이다.

- 객체 스토리지는 객체 스토리지 시스템에서 자체적으로 객체별 접근 통제 를 제공한다. 파일 스토리지는 일반적으로 전체 파일 시스템에 대한 접근 통제를 적용하지만 파일 시스템을 사용하는 운영체제에 따라 파일마다 통 제를 적용하기도 한다.

대부분의 객체 스토리지는 버킷에 대한 높은 수준의 정책과 특정 객체에 대한 개별

---

2. 슬래시(/)가 있는 객체 이름을 사용해 객체 스토리지의 폴더 계층을 시뮬레이션 할 수 있다. 그러나 A라는 이름의 '폴더'에 객체를 표시하려면 객체 스토리지 시스템은 실제로 A 슬래시(/)로 시작하는 모든 객체 이름을 검색하는 것뿐이다.

ACL과 같은 다양한 접근 통제 계층을 제공한다. 과거에 객체 스토리지 버킷 정책이 개방형 접근을 허용하도록 설정됐을 때 눈에 띄는 데이터 위반이 많이 발생했었다. 따라서 객체 스토리지 자산과 각 항목에 대한 접근 통제 정책을 추적 관리하는 것은 매우 중요하다.

객체 스토리지 서비스의 예로는 아마존 S3, 애저 블롭 스토리지^{Blob Storage}, 구글 클라우드 스토리지, IBM 클라우드 객체 스토리지^{Cloud Object Storage} 등이 있다.

이미지

이미지는 코드 조각으로, 클라우드 환경에서 가상 머신, 컨테이너 또는 aPaaS 배포를 실행하는 데 사용하는 모든 기본 시스템 구성 요소(예, 운영체제)를 포함하고 있다. 사용자는 이미지 복사본을 만들고 실행한다. 이 새로운 복사본은 일반적으로 '인스턴스'라고 불리며 인스턴스에 이미지가 탑재되는 순간 원래 생성됐던 이미지와는 조금 달라지기 시작할 수도 있다. 가상 머신, 베어메탈 시스템, 컨테이너, aPaaS 환경은 모두 이미지를 복사해서 운영체제를 생성한다.

이미지가 블록 스토리지나 객체 스토리지와 같은 클라우드 스토리지의 일부 타입에 저장돼 있는 동안 이미지에 대한 접근은 기본 스토리지와 별개로 통제되는 경우가 많다.

클라우드 자산과 제공자의 여러 유형은 이미지를 각기 다른 방식으로 관리한다. 그러나 조직에는 이미지의 내용에 접근해 이미지에서 인스턴스를 만들 수 있는 사람이 많다. 이런 이유로 이미지는 인스턴스를 실행하는 데 필요한 모든 정보를 포함해서는 안 된다. 예를 들어 이미지에는 비밀번호나 API 키 같은 민감한 정보가 포함돼서는 안 된다. 이미지를 생성하거나 볼 수 있는 접근 권한이 있는 모든 사람이 이러한 시크릿을 알아야만 하는 것은 아니기 때문이다. 이미지의 복사본(인스턴스)이 시작되면 제한된 사용자가 접근할 수 있는 안전한 위치에서 인스턴스가 시크릿을 얻도록 이미지를 구성해야 한다. 이는 4장의 '시크릿 관리' 절에서 더 자세히 다룬다. 이미지를 만드는 방법에 따라 이미지에 시크릿이 포함되지 않도록 몇 가지 체크를 할 수 있을 것이다.

이미지에 중요한 정보가 포함돼 있는 경우 공격자가 이미지를 들여다보고 자격증명을 꺼내 사용할 수 없도록 이미지에 대한 접근을 통제하는 것이 중요하다. 또한 모든 이미지는 운영체제, 미들웨어/플랫폼, 사용자 정의 애플리케이션 소프트웨어의 보안 패치를 최신 상태로 유지할 수 있게 추적 관리해야 한다. 그렇지 않으면 클라우드 자산이 생성됨과 동시에 취약한 클라우드 자산이 생성된다. 이는 5장에서 더 자세히 다룬다.

클라우드 데이터베이스

많은 논문에서 다양한 형태의 데이터베이스를 다뤘지만 극단적인 단순화로 인해 클라우드 데이터베이스는 관계형과 비관계형으로만 생각하는 경향이 있다. 관계형 데이터베이스에는 일반적으로 서로 다른 테이블의 데이터를 연결하는 방법이 정의된 여러 테이블이 있다. 비관계형 데이터베이스는 일반적으로 반구조화된 형식의 단일 위치에 데이터를 덤프한다.

데이터베이스 선택은 전체 애플리케이션의 보안에 상당한 영향을 미칠 수 있다. 예를 들어 빠른 성능에 사용되는 일부 메모리 내의 데이터베이스는 기본적으로 네트워크나 디스크에서 암호화를 제공하지 않는데, 저장된 데이터의 유형에 따라 위험할 수 있다.

대부분의 클라우드 제공자는 관계형 데이터베이스와 비관계형 데이터베이스를 모두 여러 가지 방식으로 제공한다. 모든 클라우드 데이터베이스는 데이터베이스 계층에서 접근 통제를 제공할 수 있으며, 일부 데이터베이스는 데이터베이스의 데이터를 좀 더 세부적으로 통제할 수 있다.

메시지 큐

메시지 큐는 구성 요소들이 소량의 데이터(일반적으로 256KB 미만)를 다른 구성 요소에 전송할 수 있게 해준다. 일반적으로 'publisher/subscriber' 모델로 서로 전송할 수 있다. 이는 편리하지만 이런 작은 조각에도 개인 식별 가능 정보와 같은 중요한 데이터가 포함될 수 있으므로 메시지 큐에 대한 접근을 보호하는 것은 중요하다. 또한 일부 구성 요소가 메시지에서 지시를 받는 경우 메시지 큐에 쓰기 권한을 가진 공격자가 원치 않는 작업을 수행하게 만들 수도 있다.

암호 키나 암호와 같은 시크릿은 일반적으로 메시지 큐와 같은 방법으로 전송되지 않아야 한다. 그리고 다음 절과 4장에서 설명하는 것처럼 암호 키나 시크릿 데이터를 보호할 수 있도록 특별히 설계된 스토리지 서비스를 사용해야만 한다.

구성 스토리지

많은 경우 클라우드 배포는 코드와 구성을 통합한다. 동일한 코드는 대개 애플리케이션의 다른 인스턴스 간에 공유되며, 인스턴스는 다른 구성을 사용해 다른 영역이나 지역에 배치된다. 구성 스토리지를 사용하면 이 구성 정보를 코드와는 별개로 보관할 수 있다. 예를 들면 HashiCorp Consul, AWS 시스템 관리 파라미터 스토어Systems Manager Parameter Store 등이 있다.

시크릿 구성 스토리지

시크릿 구성 스토리지는 다른 시스템에 접근하는 데 사용할 수 있는 시크릿 데이터를 보관하도록 특별히 설계된 구성 스토리지의 하위 집합이다. 코드와 구성을 분리하는 것이 좋은 관행인 것처럼 시크릿에 대한 접근과 다른 구성 데이터를 분리하는 것도 좋은 방법이다. 많은 사람이 코드와 구성을 봐야 될 필요가 있을 수도 있지만 제한된 사람만이 시크릿을 볼 수 있어야 한다. 따라서 시크릿을 저장하는 자산을 식별하고, 그 시크릿들을 보호하게 만들어졌는지 확인하고 접근을 세심하게 통제하는 것이 중요하다.

이는 4장에서 자세히 다룬다. 시크릿 스토리지 솔루션의 예로는 HashiCorp Vault, Keywhiz, 쿠버네티스 시크릿, AWS 시크릿 매니저 등이 있다.

암호 키 스토리지

암호 키는 데이터 암호화와 복호화에 사용되는 시크릿의 구체적 유형이다. 시크릿 구성과 마찬가지로 이러한 유형의 데이터에 특수 목적 서비스(예, 마스터 키를 노출하지 않고 랩과 언랩 작업을 수행)를 사용하면 많은 이점이 있다. 암호화된 데이터에 대한 접근을 통제하는 것 외에 암호 키를 저장하는 자산을 식별하고 이들에 대한 접근을 세심하게 통제해야 한다.

이러한 유형의 시스템은 2장에서 상세하게 다뤘다. 암호 키 스토리지의 주요 유형은 전용 하드웨어 보안 모듈과 멀티테넌트 키 관리 시스템이다.

인증서 스토리지

시크릿 스토리지의 또 다른 전문화, 인증 스토리지 시스템은 사용자의 X.509 개인 키를 안전하게 저장할 수 있다. 이는 암호화된 방식으로 자신이 인증서를 소유하고 있음을 증명하는 데 사용된다. 추가적으로 이러한 시스템은 사용 중인 인증서 중 하나가 만료될 때 경고를 해줄 수 있다.

소스코드 스토리지와 배포 파이프라인

많은 조직이 다른 유형의 자산들을 주의 깊게 추적하지만 소스코드를 곳곳에 분산하는 것과 여러 파이프라인을 이용해 구축하는 것을 허용한다.

많은 경우 구성과 시크릿을 분리하는 것처럼 좋은 관행이 받쳐준다면 소스코드가 시크릿으로 유지될 필요가 없다. 그러나 공격자가 배포 중 소스코드나 일부 아티팩트를 수정하지 못하게 하는 것은 매우 중요하기 때문에 무결성을 보호하려면 이러한 자산을 추적 관리해야 한다.

또한 취약점을 효과적으로 확인하려면 소스코드 스토리지의 인벤토리를 잘 갖춰야 한다. 작성한 코드의 버그와 다른 소스에서 통합한 코드의 알려진 취약점을 확인할 수 있는 도구가 있다. 이러한 도구는 인식하지 못하는 코드에서는 작동할 수 없다. 이 내용은 5장에서 자세히 다룬다.

네트워크 자산

클라우드 환경의 네트워크 자산은 온프레미스 환경의 내부 스위치, 라우터, 가상 LAN^{VLAN}, 서브넷, 로드밸런스 어플라이언스와 같은 자산들과 동등하다. 클라우드 환경의 네트워크 자산들은 클라우드에 있는 다른 자산들과 외부와의 통신을 가능하게 하며, 통상 일부 보안 기능을 수행한다.

가상 프라이빗 클라우드와 서브넷

가상 프라이빗 클라우드^{VPC, Virtual Private Clouds}와 서브넷^{Subnets}은 어떤 서버에 대해 누구를 허용할 것인지에 대한 경계를 그리는 가장 높은 수준의 방법이다. VPC와 서브넷은 목록화해서 잘 관리하는 것이 중요하다. 이는 앞에서 언급한 바와 같이 네트워크 스캐너는 좋은 입력값(앞에서 말한 인벤토리)에 의존한다. 서브넷과 VPC는 6장에서 자세히 다룬다.

콘텐츠 전송 네트워크

콘텐츠 전송 네트워크^{CDN, Content Delivery Networks}를 사용하면 로우 레이턴시 이점을 이용해 글로벌하게 콘텐츠를 배포할 수 있다. CDN 정보는 대부분 자산 내에서 민감하지 않지만 CDN에 접근할 수 있는 공격자는 악성코드, 비트코인 채굴자 또는 분산 서비스 거부[DDoS, Distributed Denial-of-Service] 공격 코드로 콘텐츠에 해를 끼칠 수 있다.

DNS 레코드

DNS[Domain Name System] 레코드와 이를 등록하는 데 사용하는 레지스터를 추적해야 한다. TLS[Transport Layer Security] 연결은 스푸핑에 대한 보호를 제공하지만 이 쓰기 때문에 일부 브라우저는 TLS로 기본 설정이 돼 있지 않다. DNS 레코드 스푸핑은 누군가를 정상 사이트가 아닌 공격자 사이트로 가게 만들고, 그다음 공격자는 공격자 사이트에 접속한 자들에게서 자격증명을 훔치고 정상 사이트에 접속하는 사람들의 모든 데이터를 읽을 수 있으며, 심지어 전송 중인 데이터까지 변조할 수도 있다.

보안 문제 외에도 DNS 도메인 중 하나를 추적 관리하지 않거나 갱신하는 것을 잊는다면 해당 서비스가 중단될 것이다.

TLS 인증서

TLS 인증서(여전히 SSL 인증서라고 불리며, 더 적절하게는 X.509 인증서라고도 불린다)는 암호화 원칙에 따라 적용된다. 이러한 인증서들은 웹 사이트를 스푸핑하는 공격자에 대한 최고의 방어선이다.

다음과 같은 이유 때문에 TLS 인증서를 추적 관리할 필요가 있다.

- 특정한 암호 알고리즘이 취약한 것으로 판명되거나 인증기관에서 보안 문제가 있는 경우 등 전체 등급의 인증서가 재발행돼야 하는 경우가 있다.
- 개인키에 대한 접근 권한이 있는 사용자는 추적 관리해야만 한다. 개인키에 대한 접근 권한이 있는 사용자는 정상 사이트로 위장할 수 있기 때문이다.
- DNS 도메인과 마찬가지로 인증서를 갱신하는 것을 잊는다면 인증서 만료 시 연결이 실패돼 서비스 중단이 발생하는 경우가 많다.

인증서가 많은 경우 앞에서 설명한 인증서 스토리지 서비스를 사용해 인증서를 추적 관리하는 방법을 고려해보자.

로드밸런서, 역방향 프록시, 웹 애플리케이션 방화벽

일반적으로 트래픽을 목적지에 전송할 수 있도록 DNS 레코드는 목적지 네트워크 자산 중 하나를 가리킨다. 적절한 접근 통제를 위해 이런 자산들을 목록화해 잘 관리하는 것이 중요하다. 일반적으로 애플리케이션에 대한 모든 네트워크 트래픽을 보고 수정할 수 있기 때문이다. 이는 6장에서 더 자세히 다룬다.

자산 관리 파이프라인

이제 어떤 종류의 자산을 찾아야 하는지 알게 됐으니 자산들을 추적하려면 무엇을 해야 할까? 대부분 조직에서는 서비스와 인프라를 프로비저닝하는 과정에서 자연스런 통제 지점이 있다. 이러한 통제 지점은 조직마다 다르지만 모든 클라우드 자산을 파악하고 리스크를 적절하게 관리하려면 통제 지점을 찾아 조정해야 한다.

나는 이것을 파이프라인 비유를 사용해 설명하고자 한다. 다양한 클라우드 자산을 포함하는 파이프라인이 클라우드 제공자로부터 흘러 서로 다른 보안 시스템으로 이어진다고 상상해보자. 자산이 중요한 보안 노력으로부터 빠져나갈 수 있는 유출을 모두 방지해야만 한다. 전체 회사의 IT를 실행하든, 단일 애플리케이션에 대해서만 책임을 지든, 개념적으로는 그림 3-1과 같다. 이제 파이프라인의 각 부분을 살펴보자.

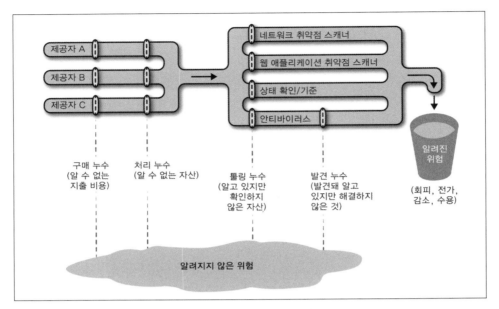

그림 3-1. 자산 관리 파이프라인 샘플

구매 누수

소스에는 자산을 생성할 수 있는 여러 가지 방법이 있다. 다양한 유형의 자산을 프로비저닝하는 각기 다른 제공 모델(IaaS, PaaS, SaaS)을 사용하는 여러 클라우드 제공자가 존재할 수 있다. 대부분의 경우 이러한 자산에 대한 비용이 청구된다. 즉, 일반적으로 구매 프로세스와 함께하는 것은 좋은 출발점이라는 것을 의미한다.

 일부 클라우드 제공자는 빌트인 자산 관리 시스템을 갖고 있다. 이 시스템은 이미 다른 서비스와 통합돼 있고 심지어 온프레미스 환경이나 기타 클라우드 제공자로부터 자산을 가져오는 방법까지 있다. 이는 성장 중인 분야며, 따라서 맞춤형으로 무언가를 만들기 전에 클라우드 제공자들이 이런 것을 제공하고 있는지 살펴보자.

이는 못 믿을 일이 아니다. 일부 클라우드 리소스는 비용 없이 프로비저닝할 수 있으며, 대규모 조직에서는 사람들이 클라우드 비용을 다양한 방법으로 분류할 수 있다. 그러나 그것은 좋은 시작이다.

IT 비용을 살펴보자. 각 클라우드 비용에 대해 비용 발생을 담당하는 개인에게 제한된 감사 자격증명을 받아야 한다.[3] 이렇게 하면 인벤토리 정보를 자동으로 가져올 수 있게 된다. 여기서 '누수'는 사용자가 비용을 확인하지 못했거나 무료서비스였기 때문에 모든 클라우드 제공자를 꼼꼼하게 챙기지 못하고 놓쳤다는 것을 의미한다.[4]

처리 누수

두 번째 단계는 이러한 감사 자격증명을 사용해서 클라우드 제공자가 사용자를 위해 무엇을 하고 있는지 정확히 알아내는 것이다. 즉, 포털, API, 인벤토리 시스템을 사용해 자산 목록을 가져와야 한다. 다른 자산 내부에 자산들이 존재할 수 있다는 것을 기억하자. 예를 들어 가상 머신 내부의 컨테이너 안에 웹 서버가 존재할 수도 있다.

모든 클라우드 제공자는 자산 관련 정보를 검색하는 데 이용할 수 있는 포털, API, 커맨드라인 유틸리티 세트를 갖고 있다. 거의 항상 수동 인벤토리를 최신 상태로 유지하기 어렵기 때문에 API나 커맨드라인 도구를 사용한 자동화가 바람직하지만 수동 인벤토리는 아무것도 없는 것보다는 낫다. 그리고 변경이 아주 흔하지만 않다면 수동 인벤토리로도 충분할 수 있다.

또한 포털과 API뿐 아니라 일부 클라우드 제공자와 서드파티는 인벤토리나 보안 추적 시스템을 갖고 있다. 이 글을 쓰는 시점에서 이런 시스템들은 아직은 성숙화

---

3. 최소 권한 원칙을 준수하고 인벤토리 자동화 자격증명이 인벤토리 시스템에 절대적으로 필요한 것보다 더 많은 권한을 제공하지 않게 하자. 인벤토리 시스템은 메타데이터 이외의 것을 읽거나 태그 이외의 것을 수정할 필요가 없다.

4. 무료 서비스는 일반적으로 완전한 '무료'가 아니다. 제공자는 사용자의 데이터를 사용하거나 사용자의 데이터에 대한 특정 권리를 얻을 수 있으므로 서비스 약관을 확인해야 한다.

되지 않은 영역이긴 하지만 상당한 신뢰성을 제공한다. 따라서 맞춤형 제품을 만들기 전에 필요한 요구 사항을 충족시키는 시스템이 있는지 조사를 하자. 일부 시스템은 다른 가상 시스템에 설치된 수준을 추적할 수 있게 해주며, 직접 사용할 수 있는 다른 보안 서비스(예, 스캐너)로 직접 공급하거나 다른 제공자 또는 온프레미스 인프라에서 자산을 가져올 수도 있다. 표 3-1에는 현재 존재하는 서비스가 나와 있다.

표 3-1. 클라우드 행위 감사를 위한 옵션

인프라 종류	감사 방법
아마존 웹 서비스	API, portal, command line, AWS Systems Manager Inventory
마이크로소프트 애저	API, portal, command line, Azure Automation Inventory
구글 컴퓨트 플랫폼	API, portal, command line, Cloud Security Command Center Asset Inventory
IBM 클라우드	API, portal, command line, IBM Cloud Security Advisor
쿠버네티스	API, dashboard

보안 측면에서 중요할 수 있는 추가적인 자산을 찾으려면 각 자산 유형을 자세히 살펴보자. 여기서 '누수'는 사용자가 클라우드 제공자에게 자산에 대한 질의를 했지만 제공자들을 위해 일부 클라우드 자산을 목록화하지 않은 것을 의미한다. 예를 들어 모든 가상 머신을 목록화했지만 팀에서 프로비저닝한 객체 스토리지 버킷을 놓쳤을 수도 있다. 이러한 객체 스토리지 버킷의 인벤토리를 생성하지 않으면 다운스트림 도구와 프로세스에서 버킷에 대한 접근이 올바르게 통제되는지 또는 적절한 태그가 할당됐는지 확인할 수 없다.

툴링 누수

세 번째 단계는 자산 보안을 체크하는 데 도움이 되는 각 도구가 자산 인벤토리에 연결되게 하고, 작업 수행에 필요한 정보를 얻을 수 있게 하는 것이다.

다음은 그 예다.

- 네트워크 취약점 스캐너는 가상 머신 정보나 VPC 서브넷 정보에서 사용 중인 IP 주소를 얻을 수 있어야 한다.

- 웹 애플리케이션 취약점 스캐너는 각각 웹 애플리케이션 URL을 얻을 수 있어야 한다.

- 헬스 체크나 기준이 되는 시스템은 서로 다른 가상 머신에 대해 알고 있어야 각 가상 머신의 구성을 확인할 수 있다.

- 조직에서 윈도우 시스템을 사용하는 경우 효과적으로 경고 추적과 바이러스 백신 서명의 최신 상태 유지를 위해 바이러스 백신 솔루션이 모든 윈도우 시스템 목록을 필요로 한다.

이 영역의 '누수'는 일부 자산에 대해 알고 있었지만 보안 문제를 확인하기 위한 도구나 프로세스가 없었다는 것을 의미한다. 이러한 도구와 보호 조치의 자세한 내용은 5장에 나와 있지만 도구들이 파악하지 못한 자산에서 보안 문제를 찾을 수 있는 방법은 실제로 없다.

발견 누수

마지막 단계는 툴링 시스템에서 찾은 결과를 실제로 처리하는 것이다. 이는 단순해 보일 수 있지만 실제로 이런 결과는 일반적으로 많은 오탐$^{false\ positive}$을 생성하는 '노이지^{noisy}' 스캐닝 시스템에서는 무시된다.

결과를 수정하지 않고 결과(위험)를 수락하기로 결정하는 것은 수용될 수 있지만 어떤 종류의 검토도 없이 결과를 무시하는 것은 '누수'다.

클라우드 자산 태깅

자산을 생성할 때 자산을 카테고리화하고 구성하면 자산의 내용과 용도를 알 수 있다. 태그를 사용하면 자동화와 접근 통제가 훨씬 쉬워진다. 2장에서 데이터 자산에 대한 데이터 유형을 태그로 지정했듯이 다른 유형의 자산에도 태그를 지정해 처리된 데이터 유형과 자산이 필요한 이유를 모두 표시해야 한다.

데이터가 저장되고 처리되는 위치를 일관되게 볼 수 있도록 컴퓨팅 자산에서 처리되는 데이터 유형을 나타내려면 2장과 동일한 데이터 태그를 사용하는 것이 중요하다. 데이터 분류 수준이나 컴플라이언스 준수 요구 사항의 목록을 만드는 것은 비교적 간단하지만 다른 운영 태그에 대한 가능성은 거의 끝이 없다.

다음은 유용할 수 있는 태그 유형의 예다.

- 자산 기능

- 개발, 테스트, 프로덕션과 같은 자산 환경 유형

- 자산이 사용되는 애플리케이션이나 프로젝트

- 자산 담당 부서

- 버전 번호

- 자동화 태그. 스크립트, 스캐너, 기타 자동화 작업을 수행할지 여부를 자산에 태그로 지정하는 것

 많은 클라우드 제공자는 태그를 대소문자로 구분하므로 ApplicationA와 applicationA는 다른 것이다.

1장의 샘플 애플리케이션을 살펴보면 그림 3-2와 같이 서버에 태그를 추가할 수 있다.

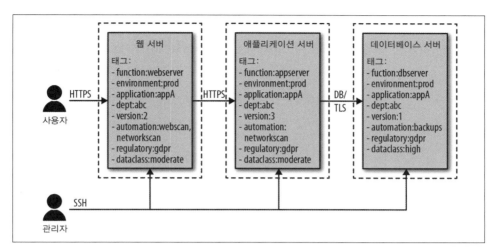

그림 3-2. 태그를 가진 애플리케이션 다이어그램 샘플

적절한 태그를 사용하면 보안 점검을 자동으로 할 수 있다. 예를 들어 개발 및 테스트 시스템에 민감한 데이터가 저장되거나 접근돼서는 안 되는 매우 합리적인 정책이 있을 수 있다. 이 정책이 잘 동작할 수 있도록 다음과 같이 수행할 수 있다.

1. 신용카드 번호와 같은 특정 데이터 타입이나 민감한 데이터에 접근하기 위한 프로덕션 데이터베이스의 자격증명을 감지하도록 자동화한다면 가상 머신을 검색하고, 가상 머신들을 dataclass:sensitive-data로 태깅하게 자동화한다.

2. 빌드 프로세스를 자동화해서 가상 머신이 생성될 때 environment: development, environment:test, environment:production과 같은 태그가 자동으로 지정되게 한다.

3. environment:development, environment:test 태그와 함께 dataclass: sensitive-data 태그가 있는 자산에 대한 보고서를 작성한다.

태그를 효과적으로 적용하려면 태그 이름과 허용된 값의 일관된 세트를 유지해야 한다. 이는 태깅 정책이 있어야 되고 태깅이 부착돼야 한다는 것을 의미한다. 대부분 작은 조직에서 태깅 정책은 조직 전체에 적용될 수 있어야 한다. 더 큰 조직은 사업부에 특정한 태그를 허용하는 것뿐만 아니라 일부 조직 전체의 태그에 동의할 필요가 있을 것이다. 어느 경우든 필요에 따라 공식 목록에 태그를 추가하는 태그 정책의 분명한 소유자가 있어야 한다.

현재 사용 중인 모든 태그를 수집하고 조직이나 비즈니스 단위의 태그 지정 정책에 지정되지 않은 태그를 보고하도록 자동화할 수 있게 개발할 수 있다.

정리

오늘날 제공되는 이용 가능한 서비스는 너무 많기 때문에 모든 제품을 이해하고 추적 관리하기에는 어려울 수도 있다.

사용 중인 서비스나 자산 관리에 노력을 들인다면 많은 이득을 볼 수 있을 것이다. 이는 자산의 추적 손실이 큰 영향을 미칠 가능성이 가장 높은 사업자와 자산의 추적에 우선순위를 두는 것을 의미한다. 예를 들면 민감한 정보를 저장하거나 처리하는 다른 자산에 대한 관리 통제권을 갖는 자산과 같은 것을 말한다. 예를 들어 고객 데이터가 저장된 모든 데이터베이스, 해당 데이터베이스에 접근 가능한 기존 가상 머신, 고객 데이터를 처리하는 소스코드(종속 라이브러리)를 엄격하게 추적할 때까지 모든 가상 머신 이미지 추적에는 걱정하지 않아도 된다.

클라우드 제공자, 제공자가 생성한 자산, 해당 보안 도구가 해당 자산으로 수행하는 작업, 해당 보안 도구에서 찾은 결과로 수행하는 작업을 추적하는 파이프라인 접근 방법을 사용해보자. 온프레미스 리소스를 갖고 있다면 태그나 자동화를 위한 API가 없을 수 있지만 서드파티 클라우드 제공자 리소스와 동일한 방식으로 처리하자.

자산 관리는 보안 외에도 중요한 이점을 가질 수 있다. 예를 들어 더 이상 필요하지 않은 자산을 발견하고 삭제하면 보안 위험을 줄이는 외에도 비용을 줄일 수 있다. 보안 요구 사항만으로 자산 관리 솔루션을 지원하는 데 어려움이 있는 경우 이를 비용 관리 수단으로 사용해보자.

ID와 접근 관리

ID와 접근 관리^{IAM, Identity and Access Management}는 가장 중요한 보안 통제 수단일 것이다. 웹 애플리케이션 관련 위반에서 자격증명의 분실이나 도난은 수년간 공격자들이 가장 많이 사용하는 도구였다. 이에 대해서는 버라이즌^{Verizon} 데이터 침해 조사 보고서(https://vz.to/2UO4MkU)를 참조하자. 공격자가 시스템에 로그인할 수 있는 유효한 자격증명을 가진 경우 세계의 모든 패치와 방화벽이 이러한 자격증명을 차단하지 못할 것이다.

ID와 접근 관리는 일반적으로 함께 다루지만 두 가지는 서로 다른 개념임을 이해하는 것이 중요하다.

- 각각의 개체(사용자, 관리자, 시스템 등)는 ID가 필요하다. ID를 확인하는 과정을 인증(흔히 'authn'으로 약칭한다)이라 한다.

- 접근 관리는 개체가 수행해야 되는 작업들만 확실히 수행되게 하는 것이다. 개체가 가져야 될 접근 권한을 확인하는 프로세스를 인가('authz'로 약칭한다)라 한다.

인증은 사용자의 정체성(단어 그대로 사용자 자체를 말한다)을 증명하는 것이다. 물리적 세계에서 정체성을 증명한다는 건 신뢰할 수 있는 기관에서 발급된 신분증에 사진이 제시된 형식처럼 누구든지 신빙성을 검사하고, 당신을 보고 말한 그대로 당신을 믿어야 할지 결정할 수 있다는 것이다. 예를 들어 군 기지로 차를 몰고 올라가 운전면허증을 제시하면 경비원과 인증을 시도하는 것이다. 경비원은 출입자를 믿는다고 판단할 수도 있고, 출입자가 다른 사람의 운전면허증을 제공한 걸로 판단할 수도 있고, 운전면허증이 위조됐다고 결정할 수도 있고, 기지에서는 운전면허증이 아닌 군 신분증만 인정한다고 말할 수도 있다.

권한 부여는 특정 행위를 수행하는 능력을 말하며, 일반적으로 먼저 인증(누군가를 아는 것)에 의존한다. 예를 들어 기지 경비원은 "그래, 나는 당신이 말하는 그대로 믿지만 이 기지에 들어가는 건 허용되지 않아" 또는 "당신은 기지 안에 들어갈 수는 있지만 대부분 건물은 출입이 허용되지 않을 수도 있어"라고 말할 수 있다.

IT 보안에서는 이런 두 가지 개념을 혼동하는 경우가 많다. 예를 들어 (암호 등 관련 자격증명으로) 누군가를 위한 ID를 생성할 수 있다. 그리고 유효한 ID를 가진 누구든지 시스템의 모든 데이터에 접근하는 것을 암묵적으로 허용해줄 수 있다.

아니면 특정인의 ID를 삭제해 누군가의 접근을 취소할 수도 있다. 이런 해결책은 어떤 경우 적절할 수 있겠지만 차이를 이해하는 것은 중요하다. 모든 사용자에게 시스템의 전체 접근 권한을 부여하는 것이 정말 적절한지, 조직 외부의 다른 사용자가 시스템 내의 다른 영역에 접근할 수 있게 ID를 제공해야 하는 경우 해당 사용자는 내부 리소스에 자동으로 접근할 수 있는 권한을 얻게 되는지.

개념(및 유사성)은 매우 빠르게 복잡해질 수 있다는 점을 유념하자. 예를 들어 라이선스를 모든 곳에 표시하는 대신 다른 사람에게 보여주는 접근 배지와 배지 발급자에게만 표시돼야 하는 새로 고침 배지를 체크아웃하는 시스템을 상상해보자. 접근 배지는 다른 모든 사람에게 인증되지만 하루만 작동하며 그후 새 접근 배지를 얻으려면 배지 사무소에 가서 새로 고침 배지를 표시해야 한다. 접근 배지를 표시하는 각 사이트는 해당 사이트의 서명을 검증해 유효한지 확인한 다음, 중앙 기관에 문의해 해당 리소스의 접근 여부를 확인한다. 이는 일부 IT 접근 시스템의 작동 방식과 유사하지만 다행히도 브라우저와 서비스를 제공하는 시스템이 이러한 세부 정보를 처리한다.

여기서 뿐만 아니라 다른 보안 분야에서 중요하게 생각해야 되는 것은 신뢰할 조직과 인원수를 최소화하는 것이다. 예를 들어 제로 지식 암호화[1]와 관련된 경우를 제외하고 클라우드 제공자를 신뢰해야 한다.

제공자가 손상되면 데이터가 손상되는 위험을 감수해야 한다.[2] 그러나 이미 클라우드 제공자를 신뢰하기로 결정했으므로 현재 제공자를 신뢰한다면 다른 사용자와 조직은 신뢰하지 않기를 권고한다. 입장료를 지불하는 것처럼 생각하자. 일단 사용자가 특정 조직을 신뢰하는 '수수료'를 지불했으면 사용자는 시스템에 추가 위험이 유입되지 않도록 최대한 활용해야 한다.

기존 IT와의 차이점

기존 IT 환경에서 접근 관리는 물리적 접근 통제(빌딩에 들어갈 수 있는 사람) 또는 네트워크 접근 통제(네트워크에 대한 가상 사설망[VPN] 접근 권한이 있는 사람)에 의해 일부 수행되는 경우가 많다. 예를 들어 관리자를 해고한 후 서버 중 하나의 접근 권한 삭제를 잊어버린 경우 경계 방화벽을 두 번째 보호 계층으로 간주할 수 있다.

보안 수준은 매우 약한 경우가 많다는 것을 기억하는 것이 중요하다. 모든 이더넷 포트, 무선 접근 포인트, VPN 엔드포인트에 대한 접근 통제가 일상적인 공격에도 견딜 것이라고 확신하는가? 대부분의 조직에서 누군가가 화장실 사용을 핑계로 몇 초 만에 5달러짜리 원격 접근 장치를 연결하거나, 무선 또는 VPN 자격증명을 훔쳐서 사내에 발을 들이지 않고도 들어갈 수 있다. 특정 개인이 자격증명을 도난 당했을 가능성은 적지만 환경에 점점 더 많은 사람이 추가될수록 전반적

---

1. 사용자는 키 없이 데이터만을 전송하기 때문에 제로 지식 암호화는 제공자가 데이터를 복호화할 기술적인 방법을 갖고 있지 않다는 것을 의미한다. 이는 제공자가 할 수 있는 일을 정확하게 제한하며, 제공자가 어떤 처리도 하지 않고 많은 데이터만 보유하기만 하면 되는 백업 서비스에 가장 적합하다.
2. 나는 농담으로 이것을 '이미 망친 원리'라고 언급하려고 한다. 그러나 잠재적인 타협점을 탐지하려면 제공자의 잘못된 부분을 감시할 방법을 갖고 있는 것이 바람직하다.

인 확률은 빠르게 증가한다.

앞에서 언급했듯이 접근 통제는 흔히 사용자의 전체 신원을 취소해 더 이상 로그인할 수 없게 수행하기도 한다. 클라우드 환경에서 이 문제가 전체 문제를 해결하지 못하는 경우가 많다. '로그인' 능력이 없이도 계속 작동할 수 있는 장시간 인증 토큰을 제공하는 서비스도 많다. 모든 접근 권한을 취소할 수 있도록 누군가가 떠날 때 애플리케이션에 알리는 '오프보딩' 피드를 신중하게 통합하지 않으면 사람들이 의도하지 않은 것에 대한 접근 권한을 유지할 수 있다. 예를 들어 지메일^{Gmail} 비밀번호를 마지막으로 입력한 시간은? 지메일이 비밀번호 변경 작업 중에 브라우저 쿠키에 저장된 접근 토큰을 폐기하지 않은 경우에는 지메일 비밀번호를 변경하거나 로그인 페이지를 사용하지 못하게 해도 아무런 효과가 없다.

아마존 웹 서비스 S3 버킷을 퍼블릭 접근 상태로 두면 데이터 유출이 된다는 많은 예가 있다. 이러한 파일 공유가 회사 방화벽 뒤에서 기업에 공개된 상태라면 인터넷의 공격자나 연구원이 찾지 못했을 수 있다(일정 수준 이상 규모의 조직에서는 탐지 없이 해당 정보를 훔칠 수 있는 악의적인 행위자가 조직 내의 내부 네트워크에 틀림없이 있다).

많은 조직에서 온프레미스에 대한 허술한 신원과 접근 관리 통제 기능을 사용해 왔으며, 클라우드 환경을 대폭 개선해야 한다는 사실을 알게 됐다. 다행히도 이를 좀 더 쉽게 할 수 있는 서비스가 있다.

ID와 접근에 대한 생명주기

많은 사람이 IAM을 인증과 인가를 수행하는 것으로만 착각한다. 그리고 도입부에서 인증과 인가로 바로 점프를 했다. 인증과 인가는 매우 중요하지만 ID 생명주기 전후에 일어나는 다른 부분도 있다. 앞의 가상 실제 상황 예에서 요청자가 이미 ID(운전 면허증)를 갖고 있다고 가정했지만 어떻게 운전면허증을 얻었을까? 그리고 누가 요청자의 이름을 기본적으로 허용된 사람들 목록에 넣은 것일까?

많은 조직이 이를 잘 처리하지 못한다. 신분 확인 요청은 관리자에게 전화를 걸거나 메시지를 보냄으로써 수행된다. 관리자는 신원을 기록하지 않고, 승인하고 생성한다. 이는 소규모 조직에선 문제가 없지만 누군가 접근을 요청하는 시기, 요청자가 인증된 방법, 새로운 ID, 접근을 승인한 사람을 기록하려면 시스템이 필요한 경우가 많다.

심지어 더 중요한 것은 생명주기의 백엔드다. 사용자의 ID와 접근이 여전히 필요한지 자주 자동으로 확인할 수 있는 시스템이 필요하다. 그 사람이 회사를 떠났거나 다른 부서로 옮겼기 때문에 더 이상 접근할 수 없어야 하기 때문이다(또는 더 나쁜 것은 누군가를 해고하는 불쾌한 임무를 겪고 한 달 후에 해고한 사람이 여전히 중요한 시스템에 접근할 수 있다는 것을 깨닫는 것이다).

그 단계에는 다양한 세부 사항을 가진 여러 버전의 IAM 생명주기 다이어그램이 있다. 그림 4-1의 단계는 최소 단계 수를 보여주며 이러한 ID에 대한 접근 규칙의 생성 및 삭제와 함께 ID의 생성과 삭제를 모두 다룬다. ID와 접근은 다른 시스템이나 동일한 시스템에서 처리할 수 있지만 단계는 비슷하다.

이러한 모든 단계를 구현하려고 반드시 멋진 자동화 시스템이 필요한 것은 아니다. 요청자가 몇 명 안 되고 승인자도 몇 명 안 되는 환경에서는 대부분의 수동 프로세스가 정상적으로 작동할 수 있다. 수동 프로세스가 일관되게 구현되고 단일 인적 오류로 인해 문제가 발생하지 않도록 점검하는 한 그렇다. 이 글을 쓰는 시점에서 전체 생명주기를 관리하는 대부분 자동화된 시스템(흔히 ID 거버넌스 시스템이라 함)은 대기업을 대상으로 한다. 그런 시스템은 일반적으로 비싸고 구현하기 어렵다. 그러나 다른 서비스처럼 클라우드에서도 이러한 거버넌스 솔루션을 제공하려는 추세가 증가하고 있다. 이들은 흔히 다른 ID와 접근 서비스 일부로 포함되므로 소규모 조직이라도 혜택을 누릴 수 있다.

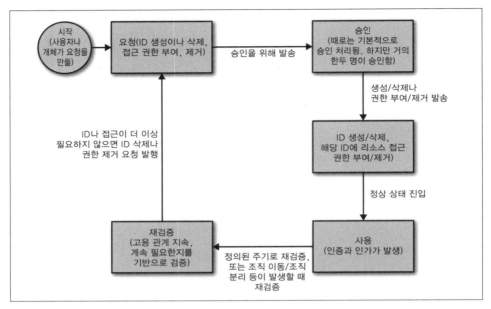

그림 4-1. IAM 생명주기

또한 사용되는 프로세스와 서비스는 개체가 누구인지에 따라 상당히 다를 수 있다는 것을 유념하자. 직원에게 클라우드 제공자와 내부 애플리케이션 접근 권한을 부여하는 데 사용되는 ID와 접근 관리 유형은 고객에게 최종 사용자 애플리케이션에 대한 접근을 허용하는 데 사용되는 유형과는 상당히 다르다. 이 두 가지 사이의 일반적인 유형 간 차이점을 알아보자.

 시스템 내의 사용자가 아닌 애플리케이션이나 서비스용 ID도 관리해야 한다는 것을 잊지 말자. 많은 조직에서 사용자에 대한 접근 통제를 훌륭하게 수행하고 있지만 자동화를 수행할 수 있는 작업의 통제는 부족하다.

단계별로 하나씩 살펴보자. 누군가 또는 무언가 요청을 넣을 때 프로세스는 시작된다. 새로 채용된 직원의 관리자나 자동화된 HR 시스템일 수 있다.

요청

개체는 ID나 접근 관리를 요청한다. 이 개체는 보통 어떤 방식으로 인증돼야만 한다. 조직 내부에서는 익명 접근 요청을 원치 않지만 경우에 따라서는 사람을 시각적으로 인식하는 것처럼 인증이 간단할 수도 있다.

일반적인 퍼블릭 접근을 제공할 때(예, 웹 애플리케이션 접근) 흔히 다른 ID(예, 기존 이메일 주소나 휴대폰 번호)로 연결하려는 경우가 있다.

일반적 요청은 다음과 같다.

- ID를 생성한다(그리고 기본적으로 최소의 기본 접근 수준을 부여한다).
- 개체가 더 이상 어딘가에 인증하는 것이 필요하지 않다면 ID를 삭제한다.
- 기존 ID에 접근 수준을 부여한다(예, 새로운 시스템 접근).
- 기존 ID 접근 수준을 회수한다.

클라우드 환경에서 요청 프로세스는 아직 IAM 시스템을 포함하지 않은 조직 내부의 요청 프로세스를 사용해 '범위를 벗어나' 발생하는 경우가 많다.

승인

어떤 경우에는 암묵적으로 접근을 승인하는 것이 허용된다. 예를 들어 공개적으로 이용할 수 있는 웹 애플리케이션에 접근 권한을 부여할 때 접근을 요청하는 사람은 특정 요건이 충족된다면 자동으로 승인되는 경우가 많다.

유효한 휴대 전화번호나 이메일 주소 제공, 유효한 신용카드 번호 제공, CAPTCHA 또는 "나는 로봇이 아닙니다." 같은 양식 작성과 같은 요구 사항을 적용해 본질적으로 사기를 예방할 수 있다. 또는 최종 사용자 VPN 제공자나 알려진 Tor 출구 노드와 같은 익명화된 위치에서 접근할 수 없게 할 수도 있다.

그러나 조직 내에서 대부분의 접근 요청은 명시적으로 승인돼야 한다. 대부분 경우 두 가지 승인 예시(예, 사용자의 직속 상사나 접근을 요청하는 시스템 소유자)는 합리적이다. 중요한 것은 승인자가 요청된 사유가 합리적이고 필요한지를 알 수 있는 위치에 있다는 것이다. 이는 일반적으로 클라우드 제공자와 아무런 상호작용 없이 발생하는 팀의 내부 프로세스다.

생성, 삭제, 부여, 회수

승인 후 ID 생성, 삭제, 권한 부여, 회수를 위한 실제 작업이 자동으로 수행될 수 있다. 예를 들어 요청/승인 시스템은 클라우드 제공자 API를 사용해 ID를 생성하거나 접근 권한을 부여할 수 있다.

다른 방법을 들자면 사람이 직접 조치를 취하려고 티켓, 이메일, 기타 알림을 생성할 수도 있다. 예를 들어 다른 관리자가 클라우드 포털에 로그인해 새 ID를 생성하고 특정 레벨의 접근 권한을 부여할 수 있다.

인증

지금까지 다룬 많은 부분은 온프레미스 환경의 접근 관리와 실제로 다르지 않다. ID를 만들기 전에 사용자는 ID 생성을 요청해야 되고 ID를 생성하기 위한 프로세스를 갖고 있어야만 한다. 그러나 사용할 수 있는 많은 ID 서비스 때문에 인증은 클라우드 환경에서 달라지기 시작했다.

모든 ID를 가진 데이터베이스인 ID 스토리지와 사용자를 인증하고 ID를 확인하는 데 사용하는 프로토콜(OpenID, SAML, LDAP 등)을 구분하는 것은 중요하다.

누구를 인증하는지 구별하는 것도 중요하다. 다음은 일반적으로 사용할 수 있는 각기 다른 시스템의 예다.

- 클라우드 제공자를 가진 조직의 직원들을 인증하기(일반적으로 business-to-business, 클라우드 제공자에서는 'Cloud IAM'이라고 함)
- 애플리케이션(business-to-consumer)을 사용해 조직의 고객 인증하기
- 애플리케이션(business-to-employee)을 사용해 조직원 인증하기

클라우드 IAM 자격증명

많은 클라우드 제공자는 클라우드 서비스 접근을 위한 IAM 서비스를 추가 비용 없이 제공한다. 이런 시스템은 클라우드 제공자가 제공하는 모든 서비스에 접근할 수 있게 하는 ID 접근과 함께 조직 내의 클라우드 관리자 ID를 중앙에서 통합 관리할 수 있게 지원한다.

IAM 서비스를 사용하는 것은 관리에 큰 도움을 줄 수 있다. 클라우드 제공자가 제공하는 수십 또는 수백 개의 서비스를 사용하는 경우 특정 개인 접근 수준을 제대로 파악하기 어려울 수 있다. 또한 상대방이 조직을 떠날 때 모든 ID를 삭제했는지 확인하기가 어려울 수도 있다. 앞에서 언급했듯이 이러한 서비스 중 많은 부분이 인터넷에서 직접 사용될 수 있으므로 접근을 제거하는 것이 특히 중요하다.

표 4-1에는 클라우드 제공자 서비스로 클라우드 관리자를 인증하기 위한 자격증명 서비스의 예가 나와 있다.

표 4-1. 클라우드 제공자 ID 서비스

제공자	클라우드 ID 시스템
아마존 웹 서비스	Amazon IAM
마이크로소프트 애저	Azure Active Directory B2C
구글 컴퓨트 클라우드	Cloud Identity
IBM 클라우드	Cloud IAM

기업과 고객 간 비즈니스 및 기업과 직원 간 비즈니스

추가적으로 조직에서 클라우드 제공자 서비스에 접근하는 데 사용하는 ID 외에도 최종 사용자가 외부 고객이든 자신의 직원이든 관계없이 해당 사용자 ID를 관리해야 할 수도 있다.

단순히 ID, 비밀번호 행을 데이터베이스에 직접 생성해 고객 ID를 관리할 수 있지만 또 다른 로그인 ID와 비밀번호를 저글링해야 하는 최종 사용자에게 이상적인 경험이 아닌 경우가 많다. 뿐만 아니라 '비밀번호와 API 키' 절에 설명된 것처럼 비밀번호와 API 키를 확인할 때 피해야 할 중대한 보안 위험이 있다. 다음 두 가지는 더 좋은 방법을 설명한다.

- 기존 자격증명 서비스를 사용해보자. 조직 내의 직원이나 고객의 직원을 위한 내부 자격증명 서비스일 수 있다. 최종 고객의 경우 페이스북, 구글, 링크드인과 같은 외부 서비스일 수도 있다. 이는 자격증명 서비스를 신뢰해 사용자를 올바르게 인증하는 것을 요구한다. 최종 사용자가 로그인할 때 ID 서비스와의 연관성을 분명하게 보여주게 되므로 항상 바람직한 것은 아니다.

- 애플리케이션 고유 고객 ID를 사용하고 클라우드 서비스를 이용해 이러한 고객 ID를 관리하자.

IDaaS$^{Identity-as-a-Service}$라는 이름이 서비스 제공자가 어떤 것을 제공하는지 명확하게 의미하는 것은 아니다. 표 4-2에는 주요 클라우드 인프라 제공자와 서드파티 업체의 일부 예가 수록돼 있다. 많은 서드파티 업체가 있고 자주 변경되므로 이 목록은 어떤 특정 제공자들에 대한 승인이 아니다. 기업과 직원 간 비즈니스의 경우 대부분 IDaaS 서비스는 내부 디렉터리 같은 직원 정보 스토리지를 사용할 수도 있다.

표 4-2. ID 관리 시스템

제공자	고객 ID 관리 시스템
아마존 웹 서비스	Amazon Cognito
마이크로소프트 애저	Azure Active Directory B2C
구글 컴퓨트 클라우드	Firebase
IBM 클라우드	Cloud Identity
Auth0	Customer Identity Management
Ping	Customer Identity and Access Management
Okta	Customer Identity Management
오라클	Oracle Identity Cloud Service

 사용자가 직접 ID를 생성하든 클라우드 서비스를 사용하든 수집하는 개인 식별 가능 정보는 EU의 GDPR과 같은 규제 요건을 따를 수 있다는 점을 유념하자.

멀티팩터 인증

멀티팩터 인증은 비밀번호 강도가 약하거나 도난된 자격증명을 사용해서 비인가 접근을 방지하는 가장 좋은 방법 중 하나며, 제대로 구현되면 사용자에게 추가 부담이 줄어든다. 표 4-2에 표시된 대부분의 자격증명 서비스는 멀티팩터 인증을 지원한다.

참고로 다양한 인증 요소에는 일반적으로 다음과 같은 것이 있다.

1. 잘 알듯이 비밀번호는 가장 일반적이다.

2. 접근용 배지나 휴대폰과 같은 것으로, 일반적으로 쉽게 복사할 수 있는 데이터가 아니라 복제하기 어려운 물리적인 아이템으로 정의된다는 것을 유의하자.

3. 지문이나 홍채와 같은 생체 정보와 같은 것

이름에서 알 수 있듯 멀티팩터 인증은 인증할 때 여러 가지 요소를 사용한다. 다른 두 가지 암호와 같이 동일 요소를 사용하는 것은 별로 도움이 되지 않는다. 가장 일반적인 구현은 2단계 인증^{2FA, Two-Factor Authentication}으로, 알고 있는 것(예, 비밀번호)과 갖고 있는 것(예, 휴대전화)을 사용한다.

2단계 인증은 대부분 기본적으로 모든 서비스 접근에 적용돼야 되는 것이다. 제대로 구현되면 대부분 사용자에게 추가 노력이 거의 필요하지 않다. 권한이 있는 접근, 중요한 데이터를 읽거나 수정하기 위한 접근, 다른 비밀번호를 재설정하는 데 사용할 수 있는 이메일처럼 시스템에 접근하는 자격증명이 손실되거나 도난 당했을 경우에는 2단계 인증을 반드시 사용해야만 한다. 예를 들어 은행 사이트를 운영한다고 가정하자. 누군가 사용자 은행 잔고를 읽을 수만 있다면 그 영향도는 낮다고 판단할 수 있다. 하지만 누군가 돈을 송금하려고 시도한다면 영향도는 높을 것이고, 따라서 2단계 인증이 적용돼야 한다고 판단할 수 있다.

클라우드 환경을 관리한다면 허용되지 않는 관리자가 클라우드 포털이나 API에 접근하려고 하는 것은 매우 위험한 것이다. 접근 권한이 있는 공격자는 일반적으로 모든 데이터를 손상시키려고 클라우드 포털이나 API를 활용할 수 있다. 이러한 유형의 접근이 시도될 때 2단계 인증이 작동돼야만 한다. 대부분 클라우드 제공자는 이를 기본적으로 지원한다.

또는 '싱글 사인온' 절에서 설명하는 대로 SSO^{Single Sign-On}를 사용하는 경우 SSO 제공자가 이미 2단계 인증을 수행하고 있을 수도 있다.

많은 서비스가 여러 형태의 2단계 인증 방식을 제공한다. 여러 2단계 인증 방식은 '소유하고 있는 것'에 따라 달라지며, 다음은 그 예다.

- 모바일 디바이스에 문자 메시지 보내기(SMS). 이 방법은 (SIM 복제나 번호 포팅 등을 방법으로) 누군가의 전화번호를 훔치거나 메시지를 가로채기 쉽기 때문에 빠르게 호응을 얻지는 못했다. 따라서 새롭게 구현하려면 SMS는 사용하지 않아야 하고 기존 방식은 다른 방식으로 전환될 필요가 있다. SMS 2단계 인증 방식은 메시지를 수신하려고 네트워크 접근을 요구한다.

- 시간 기반의 일회용 비밀번호(TOTP). 이 방법은 모바일 기기에 초기 '시크릿'을 제공하는 것을 요구한다(일반적으로 2D 바코드에 의해 전송됨). 그 시크릿은 1분 정도에 한 번씩 암호를 계산하는 공식이다. 1회용 암호는 1~2분 동안만 안전하게 보관하면 되지만 초기 시크릿은 어떤 기기라도 유효한 암호를 생성할 수 있으므로 사용 후 잊어버리거나 물리적으로 안전 장소에 보관해야 한다. 초기 시크릿이 전송된 후 모바일 장치에는 네트워크 접근이 필요하지 않으며 시간 동기화만 필요하다.

- 푸시 알림. 이 방법을 사용하면 모바일 기기에서 이미 인증된 클라이언트 애플리케이션이 서버에 연결되고 필요에 따라 일회용 코드를 '푸시'한다. 이미 인증된 클라이언트 애플리케이션에 대한 인증이 안전한 경우 이 방법은 안전하지만 모바일 기기가 네트워크에 접근돼야만 한다.

- FIDO U2F 표준(https://bit.ly/2UTympp) 준수 하드웨어 장치(필요한 경우 일회용 암호를 제공할 수 있는 하드웨어 장치). 이와 같은 장치는 가까운 미래에 스마트폰이나 시계, 반지와 같은 웨어러블 기술과 통합돼 유비쿼터스화될 것이며, 위험이 적은 거래(예, 특정 금액 이하 거래나 많은 웹 사이트에 접근)에 필요한 유일한 인증 형식이 될 것이다.

'소유하고 있는 것'을 검증하는 이 모든 방법은 허위로 이용자에게 전화를 걸거나 일회성 비밀번호를 요구하는 등 사회공학 기법에 취약하다는 점에 유의하자. 멀티팩터 인증을 출시하는 것 외에 사용자가 두 번째 요소에 의해 제공되는 보호를 실수로 무효화하지 않도록 사용자에게 최소한의 교육을 제공해야 한다.

구글은 '2단계 인증'이라는 친숙한 용어를 사용하지만 모든 주요 클라우드 제공자는 멀티팩터 인증을 구현할 수 있는 방법을 제공한다.

비밀번호와 API 키

사용자가 멀티팩터 인증을 사용 중이라면 비밀번호는 더 이상 유일한 방어 라인이 아니다. 그러나 이 글을 쓰는 시점에서 "비밀번호는 죽었다."라고 외치는 것에도 불구하고 여전히 좋은 비밀번호를 선택하는 것은 중요하다. 많은 경우 공격자는 세계 어느 곳에서나 인터넷을 이용해 비밀번호를 직접 추측할 수 있기 때문에 클라우드 환경에서 좋은 비밀번호를 선택하는 것은 더욱 중요하다. 좋은 비밀번호에 대한 많은 조언과 토론이 있지만 비밀번호 선택을 위한 권고 사항은 간단하다.

1. 인증되지 않은 사용자가 비밀번호에 의해 보호되는 리소스에 접근하는 것이 정말 아무렇지 않다고 생각하는가? 그렇지 않다면 비밀번호를 재사용하지 말자. 사용자가 사이트에 비밀번호를 입력할 때 사이트 관리자는 악의적이며 제공한 비밀번호를 이용해 다른 사이트에 침입할 수 있다고 가정해야만 한다. 예를 들어 사용자는 수십 개의 포럼 시스템에 동일한 비밀번호를 사용할 수 있다. 이런 경우 대부분 누군가가 해당 포럼의 일부나 전체에 사용자의 이름으로 게시물을 올리던 상관하지 않기 때문이다(그렇더라도 악의적인 사용자가 어떻게든 해당 접근을 활용해 다른 비밀번호를 재설정할 수 있는 위험이 있으므로 비밀번호는 절대 재사용하지 않는 것이 가장 좋다).

2. 비밀번호를 재사용하지 못하게 하는 것은 결국 다양한 비밀번호를 사용해야 한다는 걸 의미하므로 평판 좋은 비밀번호 관리 도구를 사용해 비밀번

호를 잘 관리하자. 마스터 비밀번호나 복구 키의 복사본을 안전한 장소에 보관하자(예, 안전한 금고나 은행 금고).

3. 기억할 필요가 없는 비밀번호(예, 비밀번호 관리 도구에서 복사해 붙여 넣을 수 있는 비밀번호)의 경우 보안 랜덤 생성기를 사용하자. 길이가 20자인 비밀번호는 좋은 비밀번호지만 많은 문자를 받아들이지 못하는 시스템이 있을 수도 있다. 따라서 비밀번호 길이를 길게 하기보다는 가능한 한 다양한 문자를 사용하자.[3]

4. 반드시 기억해야 하는 비밀번호 관리 도구의 비밀번호와 같은 경우 6자로 된 Diceware(http://bit.ly/2NzBYul)[4] 비밀번호를 만들고 각 단어 사이에 달러 기호나 쉼표와 같은 알파벳이 아닌 문자를 동일하게 넣자. 기억하는 데 도움이 될 만한 유치한 이야기를 구성할 수 있는 비밀번호를 찾을 때까지 몇 번 돌려 비밀번호를 생성 하자. 이는 공격자가 추측하기 어렵고 빠르게 암기하기 쉽다. 유일한 단점은 입력하는 데 시간이 오래 걸릴 수 있지만 계속 입력할 필요는 없을 것이다.

API 키는 비밀번호와 매우 유사하지만 사람이 아닌 자동화에 의해 사용되도록 설계됐다. 따라서 API 키를 갖고 멀티팩터 인증을 사용할 수 없고 API 키는 위 목록의 3번 항목에서 언급한 것처럼 임의의 긴 문자열이어야 한다. 공개 사용자 ID와 개인 비밀번호가 있는 대부분 사용자 ID와 달리 ID와 인증을 모두 제공하는 개인 API 키만 있다.

---

3. 비밀번호 강도는 보통 '엔트로피 비트'로 측정된다. 매우 단순화된 설명은 공격자에게 비밀번호의 구성 방식과 실제 비밀번호가 아닌 '그것은 알파벳 대문자 20자'와 같은 모든 정보를 제공한다면 엔트로피의 비트 수는 약 log_2(가능한 비밀번호의 수)라는 것이다.

4. Diceware는, 인간은 문자보다 구절을 기억하는 것을 훨씬 쉽게 느끼는 것과 거의 모든 사람이 육면체 주사위를 찾을 수 있다는 생각에 바탕을 둔다. 다운로드할 수 있는 단어 리스트가 있고, 주사위를 굴려 명단에서 무작위로 대여섯 개의 단어를 고를 수 있다. 그 결과는 기억하기 쉬운 극도로 안전한 비밀번호다.

비밀번호 확인

사용자의 비밀번호를 확인하는 작업을 해야 할 수도 있다. 이 작업은 보기보다 훨씬 더 복잡할 수 있다. 가능하면 이 작업은 피하자.

비밀번호를 확인하는 가장 간단한 방법은 사용자와 비밀번호 목록을 저장한 후 입력한 비밀번호와 목록에 있는 비밀번호가 일치하는지 확인하는 것이다. 그러나 이 방법은 목록에 접근할 수 있는 사용자가 목록의 모든 사용자처럼 위장할 수 있는 필요한 모든 것을 획득할 수 있으므로 좋은 생각이 아니다.

더 좋은 방법은 비밀번호 자체를 저장하는 것이 아니라 비밀번호를 확인하는 데 사용할 수 있는 것을 저장하는 것이다. 이는 단방향 해시를 사용해 구현되는데, 비밀번호가 있는 경우 함수에서 파생될 수 있지만 비밀번호를 얻으려고 역으로 치환될 수는 없다. 그러나 정말 좋지 않은 것은 세부 사항에 있다. 잘못된 함수나 함수에 잘못된 매개변수를 사용하면 가능한 한 많은 비밀번호를 추측해 무차별 대입 공격 방법으로 비밀번호를 쉽게 얻을 수 있다('크랙'). 완벽하게 좋은 해시 알고리즘(예, SHA-256)은 설계상 계산 속도가 빠르기 때문에 비밀번호 해시에 강력하다.

이 글을 쓰는 시점에서 비밀번호 해시는 적절한 매개변수와 함께 scrypt, bcrypt, PBKDF2 함수를 사용해 저장돼야 한다. 크래킹 하드웨어가 더욱 정교해지고 해싱 알고리즘에서 취약점이 발견됨에 따라 함수와 매개변수에 대한 권장 사항도 시간이 지나면서 변경되므로 적어도 해마다 기존에 선택한 것을 다시 평가해야만 한다. 알고리즘이나 매개변수를 변경하면 모든 새 비밀번호는 새로운 방법을 사용할 것이다. 그러나 설계상 기존 해시를 새 해시로 변환할 수 있는 방법은 없다. 긴급히 변경해야 되는 경우(비밀번호 해시가 침해된 증거가 발견되는 등)에는 모든 사용자의 비밀번호를 즉시 재설정해야 된다.

해시를 안전하게 저장할지라도 abc123이나 Fall2018처럼 사용자가 추측하기 쉬운 비밀번호를 사용할 수 없게 하는 테스트 메커니즘이 있어야 한다. 공격자는 점점 더 많은 비밀번호를 한 번에 수백 또는 수천 개 ID로 시도하는 '비밀번호 스프레이'와 같은 기술을 점점 더 많이 사용한다. 공격자가 이용하는 이런 기술들은 각 ID에 대해 한 번의 로그인 실패로 표시되기 때문에 흔히 어떤 경보도 발생하지 않는다.

클라우드 서비스와 애플리케이션의 경우 다른 제공자와 소비자/직원 IAM 클라우드 서비스와 같이 가능한 경우 페더레이션 자격증명을 사용하자. 시스템 수준 접근의 경우 비밀번호 강도 테스트를 거쳐 키 기반 인증이나 중앙 집중식 인증을 사용하자. 좋은 대안이 없는 한 비밀번호 해시를 저장하고 직접 확인을 하지 말자.

공유 ID

공유 ID$^{shared\ ID}$는 하나의 ID를 두 명 이상이 비밀번호나 기타 자격증명(예, 시스템 기본 제공 루트나 관리자 계정)을 사용하는 걸 의미한다. 온프레미스와 마찬가지로 클라우드 환경에서도 제대로 관리하기 어려울 수 있다.

일반적으로 사용자는 공유 ID보다 개인 ID를 사용해야만 한다. 사용자들은 일부 활동에서 특별한 역할을 수행하거나 권한 있는 별도 ID를 사용할 수도 있다. 공유 ID를 사용해야 할 경우 누가 무슨 목적으로 어떤 ID를 사용하고 있는지 정확히 알 수 있어야 한다. 실제로 이는 일반적으로 일종의 체크인/체크아웃 프로세스가 있음을 의미한다.

페더레이션 ID

페더레이션 ID$^{Federated\ ID}$는 특정 기술이 아닌 개념이다. 즉, 서로 다른 두 개의 시스템에 ID가 존재할 수 있다는 것이며, 해당 시스템 관리자는 각 시스템에 별도 계정을 직접 생성할 필요가 없도록 해당 ID를 서로 연결하는 기술을 사용하기로 모두 동의한 것을 의미한다. 사용자 관점에서 보면 시스템은 두 개지만 ID는 한 개만 있을 뿐이다.

이것이 실제 의미하는 것은 회사 A와 회사 B 모두 회사 이메일 주소인 user@company-a.com을 사용자의 ID로 사용한다는 것이다. 그리고 회사 B는 사용자 ID를 실제로 확인하려고 회사 A에 의뢰할 것이다. 그 후 회사 A는 검증이 통과되면 승인 결과를 어설션이나 토큰으로 돌려줄 것이다. "그래, 이 아이디는 실제로 user@company-a.com이다. 나는 검증했고, 여기 본인임을 증명하는 내 서명이 있어. 그리고 너는 이미 @company-a.com로 끝나는 ID를 증명하려고 나를 신뢰하기로 동의했다."

싱글 사인온

싱글 사인온^{SSO, Single Sign On}은 페더레이션 ID 개념에 의존하는 일종의 기술이다.

예전에는 모든 웹 사이트에 별도의 로그인과 비밀번호가 있었다(물론 오늘날 이것이 여전히 지배적인 모델이다). 사용자가 추적할 수 있는 많은 비밀번호가 있다. 여러 사이트에서 동일한 비밀번호를 재사용하는 것을 예상할 수 있다. 즉, 가장 취약한 사이트가 손상되면 동일한 비밀번호를 사용 중인 다른 사이트마저 보호받을 수 없을 것이다.

SSO를 입력하자. 이 사상은 웹 사이트가 사용자의 ID와 암호를 요구하는 대신 사용자를 신뢰하는 중앙 ID 제공자(IdP)로 리다이렉션하는 것이다(ID 제공자는 동일한 조직에 속하지 않을 수도 있다는 것을 유념하자. 유일한 요구 사항은 웹 사이트가 IdP를 신뢰하는 것이다). IdP는 사용자 이름과 비밀번호 같은 수단과 추가적인 인증 수단(예, 전화나 하드웨어 키)을 적용해 사용자를 인증하는 작업을 수행할 것이다.

그 후 검증된 사용자임이 확인된 증명과 함께 사용자를 원래 웹 사이트로 다시 보낸다. 경우에 따라 IdP는 웹 사이트가 사용자를 일반 사용자와 관리자 중 어떤 것으로 허용할 것인지 웹 사이트에서 권한 부여 결정에 사용할 수 있는 정보(예, 그룹 구성원 자격)를 보낸다.

대부분 경우 SSO는 웹 사이트와 모바일 애플리케이션에서만 작동한다. 네트워크 장치나 LDAP, 커버로스^{Kerberos}, TACACS+, RADIUS, 운영체제와 같은 웹 이외의 자산에서 인증을 수행하려면 다른 프로토콜이 필요하다.

사용자에게 쉬우면서 동시에 더 좋은 보안이라는 것은 찾기 어렵다. 사용자는 한 세트의 자격증명만 기억하면 되고, 이런 자격증명은 자격증명 제공자만 볼 수 있다(개별 사이트는 볼 수 없다). 따라서 해당 사이트가 손상돼도 사용자의 자격증명이 손상되지 않는다. 유일한 단점은 데이터베이스의 일반 텍스트 비밀번호나 안전하지 않은 해시 비밀번호와 비교하는 것처럼 잘못된 인증 메커니즘보다 웹 사이트에서 구현하기가 좀 더 어렵다는 것이다.

SAML과 OIDC

이 글을 쓰는 시점에서 SAML^{Security Assertion Markup Language}(약어로는 camel로 줄여 말한다)과 OIDC^{OpenID Connect}가 가장 일반적인 SSO 기술이다. 최종 결과는 비슷하지만 메커니즘은 다소 다르다.

현재 SAML 버전은 2.0이며 2005년부터 사용됐다. 특히 SAML은 대기업 애플리케이션에서 가장 일반적인 SSO 기술 중 하나다. SAML 작동 방식에 대한 심층적인 설명이 많지만 다음은 매우 간단한 버전이다.

1. 웹 브라우저가 접근하려는 웹 페이지(서비스 제공자)를 가리킨다.

2. 서비스 제공자 웹 페이지는 "나에게는 SAML 쿠키가 없어 당신이 누군지 모른다. 이 ID 제공자 웹 페이지로 이동해 하나를 얻으세요."라고 리다이렉션한다.

3. IdP로 이동해 사용자 이름, 비밀번호, 추가 인증 수단을 사용해 로그인한다.

4. IdP는 실제 당신이라는 것이 증명되면 "나는 ID 공급자며 이 사용자는 인증됐습니다."라는 암호화 서명된 XML '어설션'이 포함된 쿠키를 브라우저에 제공한 다음 다시 리다이렉션한다.

5. 웹 브라우저는 해당 쿠키를 다시 첫 번째 웹 페이지(서비스 제공자)로 보낸다. 서비스 제공자는 암호 서명을 검증하고 "IdP에게 당신의 신분을 확인시켜줬으니 이제 들어와도 됩니다."라고 말한다.

한 번 로그인한 후에는 이 모든 어설션 문서가 만료될 때까지 이 모든 것이 자동으로 처리되며, 만료된 시점에 IdP에 다시 로그인해야 한다.

한 가지 중요한 것은 초기 웹 페이지와 ID 제공자 간 직접적인 통신이 없었다는 것을 유념하는 것이다. 브라우저는 단일 지점에서 여러 지점의 정보를 얻고자 최선을 다했다. 이는 네트워크 통신이 제한된 일부 경우에 중요할 수 있다.

SAML은 의도적으로 신원 정보만 제공한다는 것도 유념하자. 일부 SAML 구현에서는 승인 결정을 내리는 데 사용할 수 있는 어설션(그룹 구성원 자격 등)과 함께 추가 정보를 전달하지만 로그인이나 다른 조치를 취할 권한이 있는지 여부는 다른 질문이다.

OpenID 커넥트Connect는 OAuth 2.0을 기반으로 2014년에 마무리된 훨씬 새로운 인증 계층이다. XML 대신 JSON 웹 토큰(JWT, 'jots'으로 발음한다)을 사용하고 다소 다른 용어를 사용한다(예, '신뢰 당사자'는 일반적으로 SAML의 '서비스 제공자'와 OIDC에서 사용된다).

OIDC는 인증 코드 흐름(일반 웹 애플리케이션용)과 암시적 흐름(클라이언트 측에서 자바스크립트를 사용해 구현된 애플리케이션용)을 모두 제공한다. SAML과는 많은 차이점이 있지만 최종 결과는 인증하는 애플리케이션이 실제 비밀번호를 볼 수 없으며 모든 애플리케이션이 다시 인증할 필요가 없다는 점에서 비슷하다.

일부 서비스는 OIDC 지원 애플리케이션에서 요청을 가져와 이를 SAML IdP 요청으로 '전환'할 수 있다. 대규모 조직에서는 두 표준을 모두 사용하는 것이 일반적이다.

레거시 애플리케이션이 포함된 SSO

지원하지 않는 레거시 애플리케이션에 싱글 사인온을 제공하려면 어떻게 해야 할까? 이 경우 SSO 요청을 처리하는 애플리케이션 앞에 무언가를 놓을 수 있고 레거시 애플리케이션에 사용자가 누군지 알려줄 수 있다.

레거시 애플리케이션은 이 프론트엔드 서비스(일반적으로 리버스 프록시)를 신뢰해 인증을 수행하며 다른 연결을 허용해서는 안 된다. 기존 애플리케이션을 클라우드로 이동시킬 때 이와 같은 기술이 일반적으로 필요하다. 앞서 설명한 많은 IaaS 제공자는 레거시 애플리케이션을 SSO로 활성화하는 방법도 제공한다.

인스턴스 메타데이터와 ID 문서

4장 앞부분에서 언급했듯이 흔히 자동화(예, 시스템에서 실행 중인 프로그램)는 이미 ID와 해당 ID를 증명할 수 있는 방법이 할당됐다고 가정한다. 예를 들어 새로운 시스템을 시작하면 해당 시스템에 대한 사용자 이름과 비밀번호를 작성하고 그 정보를 시스템 생성의 일부로 제공할 수 있다. 그러나 많은 클라우드 환경에서는 더 쉬운 방법이 있다.

특정 시스템에서 실행되는 프로세스는 잘 알려진 엔드포인트에 컨택을 해서 실행 중인 시스템에 대한 모든 정보를 제공할 수 있다. 그리고 그 프로세스는 해당 시스템의 신원을 증명하려고 암호화 서명 방식을 제공한다. 정확한 세부 사항은 제공자마다 다르지만 개념적으로는 그림 4-2와 같다.

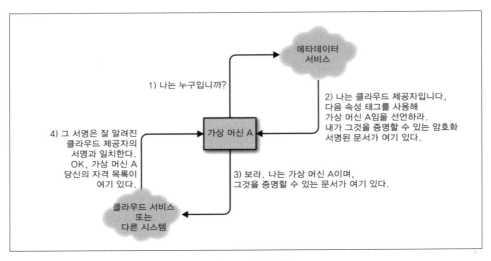

그림 4-2. ID 문서 사용

하지만 이는 시스템의 모든 프로세스가 시스템의 권한 수준에 관계없이 이 메타데이터를 요청할 수 있다는 점에서 절대적인 것은 아니다. 즉, 동일한 신뢰 수준의 프로세스만 배치하거나 권한이 낮은 프로세스가 전체 시스템의 ID를 가정하지 못하도록 차단해야 한다. 이는 호스트 시스템의 모든 컨테이너가 메타데이터를 요청한 다음 해당 호스트 시스템처럼 위장할 수 있는 컨테이너 환경에서 특히 중요하다.

시크릿 관리

초기에 주로 시스템을 인증하는 사람의 맥락에서 비밀번호를 다뤘었다. 관리자와 최종 사용자는 시크릿secret을 잘 관리하는 방법(비밀번호 관리 도구를 사용하거나 금고를 사용하는 등)과 그렇지 못한 방법(모니터나 키보드에 누구나 볼 수 있는 포스트잇 메모에 비밀번호를 적어놓는 등) 등 다양한 시크릿 관리 기술을 갖고 있었다.

대부분 데이터베이스 서버 같은 다른 시스템으로 자동 인증하려면 애플리케이션 서버 같은 시스템이 필요하다. 여기서는 분명 멀티팩터 인증을 사용할 수가 없다.

애플리케이션은 모바일폰을 가질 수 없다. 이는 인증 자격증명을 매우 주의 깊게 할 필요가 있다는 것을 의미한다.

이런 인증 자격증명에는 비밀번호, API 키, 암호화 토큰, 공개키, 개인키 쌍이 포함될 수도 있다. 이런 모든 솔루션은 시크릿으로 유지해야 할 무언가를 갖고 있다. 암호 키와 같이 인증 정보와는 관련 없는 정보지만, 시크릿으로 유지해야 할 것이 있을 수도 있다. 이 모든 것을 단순히 '시크릿'이라고 부르는데, 시크릿 관리는 시크릿을 필요로 하는 조직과 그 누구라도 그것을 사용 가능토록 하는 것이다.

시크릿은 조심스럽게 다뤄야 할 위험한 것들이다. 시크릿 관리를 위한 몇 가지 원칙은 다음과 같다.

- 시크릿은 정기적으로 변경되기가 쉬워야만 하고, 시크릿이 유출된 것으로 생각될 어떤 이유가 있다면 쉽게 변경할 수 있어야 한다. 시크릿을 변경한다는 것은 애플리케이션을 중단시키고 여러 군데에서 수동으로 변경해야 한다는 것이 문제다.

- 시크릿은 항상 저장 상태에서 암호화돼야 되고, 적절한 인증과 허가 후에만 시스템에 배포돼야 한다.

- 가능하다면 어떤 사람도 코드를 볼 수 없어야 한다. 코드를 작성하는 개발자도 안 된다. 실행 중인 시스템을 볼 수 있는 운영자도 안 된다. 아무도 안 된다. 때론 불가능하겠지만 시크릿을 아는 사람의 수를 최소화하려고 노력해야 한다.

- 시크릿을 저장하고 전달하는 시스템은 잘 보호해야 한다. 모든 시크릿을 금고에 넣고 수십 명의 사람에게 금고 열쇠를 건네주면 문제가 된다.

- 시크릿은 시스템이 작동하는 동안 가능한 한 공격자에게 유용하지 않아야 한다. 이는 다시 최소 권한에 대한 사례다. 모든 시스템에 루트 접근을 제공하는 것과 같이 과도한 권한을 가진 시크릿을 유지하는 대신 특정 데이터

베이스에 대한 읽기 전용 접근을 허용하는 것과 같이 제한된 시크릿을 유지하자.

- 시크릿에 대한 모든 접근과 변경 사항은 기록돼야 한다.

인증과 권한 부여를 잘 수행하는 조직도 시크릿 관리를 간과하는 경우가 많다. 예를 들어 데이터베이스에 접근할 수 있는 개인 ID를 가진 사람을 추적하는 데 훌륭한 작업을 수행할 수 있지만 애플리케이션 서버가 데이터베이스와 통신하는 데 사용하는 비밀번호를 아는 사람은 몇 명인가? 누군가 조직을 떠날 때 비밀번호는 변경이 되는지? 최악의 경우 이 비밀번호는 애플리케이션 서버 코드에 직접 명시되고 깃허브와 같은 일부 공용 스토리지에 체크인된다.

2016년, 우버^{Uber}는 일부 시크릿(이 경우 AWS 자격증명과 같은 것)이 소스코드에 있었기 때문에 5,700만 명의 드라이버 및 고객과 관련된 데이터 유출 사고가 일어났다. 이 코드가 동작하려면 AWS 자격증명이 작동해야 했지만 직접 소스코드에 시크릿(또는 구성 파일 일부로 소스코드 리포지토리)을 넣은 것은 좋은 생각이 아니었다. 소스코드에 시크릿을 넣으면 안 되는 2가지 이유는 다음과 같다.

- 소스코드 스토리지는 시크릿 정보를 유지하고자 설계되지는 않았을 것이다. 주요 기능은 소스코드의 무결성을 보호하는 것이다(예, 백도어 삽입을 위한 무단 수정 방지). 많은 경우 소스코드 스토리지는 기본적으로 소셜 코딩 이니셔티브의 일부로 소스코드를 모든 사람에게 표시할 수 있다.

- 심지어 소스코드 리포지토리가 완벽하게 안전할지라도 소스코드에 접근할 수 있는 모든 사람에게 프로덕션 환경에서 사용되는 시크릿을 볼 권한이 부여될 가능성은 거의 없다.

가장 확실한 해결책은 소스코드에서 시크릿을 가져와 배포 도구의 안전한 장소나 전용 시크릿 서버와 같은 다른 곳에 두는 것이다.

대부분의 경우 애플리케이션 배포는 다음 세 가지로 구성된다.

- 애플리케이션 코드

- 특정 배포를 위한 구성

- 특정 배포에 필요한 시크릿

이전에 설명한 것처럼 이 세 가지를 모두 함께 저장한다는 것은 진짜 좋지 않은 생각이다. 구성 데이터를 보유하고자 설계된 시스템은 해당 데이터를 시크릿으로 유지할 수 있도록 적절하게 설계되지 않았을 수도 있기 때문에 구성 정보와 시크릿을 함께 사용하는 것은 좋지 않은 생각이다.

보안의 최소 수준부터 최고 수준까지 시크릿 관리에 대한 4가지 합리적인 접근 방법을 살펴보자.

첫 번째 접근법은 기존 구성 관리 시스템과 배포 시스템을 사용해 시크릿을 저장하는 것이다. 많은 대중적인 시스템은 이제 일반 구성 데이터 외에 시크릿을 관리할 수 있는 기능이 있다. 예를 들면 Ansible Vault나 Chef encrypted data bags 같은 것이 있다. 이 접근법은 배포 도구가 시크릿에 주의를 기울이고 배포 시스템과 암호 키에 대한 접근이 엄격하게 통제되는 경우 더 중요한 방법이다. 그러나 실상은 너무 많은 사람이 시크릿을 자주 열람하고 있다. 추가로 시크릿을 변경하는 것은 일반적으로 시스템을 재배포하는 것을 요구하는데, 이는 일부 환경에서는 어려울 수 있다.

두 번째 접근법은 시크릿 서버를 사용하는 것이다. 별도 시크릿 서버를 이용해 구성 데이터의 시크릿을 참조하고 시크릿 서버와 대화하는 기능만 있으면 된다. 이 시점에서 배포 소프트웨어나 애플리케이션은 시크릿 서버 비밀번호를 사용해 시크릿 서버로 인증함으로써 시크릿을 얻을 수 있다. 그런데 여기서 걱정거리가 보이지 않는가? 이제 시크릿 서버에 대한 비밀번호라는 새로운 걱정거리가 생겼다.

완벽하진 않지만 시크릿 관리 접근법은 여전히 상당한 가치가 있다.

- 시크릿 서버 요청이 로깅될 수 있다. 따라서 권한이 없는 사용자나 배포가 시크릿에 접근하는 것을 감지하고 막을 수 있다. 이에 대해서는 7장에서 자세히 설명한다.

- 시크릿 서버에 대한 접근은 비밀번호 이외의 다른 인증 방법(예, 시크릿을 요청하는 IP 주소 범위)을 사용할 수 있다. 6장에서 다루는 것처럼 화이트리스트 IP를 사용하는 것은 충분하지 않지만 유용한 차선책이다.

- 사용자는 향후 시크릿을 쉽게 업데이트할 수 있고 시크릿을 검색하는 모든 시스템에서 새로운 시크릿을 자동으로 가져올 것이다.

세 번째 접근 방식은 시크릿 서버의 모든 이점을 제공하지만 보안 도입 방법을 사용해 공격자가 시크릿 서버에 접근하고자 자격증명을 얻을 수 있는 가능성을 줄인다.

1. 배포 도구는 시크릿 서버와 통신해 일회용 비밀번호를 가져와 애플리케이션에 전달한다.

2. 그런 다음 애플리케이션은 시크릿 서버로 실제 시크릿을 교환하고 필요한 시크릿을 가져와 메모리에 보관한다. 누군가 이미 일회용 비밀번호를 사용하면 이 단계는 실패하고 애플리케이션은 무언가 잘못됐다는 경고를 보낼 수 있다.

배포 도구에는 시크릿 서버에 대한 정적 자격증명 집합이 여전히 필요하다. 하지만 일회성 키만 얻을 수 있고 시크릿을 직접 볼 수는 없다. 배포 도구가 완전히 손상된 경우 공격자는 애플리케이션의 가짜 복사본을 배포해 시크릿을 읽을 수는 있지만 이렇게 하는 경우 시크릿을 직접 읽는 것보다 작업이 어렵고 발견될 가능성이 높다.

운영 담당자는 좀 더 복잡한 메모리 스크래핑 기술이 없으면 시크릿이나 시크릿 서버에 대한 자격증명을 볼 수 없다. 예를 들어 구성 파일에서 단순히 시크릿을 읽는 대신 악성 운영자는 시스템 메모리를 덤프해 시크릿을 검색하거나 시크릿을 찾고자 프로세스에 디버거를 연결해야 한다.

네 번째 방법은 가능하면 제공자가 클라우드 플랫폼에 구축한 일부 제공된 기능을 활용해 "거북이는 언제나 거기에 있어"처럼 해결 불가능한 문제를 회피하는 것이다.

1. 일부 클라우드 제공자는 클라우드에 프로비저닝된 시스템에 인스턴스 메타데이터나 ID 문서를 제공한다. 애플리케이션은 이 ID 문서를 검색할 수 있고, 이렇게 말할 것이다. "나는 서버 ABC다. 클라우드 제공업체가 나를 위해 이 문서에 암호화된 서명을 했고, 이는 나의 신분을 증명하는 것이다."

2. 그러면 시크릿 서버는 서버에 대한 태그와 같은 메타데이터뿐만 아니라 서버의 ID를 알게 된다. 이 정보를 사용해 서버에서 실행되는 애플리케이션을 인증하고 권한을 부여하고 작동하는 데 필요한 나머지 시크릿을 제공할 수 있다.

시크릿 관리에 대한 4가지 합리적인 접근 방식을 요약하면 다음과 같다.

- 첫 번째 접근법은 시크릿이 유지될 수 있게 설계된 기능을 사용해 배포 시스템에만 시크릿을 저장하게 하고 배포 시스템에 대한 접근을 엄격히 통제하는 것이다. 디폴트에 의해 아무도 시크릿을 볼 수 없고 승인된 사람만 배포 시스템에서 시크릿을 보거나 변경할 수 있는 기술적 능력을 갖게 된다.

- 두 번째 접근법은 시크릿 서버를 사용해 시크릿을 유지하는 것이다. 배포 서버나 배포된 애플리케이션은 시크릿 서버에 연결해 필요한 시크릿을 가져와 사용한다. 대다수의 경우 배포 후 실행 중인 애플리케이션의 구성 파일에 여전히 시크릿이 표시되므로 작업 담당자가 시크릿 서버에 대한 시크릿이나 자격증명을 쉽게 볼 수 있다.

- 세 번째 접근법은 배포 서버가 일회성 토큰을 가져와 애플리케이션에 전달할 수 있게 하는 것이다. 그 후 시크릿을 검색해 메모리에 보관한다. 이렇게 하면 시크릿 서버에 대한 자격증명이나 시크릿 자체를 가로채지 못하게 된다.

- 네 번째 접근법은 클라우드 제공자 자체를 신뢰의 근본으로 활용하는 것이다. 클라우드 제공자가 신뢰할 수 있는 ID 문서와 메타데이터를 제공하는데, 이는 시크릿 서버가 각 애플리케이션에 어떤 시크릿을 제공할지 결정하는 데 사용될 수 있다.

이 글을 쓰는 시점에서 아직 비교적 새로운 마켓이긴 하지만 시크릿을 관리하는 데 도움이 되는 몇 가지 제품과 서비스가 있다. HashiCorp Vault와 Keywhiz는 온프레미스나 클라우드에서 구현될 수 있는 독립형 제품이며 AWS 시크릿 매니저^{Secrets} ^{Manager}는 서비스형 모델로만 제공된다.

인가

인증 단계를 완료한 후 사용자가 누군지 알고 나면 사용자가 수행해야 되는 작업만 수행하도록 제한을 확실히 해야 한다. 인가^{Authorization}의 몇 가지 예로는 애플리케이션에 접근할 수 없는 권한, 애플리케이션에 쓰기 권한으로 접근 할 수 있는 권한, 네트워크 일부에 접근, 또는 클라우드 콘솔에 접근할 수 있는 권한 부여 등이 있다.

최종 사용자 애플리케이션은 일반적으로 자체에서 인가를 처리한다. 예를 들어 각 사용자별로 사용자가 보유한 접근 레벨을 나열하는 데이터베이스 행이나 문서가 있을 수 있다. 각 애플리케이션에는 권한을 부여할 특정 기능이 있을 수 있지만 이는 모든 애플리케이션을 방문해 사용자가 가진 모든 접근 권한을 확인해야 됨을 의미한다.

권한 부여에서 보안상 기억해야 할 가장 중요한 개념은 최소 권한과 직무 분리다. 다시 말해 최소 권한은 사용자, 시스템, 도구가 본인 업무를 수행하는 데 필요한 작업에만 접근할 수 있어야 된다는 의미다. 실무에서는 일반적으로 '디폴트 거부' 정책이 적용돼 있기 때문에 특별히 승인하지 않는 한 허용되지 않는다.

직무 분리(또는 구분)는 실제로 재무 업무에서 유래했는데, 일정 금액 이상 수표에는 두 개의 서명이 필요할 수 있다. 클라우드 보안 분야에서 직무 분리는 일반적으로 어떤 한 사람이 전체 환경의 보안을 완전히 훼손할 수 없게 하는 것으로 보편적으로 해석된다. 예를 들어 시스템을 변경할 수 있는 사람은 해당 시스템 로그를 변경하거나 로그를 검토할 책임이 없어야만 한다.

클라우드 서비스와 내부 애플리케이션의 경우 중앙 집중식 인가는 점점 대중화가 되고 있다.

중앙 집중식 인가

ID를 각 시스템이 스스로 관리하던 예전의 관행은 페더레이션 ID와 싱글 사인온을 통해 해결됐다. 하지만 각 ID에 대한 권한 승인 기록이 여기 저기 흩어져 있을 수 있다. 모든 애플리케이션은 해당 애플리케이션에서 누가 무엇을 할 수 있는지 자체 기록을 유지할 수 있다.

권한이 있는 사용자는 다른 사람의 ID를 삭제해서 그 사람의 권한을 완전히 뺏을 수 있다(지속적인 접근 토큰이 잠시 동안 그 권한들을 허가하지 않는다고 가정). 그러나 일부 접근 권한만 회수하면 어떻게 될까? 누군가의 ID를 삭제하는 기능도 중요하지만 그 ID를 삭제해버리는 것은 접속 관리 수행에 있어 상당히 고압적인 방법이다. 일반적으로 접근을 잘 관리하려면 좀 더 세밀한 방법을 필요로 한다. 중앙 집중식 인가로 사용자가 한 곳에서 접근할 수 있는 권한을 확인하고 통제할 수 있다.

기존 애플리케이션에서 모든 인가 작업이 애플리케이션에서 내부적으로 수행됐다. 중앙 집중식 인가 세계에서 일반적인 책임은 애플리케이션과 중앙 집중식 인가 시스템으로 나뉜다. 일부 시스템에는 더 많은 세부 사항이 있지만 기본 구성 요소는 다음과 같다.

정책 시행 지점

이 지점은 애플리케이션이 접근을 통제하는 애플리케이션에서 구현된다. 정책에 지정된 접근 권한이 없으면 서비스나 애플리케이션에서 해당 기능을 수행할 수 없다. 애플리케이션은 정책 결정 지점에 결정을 요청해서 접근을 확인한다.

정책 결정 지점

이 지점은 중앙 집중식 인가 시스템에서 구현된다. PDP는 애플리케이션에서 제공한 정보(예, ID와 요청된 기능)를 가져와 해당 정책을 참조하고 해당 특정 기능에 대한 접근 권한 부여 여부의 결정을 애플리케이션에 제공한다.

정책 관리 지점

이 지점은 중앙 인가 시스템에서도 구현된다. 이는 일반적으로 웹 사용자 인터페이스와 관련 API며 중앙 권한 부여 시스템에 누가 무엇을 할 수 있는지 알려줄 수 있다.

대부분의 클라우드 제공자는 서비스가 스스로 결정을 내리는 것이 아니라 접근 결정을 위해 협의할 중앙 집중식 접근 관리 솔루션을 갖고 있다. 사용자는 가능한 위치에서 이런 메커니즘을 사용해야만 한다. 그러면 특정 관리자에게 부여된 모든 접근 권한을 한곳에서 볼 수 있게 된다.

롤

많은 클라우드 제공자는 역할을 부여, 허용, 삭제한다는 점에서 공유 ID와 유사한 롤role을 제공한다. 이는 사용자나 그룹에 영구적으로 부여된 권한 세트인 전통적

롤 구현 방식과는 약간 차이가 있다.

공유 ID와 롤의 주요 차이점은, 공유 ID는 고정 자격증명이 있는 독립형 ID라는 것이다. 클라우드 제공자 롤은 완전한 ID가 아니다. 클라우드 제공자는 롤에 접근할 수 있는 권한이 부여된 다른 ID에 의해 수행된 특수 상태며, 해당 롤에 접근하기 위한 임시 자격증명이 할당된다.

롤 베이스 접근은 사용자나 서비스가 최소 권한 원칙에 따라 더 많은 권한을 운영할 수 있게 분리된 롤을 명확히 함으로써 보안 계층을 추가할 수 있다. 대부분의 경우 사용자가 'hat' 롤을 명시적으로 부여하지 않으면 이러한 특권 활동을 수행할 수 없다. 또한 시스템은 각 요청을 기록해 롤을 수행할 수 있으므로 관리자는 나중에 특정 시간에 해당 롤을 가진 사람을 결정하고 보안 결과를 초래하는 시스템의 작업과 해당 정보를 비교할 수 있다.

사람만이 롤을 맡을 수 있는 것은 아니다. 일부 구성 요소(예, 가상 시스템)는 생성될 때 롤을 부여받고, 롤에 할당된 권한을 사용해 작업을 수행할 수 있다.

롤과 그룹

어떤 시점에 많은 사람이 "롤과 그룹의 차이점은 무엇이냐"고 묻는다. 가장 순수한 차이점은 다음과 같다.

- 그룹은 개체들의 집합(예, 사용자)이다. 그룹 내의 개체들에게 승인되는 어떤 정보도 포함돼 있지 않다. VM Admin Group은 'Chris'와 'Barbara'를 포함할 수 있지만, 그 사용자들이 무엇을 할 수 있는지는 모른다.

- 롤은 VM과 같이 사용자, 그룹 또는 다른 개체에 부여될 수 있는 권한의 집합이다. 그러나 'pure' 롤은 해당 권한이 부여된 사람에 대한 정보가 포함돼 있지 않다. VM Admin Role이라는 롤은 가상 시스템을 생성하고 삭제할 수 있는 사용 권한을 부여할 수 있지만 롤 정의는 실제 이

러한 사용 권한을 받는 사람을 알려주지 않는다. 어떤 경우 롤은 특정 사용자나 그룹에 영구적으로 할당되며, 어떤 경우 사용자가 더 이상 필요하지 않을 때 롤을 명시적으로 'assume'하고 해당 롤을 중단할 수 있다.

실제로 많은 롤은 롤이 적용되는 사용자(또는 그룹)도 지정하고, 많은 경우 그룹 멤버십은 그룹 구성원들에게 단일 영구 권한 세트(단일 롤)를 제공한다. 용어는 흔히 상호 교환적으로 사용되는 경향이 있지만 일부 클라우드 제공자의 경우 구별이 중요하다(예, AWS IAM 그룹과 롤).

재검증

이 시점에서 조직 내의 사용자와 자동화는 ID를 가져야만 하고 필요한 작업만 수행할 수 있는 권한을 부여받아야 한다. 이처럼 필요한 작업만 수행할 수 있는 권한 부여가 시간이 지나도 유지되는지 확인해야 한다.

앞에서 언급했듯이 재검증 단계는 기존 환경과 클라우드 환경 모두에서 매우 중요하지만 클라우드 환경에서 접근 권한 회수를 잊어버렸다면 사고에 대비할 추가 통제(예, 물리적 빌딩 접근이나 네트워크 통제)가 없을 수도 있다. 각 권한 부여를 정기적으로 확인해서 여전히 필요한지 확인해야 한다.

재검증의 첫 번째 타입은 특정 매개변수에 기초한 자동 재검증이다. 예를 들어 누군가 조직을 떠날 때 모든 접근 권한을 자동으로 철회하도록 요청하는 시스템이 있어야 한다. 사용자가 로그인할 수 없는 경우에도 사용할 수 있는 캐시된 자격증명(예, 접근 토큰)을 갖고 있을 수 있기 때문에 단순하게 사용자 ID를 삭제하는 것만으로는 충분하지 않을 수 있다는 점에 유의하자. 이런 상황에서 접근을 취소해야 하는 개체 목록인 오프보딩 피드offboarding feed가 필요하다. 접근 토큰처럼 수명이 긴 자격증명을 제공하는 시스템은 적어도 매일 이 '오프보딩 피드'를 처리하고 모든 접근을 취소해야 한다.

재검증의 두 번째 타입은 특정 개체가 여전히 접근이 필요한지 여부를 사람이 직접 판단해야 한다. 일반적으로 다음과 같은 두 가지 타입의 판단 기반 재검증이 있다.

포지티브 컨펌

포지티브 컨펌은 좀 더 강력하다. 누군가 "이 접근은 여전히 필요하다."고 구체적으로 언급하지 않는 한 접근이 없어지는 것을 의미한다.

네거티브 컨펌

이것은 좀 더 약하다. 누군가 "이 접근이 더 이상 필요하지 않다"고 말하지 않는 한 접근이 계속 유지되는 것을 의미한다.

네거티브 컨펌은 낮은 영향의 허가 수준에는 적절하지만 사업에 큰 영향을 미치는 접속 형태에는 포지티브 컨펌을 사용해야 한다. 포지티브 컨펌의 단점은 더 많은 작업이고 요청이 제때 처리되지 않으면 실수로 접근이 취소될 수 있다는 것이다(운영상의 문제를 야기할 수 있다).

재검증에 의해 해결되는 가장 큰 위험은 조직을 떠난 사람(아마도 논쟁의 여지가 있는 상황에서)이 시스템에 대한 접근을 유지하는 것이다. 이 외에도 부엌 쓰레기통의 쓰레기처럼 시간이 지남에 따라 불필요한 접근 권한이 쌓이는 경향이 있다. 유효성 재검증을 수행해 이러한 불필요한 접근 권한들을 정리할 수 있다.

그러나 접근 권한을 얻기 어렵다면 사용자들은 접속이 더 이상 필요 없더라도 계속 접근 권한이 필요하다고 주장할 것에 유념하자. 재검증 노력은 필요시 접근을 허가하는 빠르고 쉬운 프로세스를 갖고 있으면 불필요한 접근을 차단하는 데도 훨씬 효과적일 것이다. 그렇게 하는 것이 불가능하다면 여전히 권한 사용이 필요한지 물어보는 대신 일정 기간 동안 사용하지 않으면 자동으로 접근 권한을 취소하는 것이 더 효과적일 수 있다. 이 또한 위험이 있다. 필요할 때 아무도 접근을 할 수 없다는 것을 알게 될 수도 있기 때문이다.

클라우드 Identity-as-a-Service는 인증과 권한 부여 서비스 외에도 전체 ID 생명 주기에 대한 관리를 제공한다. 다시 말해 제공자는 관계의 시작뿐만 아니라 관계 종료의 중요성을 인지하고 있다. 그리고 제공자는 종료를 능률화하고 공식화하는 것을 돕고 있다.

종합 샘플 애플리케이션

간단한 웹 애플리케이션을 기억하는가? 그림 4-3과 같이 다이어그램에 ID와 접근 관리 정보를 추가해보자. 다이어그램을 단순화하고자 전체 애플리케이션 신뢰 범위를 제거했다.

다이어그램이 꽤 복잡하지만 새로운 상호작용에 관해 자세히 살펴보자.

1. 최종 사용자는 애플리케이션에 접근하려고 시도하며, 유효한 신원이 있고 선택적으로 일부 부정행위 방지 테스트를 통과함으로써 자동으로 접근에 대한 승인을 받는다. 최종 사용자는 SSO와 함께 로그인하므로 애플리케이션 ID는 사용자의 외부 ID 제공자와 연합되며, 애플리케이션은 비밀번호를 검증할 필요가 없다. 사용자의 관점에서 보면 이용자들은 그들 회사 또는 즐겨 찾는 소셜 미디어 사이트와 동일한 ID를 사용하고 있는 것이다.

2. 관리자가 애플리케이션 관리를 위한 접근을 요청하고 요청은 승인된다. 그 후 관리자는 중앙 집중식 허가 시스템에서 권한을 부여받는다. 인증은 클라우드 IAM 시스템 내에서 이뤄지거나 클라우드 IAM 시스템이 조직의 자체 내부 인증 시스템에 승인을 요청하도록 구성될 수도 있다.

3. 관리자는 강력한 비밀번호와 멀티팩터 인증을 사용해서 클라우드 IAM 서비스를 이용해 인증하고 다른 서비스에 대한 접근 토큰을 얻는다. 다시 선

택적으로 클라우드 IAM 서비스는 사용자가 조직의 내부 인증 시스템으로 보내지도록 구성될 수 있다.

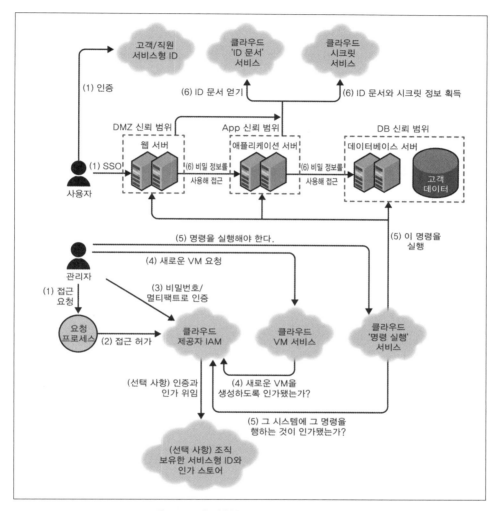

그림 4-3. IAM을 사용한 애플리케이션 다이어그램 샘플

4. 관리자는 클라우드 제공자 서비스에 새 가상 시스템이나 컨테이너를 생성하는 등의 요청을 한다(뒤에서 클라우드 VM 서비스는 클라우드 IAM 서비스에 관리자 권한이 있는지 묻는다).

5. 관리자는 필요시 가상 머신이나 컨테이너에 명령을 실행하려고 클라우드 제공자 서비스를 사용한다(뒤에서 클라우드 'execute command' 서비스는 관리자가 가상 머신이나 컨테이너에서 해당 명령을 실행할 권한이 있는지 클라우드의 IAM 서비스에 묻는다). 이 기능을 특정 클라우드 제공자에서 사용할 수 없는 경우 관리자는 LDAP 프로토콜을 사용하는 가상 시스템에서 좀 더 전통적인 방법(예, SSH)을 사용해 ID 스토리지의 관리자를 인증하고 권한을 부여할 수 있다. 관리자가 기존 컨테이너를 변경하지 않고 새 컨테이너를 배포하고 이전 컨테이너를 삭제할 수 있기 때문에 컨테이너 환경에서는 정상적인 유지 보수와 업그레이드에 명령 실행이 필요하지 않을 수 있다는 점을 유념하자.

6. 시크릿 서비스는 애플리케이션 서버[AS]가 데이터베이스 시스템에 접근할 수 있도록 비밀번호나 API 키를 보유하는 데 사용된다. 그림 4-3은 애플리케이션 서버가 클라우드 제공자로부터 ID 문서를 가져오고 시크릿 서버에 직접 접근해 시크릿을 가져오고 데이터베이스에 접근하는 것을 보여준다. 이 방법은 앞에서 설명한 'best' 접근 방식이지만 시크릿 역시 'good enough' 접근 방식으로 배포 프로세스의 일부로 적용될 수도 있다. 웹 서버와 애플리케이션 서버 사이 인증 역시 동일한 프로세스가 발생할 수 있지만 단순성을 위해 하나의 시크릿 서비스 상호작용만 표시된다. 시크릿 서비스는 조직에 의해 운영되거나 클라우드 제공자로부터 제공되는 as-a-Service일 수도 있다.

7. 애플리케이션의 신뢰 범위 중 하나가 교차될 때마다 신뢰 범위를 넘는 개체는 액션을 수행하려면 인증되고 권한을 부여받아야 한다는 것을 유념하자. 클라우드와 조직 시스템 주변의 신뢰 범위처럼 그림에 나와 있지 않은 다른 신뢰 범위는 애플리케이션 외부에 있다.

정리

물리적 보안 및 네트워크 통제와 같은 다른 완화 요인 때문에 온프레미스 환경에서 ID와 접근 관리가 다소 느슨했을 수도 있지만 IAM은 클라우드 환경에서 매우 중요하다. 클라우드와 온프레미스는 모두 개념이 유사하지만 보안을 향상시키고 작업을 쉽게 해주는 새로운 기술과 클라우드 서비스가 있다.

전체 ID와 접근 생명주기에서 요청, 승인, 재검증 단계를 잊어버리기 쉽다. 그 단계들은 수동으로 수행될 수 있지만 처음에 인증과 인가Authorization 단계만 처리했던 많은 서비스 제품은 이제 승인 단계에 대한 워크플로를 제공하고 있으며, 이러한 추세는 가속화될 것으로 보인다.

중앙 집중식 인가 시스템은 관리자와 최종 사용자에게 여타 애플리케이션과 서비스에서 사용할 단일 ID를 제공한다. 이러한 것들은 오랫동안 서로 다른 형태로 존재해왔지만 디폴트로 사용될 수 있는 클라우드 환경에서는 훨씬 더 필요하다. 클라우드 시스템과 서비스의 확산을 고려할 때 각 시스템과 서비스별로 개별적인 ID를 관리하는 것은 소규모 배포를 제외한 모든 배치에서 순식간에 악몽이 될 수도 있다. 오래되고 잊혀진 ID들은 ID 기존 소유자나 쉬운 방법을 찾는 공격자에 의해 사용될 수 있다. 중앙 집중식 인증을 하더라도 좋은 비밀번호와 멀티팩터 인증을 사용해야 한다. 클라우드 관리자와 최종 사용자는 서로 다른 시스템을 통해 인증되는 경우가 많다.

인증 시스템과 마찬가지로 중앙 집중식 인가 시스템을 사용하면 한곳에서 개체들의 권한이 부여된 모든 것을 보고 수정할 수 있다. 이런 방법으로 접근 권한 부여와 재검증이 쉬워지고 직무 분리가 더욱 분명해진다. 작업에 대한 사용자와 자동화를 모두 승인할 때 최소 권한과 직무 분리의 원칙을 준수하고, 강력한 ID와 자격증명을 보유하지 않도록 하자.

시크릿 관리는 시스템 간 접근에 사용되는 시크릿이 다른 구성 데이터와 별도로 유지되고 엄격한 기밀과 감사 원칙에 따라 처리되는 빠르게 성숙하고 있는 분야다. 시크릿 관리 기능은 기존 구성 관리 제품, 독립 실행형 시크릿 서버 제품, 서비스형 클라우드 제품에서 사용할 수 있다.

5장

취약점 관리

그리스 신화에서 아킬레스는 유일한 약점인 발뒤꿈치에 화살을 맞아 죽었다. 아킬레스는 분명 더 나은 취약점 관리 계획이 필요했었다.[1] 취약한 영역이 유일하게 하나였던 아킬레스와는 달리 클라우드 환경에서는 취약점이 다양한 여러 영역에서 생겨날 수 있을 것이다. 접근 통제를 공고히 구성한 후에 잠재적인 취약점을 지속적으로 관리하기 위한 프로세스를 마련하는 것이야말로 시간과 비용을 투자하더라도 보안을 향상시키기 위한 최선의 투자인 셈이다.

취약점 관리와 패치 관리는 상당히 겹치는 점이 있다. 많은 조직에서 패치를 설치하는 가장 중요한 이유를 들자면 기능적인 버그를 수정하거나 기능을 추가하는 것보다는 취약점을 수정하는 데 있다. 취약점 관리와 구성 관리에도 상당히 겹치는 점이 있는데, 잘못된 구성은 흔히 취약점으로 이어질 수 있기 때문이다. 물론 모든 보안 패치를 충실하게 설치했더라도 말이다. 취약점 관리와 구성 관리, 패치 관리를 위해 각각 다른 도구와 프로세스가 있겠지만 실용적인 측면을 고려해 5장에서는 이들 모두를 함께 다룬다.

아쉽게도 취약점 관리는 자동으로 패치를 활성화하고 끝장냈다고 해버리기에는 결코 쉬운 일은 아니다. 클라우드 환경에서는 물리적 시설, 컴퓨터 하드웨어, 운영

---

1. 화살을 튕겨낼 수 있는 부츠를 신는 것도 취약점 관리 중 하나일 것이다.

체제, 직접 작성한 코드, 내장된 라이브러리 등 다양한 계층에서 취약점이 발견될 수 있다.

1장에서 설명한 클라우드 책임 공유 모델을 살펴보면 클라우드 제공자가 취약점에 관한 어떠한 책임을 지는지를 이해하는 데 도움이 되며, 5장의 내용은 책임 관리에 도움이 될 것이다. 대부분의 경우 다양한 유형의 취약점을 처리하려면 여러 가지 다른 도구와 프로세스가 필요할 것이다.

취약점 관리와 패치 관리

'취약점 관리'와 '패치 관리' 라는 용어는 일반적으로 혼용해 사용되긴 하지만 서로 다른 의미다. 소프트웨어 패치는 보안 취약점뿐만 아니라 기능적인 문제를 해결하는 경우도 있지만 패치를 적용해도 모든 취약점이 해결되는 것은 아니다. 예를 들어 취약점 관리 프로세스를 통하면 패치하지 않고도 저절로 고쳐지게 되는 안전하지 않은 환경설정을 찾을 수도 있고, 패치를 적용하지 않고 기능을 꺼버리는 것으로도 취약점을 완화시킬 수 있다.

기존 IT와 차이점

클라우드 환경에서는 일반적으로 온프레미스 환경에 비해 변화율이 훨씬 높은 경우가 많고 이러한 끊임없는 변화로 인해 기존 취약점 관리 프로세스가 무용지물이 돼 버릴 가능성이 있다. 3장에서 설명했듯이 새로운 시스템이 온라인 상태가 됐을 때 새 시스템이 누락되는 일이 없도록 클라우드 API의 인벤토리를 사용해 각 시스템을 취약점 관리 도구에 입력해야 한다.

변화율 이외에도 컨테이너나 서버리스와 같이 현재 인기 있는 호스팅 모델에서는 기존 도구를 적용할 수 없거나 효율적이지 않기 때문에 취약점 관리 방법을 바꾸게 된다. 가상 머신과 마찬가지로 각 컨테이너에 몇 %의 CPU 부하를 차지하는 무거운 취약점 관리 도구를 집어넣을 수 없다. 시스템에서 수백 개의 에이전트 복사본을 실행하고 있어 실제 작업에 필요한 CPU 시간이 남아 있지 않을 수 있다.

또한 지속적 통합^{CI, Continuous Integration}, 지속적 배포^{CD, Continuous Delivery}, 마이크로서비스 아키텍처는 클라우드 컴퓨팅과는 별개의 것들이지만 클라우드를 도입하면서 함께 따라오게 된다. 이러한 기술들을 채용하면서 취약점 관리를 근본적으로도 변화시킬 수 있다.

예를 들어 전통적인 취약점 관리 프로세스는 다음과 같다.

1. 보안 업데이트나 구성 변경이 가능하다는 것을 발견한다.

2. 보안 사고의 위험도에 따라 어떤 업데이트를 구현해야 하는지 우선순위를 정한다.

3. 테스트 환경에서 업데이트가 잘 작동하는지 테스트한다.

4. 프로덕션 환경에서의 업데이트 일정을 조율한다.

5. 프로덕션에 업데이트를 배포한다.

6. 프로덕션이 여전히 잘 작동하는지 확인한다.

이러한 유형의 프로세스는 프로덕션 환경에서 발생하는 보안 사고의 위험과 가용성 사고의 위험을 균형 있게 맞추려고 합리적으로 설계돼 있다. 나는 흔히 사람들에게 이렇게 말한다. "보안이란 것은 쉽다. 모든 것을 꺼서 콘크리트에 묻어 버리면 된다." 실제 운영하는 환경의 가용성을 유지하면서 안전하게 보호하는 것은 훨씬 더 어렵다.

그러나 클라우드 컴퓨팅, 코드로서의 인프라^{Infrastructure as code}, CI/CD, 마이크로서비스 아키텍처의 새로운 환경에서는 가용성 사고의 위험을 줄이고 균형을 맞춰 변경하는 옵션이 있다.

- 클라우드 제품과 코드로서의 인프라에서는 코드의 일부 형태로 환경을 정의한다. 이 방법은 기존 컴퓨터에 코드가 설치된 마지막 시점에서 환경과 코드를 결합하는 것이 아니라 새로운 환경과 새로운 코드를 함께 테스트할 수 있다. 또한 배포할 때마다 새로운 운영 환경을 만들고 필요할 경우 이전 환경으로 쉽게 전환(또는 재작성)할 수 있기 때문에 즉시 롤백할 수 없는 상태로 들어갈 위험을 줄일 수 있다. 이는 기존 환경에서의 '블루/그린' 배포와 비슷하지만 클라우드는 '그린' 환경에 비용을 지불할 필요가 없기 때문에 적은 예산의 작은 애플리케이션에서도 코드로서의 인프라를 사용할 수 있다.

- 지속적인 통합과 지속적인 배포로 반복된 각 작업을 수행할 때마다 사소한 변경 사항을 프로덕션 환경에 적용할 수 있다. 소소하게 변경하게 되면서 치명적인 장애의 위험이 감소되고 발생하는 문제를 해결하는 데 더 수월해진다.

- 마이크로서비스 아키텍처에서는 서비스끼리 분리돼 있어 하나의 마이크로서비스에서의 변화가 다른 마이크로서비스에 적절하지 않은 부작용을 일으킬 가능성이 적다. 이는 컨테이너 기반의 마이크로서비스 환경에서는 특히 그러한데, 각 컨테이너가 서로 분리돼 있기 때문이다.

- 또한 마이크로서비스 아키텍처는 수평적으로 확장되는 경향이 있는데, 이 경우 애플리케이션은 부하를 처리하는 데 필요한 만큼 더욱 더 많은 기계와 컨테이너에 걸쳐 배포된다. 이는 또한 환경 전반에 걸쳐 단계적으로 변경 사항을 전개할 수 있다는 것을 의미하며, 잠재적으로 서비스 중단을 일으킬 수 있는 취약점 스캔[2]은 애플리케이션의 용량 중에 일부만 감소시킬

---

2. 취약점 스캔에서 어려운 부분 중 하나는 실제로 취약점을 발견하면 때로는 스캔이 영향을 받는 구성 요소에 예기치 않는 이슈를 만들어낼 수 있다. 물론 문제를 발견 했지만 문제를 해결하기 위한 다운 타임이 발생한다. 스캔이 한 번에 하나의 애플리케이션 인스턴스만 영향을 미쳤다면 중단 위험은 훨씬 낮을 것이다.

수 있다는 것을 의미한다.

앞의 각 항목은 가용성을 높이는 쪽으로 균형을 맞춰 전환되는데, 시스템의 전반적인 가용성을 낮추지 않고도 보안 업데이트를 좀 더 적극적으로 할 수 있다는 것을 의미한다. 차례로 전반적인 위험을 줄이는 것이다. 새로워진 취약점 관리 프로세스는 다음과 같다.

1. 일상적인 개발 작업의 일환으로 사용할 수 있는 보안 업데이트를 자동으로 실행한다. 예를 들면 여기에는 업데이트된 코드 라이브러리나 업데이트된 운영체제 구성 요소가 포함될 수 있다.

2. 배포할 때의 일상적인 애플리케이션 테스트 흐름의 일환으로 보안 업데이트를 테스트한다. 이 단계에서는 문제가 발견된 경우에만 업데이트의 포함 여부를 평가하고자 한 발짝 물러설 필요가 있다.

3. 새 버전을 배포한다. 이렇게 하면 코드 변경, 보안 업데이트와 구성의 잠재적 업데이트를 포함한 새로운 운영 환경이 자동으로 만들어진다. 이 배포본이 운영에 지장을 주지 않는다는 확신이 없다면 운영 중인 시스템의 부분 집합에만 배포를 적용해볼 수 있다.

4. 정상적인 배포 프로세스의 일부로 다뤄지지 않은 테스트 환경이나 프로덕션 환경에서의 추가 취약점을 발견해 해결하고, 개발 백 로그에 버그로 등록한 후 다음 배포에 해결한다(긴급한 경우라면 특별한 릴리스로 처리한다).

4단계에서 수행해야할 몇 가지 수동 취약점 관리 작업은 아직 남아 있지만 표준 프로세스보다 훨씬 적다. 이번 장에서 알게 되겠지만 취약점에 여러 가지 종류가 있더라도 상위 수준에서의 프로세스는 대부분 제대로 동작할 것이다.

취약점 영역

어떤 종류의 취약점에 걱정해야 할 필요가 있는가? 애플리케이션이 여러 구성을 갖는 스택의 일부라고 가정해보고, 애플리케이션이 가장 상위에 위치하고 물리적인 컴퓨터와 시설이 가장 아래에 있다고 가정해보자. 이제 스택의 위에서 시작해 아래로 내려가면서 살펴보겠다. 스택의 항목을 분류하는 방법에는 여러 가지가 있지만 그림 5-1과 같이 1장에서 나왔던 책임 공유 모델을 사용할 것이다.

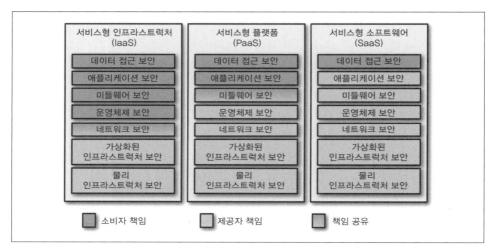

그림 5-1. 클라우드 책임 공유 모델

이 다이어그램의 각 레이어를 취약점 관리의 관점에서, 위에서부터 좀 더 자세히 살펴보자

데이터 접근

클라우드 환경에서 애플리케이션이나 서비스의 데이터에 대한 접근 권한을 부여하는 방법은 대부분의 경우 고객의 책임하에 결정된다. 데이터 접근 계층의 취약점은 거의 대부분 접근 관리 문제로 집약된다. 예를 들어 누구나 접근할 수 있게 리

132

소스를 열어뒀거나, 더 이상 접근이 필요하지 않은 개인에게 접근을 허용했거나, 잘못된 자격증명을 사용했을 경우다. 이 문제점들은 4장에서 자세히 설명했다.

애플리케이션

SaaS를 사용하고 있다면 애플리케이션 코드의 보안은 서비스 제공자의 책임이겠지만 고객으로서 책임지게 되는 보안 관련 구성 항목이 있을 수 있다. 웹 메일 시스템을 사용하고 있다면 2단계 인증이나 멀웨어 검사와 같은 합리적인 구성을 하도록 결정하고 설정하는 것은 사용자에게 달려있다. 또한 이 구성이 요구 사항에서 벗어날 경우 해당 구성을 추적해 수정할 필요가 있다.

반대로 SaaS를 사용하고 있지 않다면 애플리케이션 코드의 어느 부분은 직접 작성했을 것이다. 직접 호스팅하건 가상 머신을 쓰건 aPaaS를 사용하건 서버리스를 사용하건 상관없이 말이다. 팀이 아무리 우수하더라도 코드에는 분명 버그가 있을 것이고 적어도 버그 중 일부는 보안에 영향을 미칠 것이다. 직접 작성한 코드뿐 아니라 프레임워크나 라이브러리, 혹은 서드파티에서 제공하는 코드도 사용하는 경우가 많이 있는데, 여기에 취약점이 있을 수도 있다. 이렇게 상속된 코드에 내재된 취약점은 공격자가 악용할 가능성이 훨씬 더 높다. 기본적으로 동일한 공격 방법이 여러 애플리케이션에 걸쳐 악용될 것이기 때문이다.

 아파치 스트럿츠(Struts)나 OpenSSL은 해당 구성 요소를 사용하는 많은 애플리케이션에서 취약점을 야기한다. 공격자는 이러한 알려진 취약점을 악용하는 것이 특정 애플리케이션 코드를 연구하는 것보다 훨씬 쉽기 때문에 직접 작성한 코드의 취약점보다 더 위험한 편이다.

애플리케이션 취약점의 전형적인 예가 버퍼 오버플로다. 그렇지만 많은 애플리케이션이 지금은 버퍼 오버플로가 어려운 언어로 작성돼 있어 이를 악용한 공격이 여전히 이뤄지고는 있지만 더 이상은 상위 순위를 차지하지 않는다. 2017년, OWASP Top 10에 나온 애플리케이션 취약점에서 예를 들어 살펴보겠다.

예에서 보면 접근 통제, 방화벽, 기타 보안 조치들은 취약점이 애플리케이션 코드에 존재하고 있는 경우 시스템을 보호하는 데 거의 효과가 없다.

삽입^{Injection} 공격

애플리케이션은 악의적인 사용자로부터 신뢰할 수 없는 데이터의 일부를 받아서 어떤 종류의 인터프리터로 보낸다. 전형적인 예로 SQL 인젝션 공격이 있는데, 공격자는 원래 의도된 것 대신 쿼리를 발생시키는 정보를 보내 테이블의 모든 것을 반환하는 정보를 알아낸다.

XML 외부 개체^{External entity} 공격

공격자는 취약한 라이브러리 중 하나에 XML 데이터를 보내고 해당 XML을 받은 라이브러리는 의도치 않은 작업을 수행하게 된다.

크로스사이트 스크립트^{Cross-site scripting} 공격

공격자는 애플리케이션을 속여 악성 자바스크립트를 사용자에게 전달한다.

역직렬화^{Deserialization} 공격

공격자는 '포장'된 객체를 애플리케이션에 보내 포장을 풀 때 원하지 않는 부작용을 일으킨다.

애플리케이션 수준의 공격은 가상 머신이나 aPaaS 또는 서버리스 플랫폼에서 배포하는 방식이 어떤 건지에 상관없이 모든 애플리케이션에서 가능하다는 점에 유의해야 한다. 웹 애플리케이션 방화벽처럼 6장에서 다루는 일부 도구는 애플리케이션 코드에 취약점이 있는 경우에 안전망 역할을 할 수도 있다. 그러나 실수를 하지 말아야 한다. 취약한 코드와 상호 의존성 문제점을 찾아 고치는 것이 첫 번째이자 가장 중요한 방어선이다.

프레임워크는 관리해야 하는 취약점의 원천이 될 수 있지만 자신의 코드에 있는 취약점을 회피하는 데 도움이 될 수도 있다. 많은 프레임워크는 크로스사이트 스크립팅^{XSS}, 크로스사이트 요청 변조^{CSRF}, SQL 인젝션, 클릭재킹 등과 같은 공격을 방어하는 내재된 보호 기능을 갖고 있다. 프레임워크에서 제공하는 방어책을 이해하고 이 방어책을 사용하면 여러 가지 이슈를 쉽게 회피할 수 있다.

미들웨어

많은 경우 애플리케이션 코드에서는 데이터베이스, 애플리케이션 서버, 메시지 큐 등과 같은 미들웨어나 플랫폼 구성 요소를 사용한다. 종속된 프레임워크나 라이브러리와 마찬가지로 미들웨어/플랫폼에서의 취약점은 공격자에게 매력적이기 때문에 큰 문제를 일으킬 수 있다. 공격자는 애플리케이션을 이해하지 않고도 많은 다른 애플리케이션에 걸쳐 존재하는 동일한 취약점을 악용할 수 있다.

앞서 언급한 구성 요소를 직접 실행하고 있다면 업데이트 여부를 확인하고, 업데이트를 테스트하고 나서 적용할 필요가 있다. 가상 머신에서 직접 돌리고 있거나 배포한 컨테이너 내부에서 돌고 있을 수도 있다. 가상 머신에 설치된 항목의 인벤토리를 작성하는 도구는 일반적으로 컨테이너에 설치된 항목을 찾지 못할 것이라는 점을 명심해야 한다.

이러한 구성 요소가 클라우드 제공자에 의해 서비스로 제공되는 경우 일반적으로 제공자가 패치에 대한 책임을 지고 있을 것이다. 그러나 여기에는 함정이 있다. 경우에 따라서는 업데이트가 장애를 유발할 수도 있기 때문에 업데이트를 자동으로 적용할 수 없다. 이러한 경우에는 여전히 사용자는 테스트한 다음에 편리한 시간에 버튼을 눌러 업데이트를 배포해야 할 수 있다.

패치를 적용하는 것 외에도 PaaS 환경에서조차 미들웨어가 어떻게 구성돼 있는지 걱정해야 할 필요가 있다. 다음은 보안 사고나 유출 사고로 이어질 수 있는 미들웨어/플랫폼 구성 문제의 실제 사례다.

- 비밀번호 파일을 볼 수 있도록 실수로 웹 서버가 잘못 구성돼 있다.

- 데이터베이스가 올바른 인증 형태를 구성하지 않아서 누구나 데이터베이스 관리자 역할을 할 수 있도록 권한을 부여했다.

- 자바 애플리케이션 서버에서 디버그 정보가 출력되도록 구성돼 버그가 발생했을 때 비밀번호가 노출됐다.

각 구성 요소마다 사용할 수 있는 구성 설정을 검토하고 보안 관련된 설정과 올바른 값의 목록을 만들어 작성해야 할 필요가 있다. 이 작업은 구성 요소가 처음 서비스에 적용될 때 적용돼야 하며, 그러고 나서도 정기적으로 체크해 여전히 올바르게 설정돼 있고 '미세한 구성 변경'이 되지 않았는지 확인한다. 수동으로 모니터링하는 이런 종류의 작업을 벤치마킹, 헬스 체크, 혹은 간단하게는 구성 관리라고 흔히 부른다.

 벤치마크와 구성 사양을 처음부터 작성하는 것이 확실할 수도 있지만 인터넷 보안 센터의 CIS 벤치마크 등과 같은 일반적인 모범 사례에서 시작하는 것을 권장한다(http://bit.ly/2tCYCsz). 조직과 실제 구축 내용에 맞게 조정할 수 있고, 문제를 발견하거나 개선 사항을 제안하고자 하면 변경 사항을 제공해 기여할 수도 있다. 이 벤치마크 사례는 커뮤니티에서 노력한 결과에 의한 것이므로 새로운 위협과 플랫폼 제품 및 운영체제를 고려한 최신의 구성 체크리스트로 더 많은 혜택을 얻을 수 있다. 일부 유명 제품에서 CIS 벤치마크 검사를 바로 수행할 수 있다.

운영체제

운영체제 패치는 많은 사람이 취약점 관리를 떠올릴 때 생각하는 방법이다(마이크로소프트 윈도우의 경우 화요일은 패치하는 날이다). 패치를 테스트하고 적용할 시간이라는 것이다. 운영체제 패치는 취약점 관리의 중요한 부분이긴 하지만 운영체제 패치만이 고려할 대상이 아니다.

스택의 미들웨어/플랫폼 계층과 마찬가지로 운영체제 인스턴스를 배포할 때 적절한 벤치마킹을 수행한 다음에 정기적으로 수행해야 한다. 또한 운영체제는 환경에 필요하지 않은 다양한 구성 요소를 함께 담고 있는 경향이 있다. 이 구성 요소들을 실행 중인 인스턴스에 남겨두는 것은 취약점이나 버그, 설정 오류 등의 큰 원인이 될 수 있기 때문에 필요하지 않은 것은 모두 끄는 것이 중요하다. 이를 흔히 하드닝hardening이라 부른다.

클라우드 제공자들은 자동으로 최신 상태로 유지되는 가상 머신 이미지의 카탈로그 목록을 갖고 있으므로 배포할 때 합리적으로 최신 시스템을 갖춰야 한다. 그러나 클라우드 제공자가 배포할 때 패치를 자동으로 적용하지 않는다면 배포 프로세스 중에 패치를 적용하는 프로세스를 도입해야 한다.

운영체제는 일반적으로 커널로 구성되는데, 커널은 많은 다른 사용자 공간 프로그램과 함께 다른 모든 프로그램을 실행한다. 또한 컨테이너에는 운영체제의 사용자 공간 부분이 포함돼 있기 때문에 운영체제의 취약점 관리와 구성 관리도 컨테이너의 보안에 영향을 미친다.

많은 경우 클라우드 제공자는 하이퍼바이저를 책임진다. 그러나 하이퍼바이저는 본질적으로 다른 운영체제를 갖고 있도록 설계된 특수한 목적을 가진 운영체제이기 때문에 하이퍼바이저를 담당하고 있다면 하이퍼바이저도 최신 상태로 유지하는 이미지 카탈로그 목록에 포함시켜야 한다. 하이퍼바이저는 보통 이미 하드닝이 돼 있지만 정기적으로 패치 하고 환경에 맞게 설정된 구성 설정을 보유하도록 유지해야 한다.

네트워크

네트워크 계층에서의 취약점 관리는 네트워크 구성 요소 자체를 관리하는 것과 허용된 네트워크 통신을 관리하는 두 가지 주요 작업을 포함한다.

라우터와 방화벽, 스위치 같은 네트워크 구성 요소 자체는 운영체제와 같이 패치 관리와 보안 설정 관리를 필요로 하지만 각자 다른 도구가 필요하다.

이런 네트워크 기기가 구현하는 네트워크 흐름의 보안 관리는 6장에서 자세히 다룬다.

가상화 인프라

IssS^{Infrastructure-as-a-Service} 환경에서 가상화 인프라(가상 네트워크, 가상 서버, 스토리지)는 클라우드 서비스 제공자가 책임을 진다. 그러나 컨테이너 기반 환경에서는 클라우드 서비스 제공자가 제공하는 환경 위에서 동작하는 가상 인프라나 플랫폼의 보안을 책임져야 할 것이다. 예를 들어 설명하면 도커와 같은 컨테이너 런타임이나 쿠버네티스 같은 오케스트레이션 계층에서의 설정 오류나 패치 누락과 같은 것으로 인한 취약점이 있을 수 있다.

물리적 인프라

대부분 경우에 물리 인프라는 클라우드 서비스 제공자가 책임을 진다.

물리적 수준에서는 환경설정이나 취약점 관리를 담당해야 하는 경우가 몇 가지 있다. 그러나 프라이빗 클라우드를 운영하거나 서비스로 제공되는 베어메탈 시스템을 보유하고 있다면 물리 인프라의 책임을 지게 될 수 있다. 예를 들면 바이오스/마이크로코드의 업데이트를 잊었거나 물리 시스템의 원격 관리를 하는 베이스 보드 관리 컨트롤러의 보안 설정을 잘못해 생기는 취약점이 있다.

취약점 발견과 수정

숨었을 가능성이 있는 취약점이 있는 위치까지 모두 익혔으니 문제가 될 가능성이 가장 높은 취약점이 어떤 유형인지 우선순위를 정해봐야 한다. 이 책에서 여러 번 언급돼 듯이 우선은 가장 큰 비용이 드는 곳부터 시작하는데, 조직의 가장 주요 영역을 선택해 그 영역에서 가치를 이끌어낸 다음에 다른 영역으로 넘어가면 된다. 어딘가에서 구한 모범 사례집에 있는 체크리스트의 항목을 점검하려고 너덧 개의 다른 도구와 프로세스를 갖게 되는 일반적인 함정에 빠질 수 있는데, 그 도구나 프로세스 중 어느 것도 실제 취약점을 찾아내고 수정하는 데는 거의 실제로 도움이 안 된다는 것이다.

3장에서 다룬 자산 관리의 파이프라인을 되짚어 보면 여기서 다른 부분은 위험을 인지하고 적절하게 대처하고자 멋진 도구를 이 파이프라인에 배치하는 부분인 셈이다(그림 5-2).

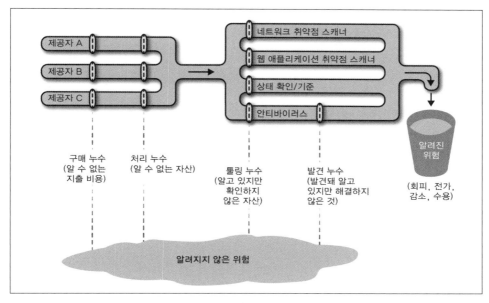

그림 5-2. 자산 관리 파이프라인 샘플

3장에서는 그림 5-2의 왼쪽 절반에 주목했다. 구매 단계에서 다뤄지지 않은 셰도우 IT 영역을 찾으려고 구매 절차를 살펴보고 클라우드 제공자에게 공급받은 자산들을 재고로 넣었다. 이제부터 나머지 오른쪽 절반에 표시된 누락된 내용을 채우는 것이 이 장의 목표다. 예를 들어 알려진 자산을 보호하지 않아 비롯된 '툴링tooling' 누수뿐 아니라 발견된 사항을 제대로 처리하지 못해 비롯된 '발견findings' 누수까지도 최소화할 수 있다.

먼저 그림에서 '툴링' 누수되는 부분을 알아본다. 파이프라인에서 파이프 크기는 각 영역에서 발생할 수 있는 문제의 수와 그 문제가 비즈니스에 얼마나 중요한지를 조합해 결정된다고 해보자. 어느 특정 영역에 도구가 없다거나 도구가 많은 자산을 보여줄 수 없기 때문에 해당 특정 영역에서 대량의 물이 쏟아져 나오는 것을 경험하는 경우가 있다. 이런 게 바로 알려지지 않은 위험을 야기하는 것이다.

예를 들어 중요 데이터를 가진 윈도우 시스템이 많다고 하면 안티바이러스 파이프라인에서 발생하는 문제는 최고의 사항이 될 것이다. 한편, 리눅스나 aPaaS, 서버리스에서 돌아가는 웹 애플리케이션이 대부분이라면 중요 데이터가 거의 없는 소수의 윈도우 시스템을 걱정하기보다는 웹 애플리케이션의 취약점을 찾아 수정하는 데 더 집중하기를 원하게 된다.

그다음으로는 누수를 발견하게 되는 부분을 살펴본다. 여기서 파이프 크기는 도구에서 발견되는 문제점 수와 그 문제점이 얼마나 심각한지에 따라 결정된다고 해보자. 이제는 많은 중요한 산출물을 무시하고 있는 도구들을 갖고 있다는 것을 깨닫게 될 것이고, 따라서 이로 인해 알려지지 않은 많은 위험을 만들어내고 있다는 것을 깨닫게 될지도 모른다.

정말 많은 다양한 종류의 도구 속에서 중복 되는 취약점들을 많이 찾아낸다. 어떤 도구는 수년 동안 기존 환경에서 사용됐으며 다른 어떤 도구들은 클라우드 환경에서 새로 도입됐다.

다양한 범주의 취약점 관리 도구와 구성 관리 도구에 대한 설명이 뒤따르겠지만 많은 제품이 이 범주 중 하나 이상을 다루게 된다는 것을 명심해야 한다.

네트워크 취약점 스캐너

운영체제 패치와 함께 네트워크 취약점 스캐너는 취약점 관리 부분에서 가장 잘 알려진 것이다. 다양한 유형의 취약점을 찾아내는 데는 매우 뛰어나지만 한계를 이해할 필요가 있다.

네트워크 취약점 스캐너는 소프트웨어 구성 요소를 살펴보지는 못한다. 이는 단순히 네트워크 요청을 보내 대상 서버가 어떤 것을 리스닝하고 있는지 알아내고, 서버 애플리케이션의 취약한 버전을 확인하거나 취약한 설정을 알아내는 것이다. 예를 들면 네트워크 취약점 스캐너는 시스템의 서비스 중 하나가 안전하지 않은 네트워크 연결을 허용하는지 알아낸다. 이 안전하지 않은 네트워크 연결은 시스템을 SSL/TLS 연결 과정에서 발생하는 POODLE 공격(https://bit.ly/2WUz1bH)에 취약하게 만든다. 그러나 스캐너는 같은 네트워크 주소에서 제공하는 웹 애플리케이션이나 REST API는 알지 못하고 시스템 내부의 라이브러리 버전과 같은 내부 구성 요소를 검사하지도 못한다.

네트워크 취약점 스캐너는 전체 인터넷을 스캔할 수도 없고 클라우드 제공자의 전체 네트워크도 스캔할 수 없다는 것은 확실하고, 어떤 시스템이 사용자의 책임인지는 마술처럼 알 수 없다. 네트워크 취약점 스캐너에는 스캔할 네트워크 주소 목록을 입력해야 하고, 주소가 이 목록에 안 들어가 있으면 취약점이 있는지 알지도 못하게 될 것이다. 그러므로 3장에 설명했던 자동화된 자산 관리가 핵심이라는 것이다. 클라우드는 인터넷에 완전히 노출돼 있기 때문에 공격자는 여기에서 매우 빠르게 취약점을 찾아 공격할 수 있어 인터넷에 접한 구성 요소의 인벤토리를 작성하고, 스캐닝하고, 발견된 문제점은 신속하게 조치해야 한다.

또한 6장에서 설명할 구성 요소들을 분리하고 있더라도 네트워크 취약점 스캔이 불필요하다고 생각하는 실수는 범하는 일이 없어야 한다. 네트워크 팀과 취약점 검사 담당 팀 사이에는 취약점 스캐너로 제한된 영역을 검사하도록 방화벽을 뚫어야 할지에 대한 논란이 자주 일어난다. 공격자가 특정 방화벽 정책을 활용해 제한된 영역에 진입하게 되는 리스크는 알지도 못하는 위험에 의한 리스크보다는 훨씬 낮다고 생각하기 때문에 네트워크 경계점에 대한 통제가 약간 약해지더라도 취약점 스캐너가 모든 구성 요소를 점검하도록 유지해야만 한다. 공격자가 이 경계점 뒤에서도 취약한 시스템을 공격했던 보안 사고를 많이 목격했다. 어딘 가에선 실제 발생했을 수도 있겠지만 공격자가 스캐너를 탈취해 네트워크 접근에 사용하고 시스템을 공격했다는 보안 사고는 내 개인적으로는 본 적도 들어본 적도 없다.

보호되고 있는 가상 프라이빗 네트워크 구역에서 발견된 네트워크 취약점은 인터넷에 직접 노출된 구성 요소에서 발견된 취약점보다는 다소 낮은 우선순위를 갖게 되지만 그래도 이 네트워크 취약점들도 찾아내 수정해야만 한다. 공격자에게는 결국 자신이 있어서는 안 되는 네트워크의 일부분에서 종지부를 찍는 매우 불편하게 느껴지는 습성이 있다.

배포 파이프라인이 얼마나 잘 동작하는지에 따라 다르겠지만 가능하다면 테스트 환경에서 네트워크 취약점 스캐닝을 돌리는 것을 배포 파이프라인에도 포함시켜야 한다. 테스트 환경에서 어떠한 것이라도 발견되면 이를 버그 트래커에 올려 오탐이 아닌 한 배포되는 것을 이상적으로는 막아야 한다.

인프라를 구입하지 않고도 서비스 형태로 구매해 실행해볼 수 있는 클라우드 기반의 네트워크 취약점 스캐너가 여럿 있다. 하지만 인터넷에 연결돼 있지 않은 영역을 점검하려면 네트워크 내부에 중계 시스템이나 컨테이너를 만들어야 할 필요가 있을 수도 있다.

 네트워크 기반의 도구는 통신하려는 프로세스가 알지 못하게 취약점을 찾아낼 수 있다. 해당 IP 주소에서 서로 다른 TCP/UDP 포트에서 어떤 응답이 오는지만 볼 뿐이다. 네트워크 기반 도구는 외부의 공격자가 보려는 것과 같은 것을 보기 때문에 매우 유용한 편이다. 그러나 이러한 도구는 이미 보고된 버전의 구성 정보를 기반으로 하기 때문에 탐지 결과가 틀렸거나 보안 패치가 설치됐음에도 설치되지 않은 것으로 나타내는 등의 오탐이 있을 수 있다. 따라서 오탐을 거르려면 문서화를 잘하거나 효율적으로 프로세스를 운영해야 한다. 또한 스캔 결과 중 일부에 오류가 있다고 해서 스캔 결과 전체를 무시해버리는 일은 없어야 한다.

에이전트리스 스캐너와 구성 관리

네트워크 취약점 스캐너가 집의 문짝과 창을 두드려보는 거였다면 에이전트리스 스캐너와 구성 관리 시스템은 집 안으로 들어와 구석구석 살펴보는 일을 할 것이다. 에이전트리스 스캐너가 네트워크에 연결돼 있기도 하지만 테스트할 시스템 안에 들어가려면 자격증명을 사용하게 된다. 네트워크 스캔과 에이전트리스 스캔이 같은 도구에서 실행되는 경우도 더러 있다4.

에이전트리스 스캐너는 네트워크 취약점 스캐너가 찾지 못하는 취약점을 찾아낸다. 일반 사용자가 전체 시스템을 장악하게 되는 로컬 권한 상승 취약점이 있는 경우 네트워크 취약점 스캐너는 이 취약점을 알아내려고 '일반 사용자' 권한을 가질 수 없는 데 비해 에이전트리스 스캐너는 '일반 사용자' 권한을 갖고 있다.

에이전트리스 스캐너가 누락된 패치 탐지와 보안 구성 관리를 함께 수행하는 경우는 다음 사례에 나와 있다.

- 에이전트리스 스캐너는 설치된 소프트웨어가 최신인지와 중요한 보안 패치가 됐는지를 확인해줄 수 있는 패키지 관리 명령을 실행시킬 수 있다. 예를 들어 어떤 리눅스 커널이나 C 라이브러리 버전에는 루트 권한이 없어도 루트가 될 수 있는 문제점이 있는데, 이 문제점은 최신 스캐너가 찾아낼 수 있다.

- 에이전트리스 스캐너는 보안 구성이 올바른지 확인해주고 정책 요구 사항에는 맞는지 확인해줄 수 있다. 예를 들면 텔넷^{Telnet} 연결이 되도록 설정할 수 있는데, 텔넷은 네트워크에서 다른 사람의 비밀번호를 훔쳐볼 수 있어 보안 정책상 금지하고 있다. 에이전트리스 스캐너는 텔넷이 가능한지 찾아내 위험 신호를 알려야 한다.

이러한 도구는 문제점을 단순히 찾아내는 것에 더해 잘못된 구성을 실제로 수정할 수 있는 경우도 있다. 하지만 앞에서도 얘기했듯 자동으로 수정하게 되면 새 문제점이 나오거나 환경의 요구 사항에 맞지 않아 가용성을 해칠 수 있는 문제가 생길 수 있다. 가능한 경우 취약점이 없는 완전히 새로운 시스템에 먼저 적용해보고 문제가 생기면 거기에서 수정하려고 하는 것이 좀 더 바람직하다.

이 모든 기능을 사용할 때 에이전트리스 스캐너와 네트워크 취약점 스캐너 모두가 필요한 이유는 무엇일까? 중복되는 점이 많더라도 에이전트리스 스캐너는 근본적으로 살펴보려고 하는 대상 시스템을 이해하고 있어야 한다. 이는 파악하지 못하고 있는 운영체제 버전이나 소프트웨어 등에서는 제대로 작동하지 않는다는 것을 뜻한다.

사실 네트워크 취약점 스캔이 단순히 네트워크 주소만 살펴보는 것이 어떤 경우에는 강점이 된다. 네트워크 어플라이언스network appliance, IoT 장치, 컨테이너와 같이 로그인login을 허용하지 않는 경우에도 네트워크의 모든 이슈를 찾아낼 수 있기 때문이다.

에이전트 기반 스캐너와 구성 관리

에이전트 기반 스캐너와 구성 관리 시스템은 일반적으로 에이전트리스 스캐너와 같은 방식으로 점검을 수행한다. 그러나 중앙의 컨트롤러 시스템에서 점검할 각 시스템에 접근해 결과를 당겨오는 방식인 에이전트리스 방식에 비해 에이전트 기반 스캐너에서는 각 시스템에 에이전트라 불리는 작은 구성 요소를 설치하고 이 에이전트가 중앙 컨트롤러에 결과를 보내주는 방식을 하고 있다.

이 접근 방식에는 다음과 같은 장단점이 있다.

자격증명

에이전트 기반 스캐너는 에이전트리스 스캐너에 내재돼 있는 하나의 리스크 원인을 제거한다. 에이전트리스 스캐너에서는 스캔을 수행하려면 각 시스템마다 자격증명을 사용해야 하고, 에이전트리스 스캐너의 콘솔에서는 모든 시스템의 자격증명을 갖고 있어야 한다. 모르는 취약점을 갖고 리스크가 있는 것보다는 자격증명을 부여하는 데 대한 리스크가 일반적으로는 더 작다고 할지라도 에이전트리스 스캐너의 콘솔 자체가 공격자에게는 아주 매력적인 대상이 된다. 반면 에이전트 기반 스캐너는 초기 배포할 때 권한을 필요로 하지만 스캐너 콘솔에서는 단순히 에이전트에서 스캔 결과를 받기만 하면 되고 에이전트가 콘솔을 사용할 수 있는 권한만 갖고 있다. 물론 완전히 모든 권한을 가진 경우도 여전히 있다.[3]

배포

에이전트는 배포가 잘돼야 하고 최신 상태를 유지해야 하며, 에이전트의 취약점은 모든 인프라를 위험에 빠뜨릴 수 있다. 그러나 제대로 설계된 에이전트는 읽기 전용 모드로 동작해 공격자가 스캐닝 콘솔을 장악하는 위험을 많이 줄여줄 수 있다. 공격자는 많은 취약점 정보를 얻을 수는 있겠지만 모든 시스템에 대한 접근 권한을 가질 수는 없다.

에이전트리스 스캐너에서 코드를 배포할 필요는 없지만 스캐너 접근을 위해서는 대상 시스템에 환경설정을 해야만 한다. 예를 들면 사용자 ID를 생성해 sudo 접근 권한을 줘야 한다.

네트워크

에이전트리스 스캐너는 시스템으로 들어가는 인바운드 네트워크 접근이 가능해야 한다. 앞에서 언급했지만 인바운드 네트워크 접근을 허용하면 위험에 놓일 수 있다. 내부 네트워크에 중계 시스템을 두어 외부로 나가는 아웃바운드 연결을 하

---

3. 에이전트 기반 스캐너는 에이전트리스 스캐너에 내재돼 있는 하나의 리스크 원인을 제거한다. 에이전트리스 스캐너에서는 스캔을 수행하려면 각 시스템마다 자격증명을 사용해야 하고, 에이전트리스 스캐너의 콘솔에서는 모든 시스템의 자격증명을 갖고 있어야 한다. 모르는 취약점을 갖고 리스크가 있는 것보다는 자격증명을 부여하는 것에 대한 리스크가 일반적으로는 더 작다고 할지라도 에이전트리스 스캐너의 콘솔 자체가 공격자에게는 아주 매력적인 대상이 된다. 반면 에이전트 기반 스캐너는 초기 배포할 때 권한을 필요로 하지만 스캐너 콘솔에서는 단순히 에이전트들로부터 스캔 결과를 받기만 하면 되고 에이전트가 콘솔을 사용할 수 있는 권한만 갖고 있다. 물론 완전히 모든 권한을 갖고 있는 경우도 여전히 있겠다. – 옮긴이

고 이 연결을 이용해 컨트롤러와 통신하는 옵션을 두곤 하는데, 이 중계 시스템도 관리가 필요한 다른 시스템이 될 뿐이다.

에이전트 기반 시스템에서는 내부로 들어오는 인바운드 연결 없이 외부로 나가는 아웃바운드 연결만 있으면 된다.

에이전트 기반으로 하든지 에이전트리스 기반으로 하든지 둘 중 하나를 사용해 점검할 수 있다. 궁극적으로는 어떤 배포 형태가 맞는지 정답은 없다. 하지만 각각의 장단점을 이해하는 것은 의사결정을 할 때 중요하다. 나는 에이전트 기반 형태를 선호하지만 양측이 주장하는 좋은 논쟁거리가 있고, 가장 중요한 것은 구성 관리와 취약점 관리에 바로 임해야 한다는 것이다.

 클라우드 제공자는 클라우드 환경을 지원할 목적으로 에이전트 기반 스캐너를 제공한다. 간단하게 자동으로 배포할 수 있고, 자산 리스트에 넣어 스캐너가 점검하도록 설정하는 것을 수동으로 할 필요가 없다.

클라우드 제공자 보안 관리 도구

이 카테고리에 있는 도구는 각각 특정 클라우드 제공자에게만 한정되는 경우가 대부분이다. 에이전트 방식이나 에이전트리스 방식으로 구성 관리 정보와 취약점 관리 정보를 수집하기도 하고 타사의 도구에서 해당 정보를 끌어 오기도 한다. 보통은 '원스톱 대시보드'로 자리매김해 클라우드 제공자의 여러 보안 기능을 확인할 수 있고 접근 관리와 구성 관리, 취약점 관리까지 포함하고 있다.

인프라 전체를 관리하는 도구로 사용하게 유도하는 인센티브로도 쓰여서 클라우드 제공자가 호스팅하지 않는 인프라나 온프레미스 혹은 다른 클라우드 제공자가 호스팅하는 인프라, 그리고 그러한 애플리케이션을 관리할 수 있는 기능까지도 제공한다.

컨테이너 스캐너

에이전트 기반 스캔과 에이전트리스 스캔은 전통적으로 가상 서버에서도 잘 동작하지만 컨테이너 환경에서는 잘 동작하지 않는 일이 많다. 컨테이너는 매우 가볍게 만든 프로세스이고 컨테이너가 들어있는 가상 서버 환경에 맞게 설계된 에이전트를 배포하게 되면 성능 문제와 확장성 문제를 야기할 수 있다. 컨테이너는 전통적인 네트워크 로그인 방식을 허용하지 않아서 에이전트리스 스캐너가 가상 머신에 맞게 설계됐더라도 실패하는 일이 잦다.

컨테이너 스캐너는 여전히 상대적으로 새로운 영역이지만 이 책의 집필 시점에 두 가지 접근 방식이 유명하다. 첫 번째 접근 방식은 컨테이너 이미지를 분리하고 분리한 이미지에 취약점을 점검하는 스캐너를 사용하는 것이다. 어느 이미지가 취약 등급이 되면 그 이미지를 기반으로 한 새 컨테이너 배포를 금지하고 해당 이미지로부터 이미 배포된 컨테이너는 바꾸는 것이다. 이 방식은 프로덕션 시스템에 접근할 필요가 없다는 장점은 있지만 일단 취약한 이미지를 발견하면 동작하는 모든 컨테이너에 대해 충분한 인벤토리 정보를 알고 있어야 취약한 이미지를 확실히 모두 바꿀 수 있다.

또한 컨테이너가 시간에 지나면 변화하는 뮤터블Mutable한 경우라면 원본 이미지를 스캔해도 드러나지 않는 추가적인 취약점이 나타날 수 있다. 즉, 원본에서는 취약점이 없었지만 배포 후 시간이 한참 지난 뒤 컨테이너를 스캔하면 그간의 변경점에 의해 취약점이 나타날 수 있다는 예기다. 이러한 이유로 변경이 필요할 때마다 새 컨테이너로 교체되는 이뮤터블Immutable 컨테이너 환경을 권장한다.

주기적으로 컨테이너를 바꿔주는 것은 숨어서 몰래 위협을 일으키려는 위험을 줄이는 데 도움이 되고, 이 위험에 장악 당한 컨테이너가 있다고 할지라도 1주일 정도면 사라지고 새로 컨테이너가 생길 것이기 때문에 장악 당하는 데 사용된 문제점은 수정됐을 수 있다.

두 번째 접근 방식은 실행 중인 컨테이너에 집중하는 것이다. 각 컨테이너 호스트의 에이전트가 컨테이너를 스캔하고 어떤 컨테이너가 취약한지 보고해 이를 수정되거나 교체되게 한다. 에이전트가 어디에나 배포돼 있어서 수정을 하려고 새로 이미지를 생성하고 나서도 계속 취약한 이미지를 실행하고 있는 '잊혀진' 컨테이너가 없다는 것이 장점이다. 물론 모든 호스트에 에이전트가 있어야 한다는 것이 주된 약점인 것은 맞다. 하지만 이런 점은 잠재적으로 성능 문제가 될 수도 있고, 서비스형태의 컨테이너를 사용하고 있으면 클라우드 제공자가 이 방식을 제공하지 않을 수 있다.

두 방식이 상호 배타적이지 않고 두 방식을 모두 지원하는 도구도 있다. 컨테이너를 사용하고 있거나 곧 사용할 계획이라면 운영되고 있는 컨테이너와 이미지에서 취약점을 스캔해 취약점을 찾고 이슈 트레킹 시스템에 결과를 전달할 수 있는 방법을 확실히 마련해야 한다.

동적 애플리케이션 스캐너

네트워크 취약점 스캐너가 네트워크 주소를 대상으로 동작한다면 동적 웹 애플리케이션 취약점 스캐너는 실행 중인 웹 애플리케이션이나 REST API의 특정 URL을 대상으로 동작한다. 동적 애플리케이션 보안 테스팅^{DAST, Dynamic Application Security Testing} 도구는 XSS나 SQL 인젝션 취약점 같은 문제점을 찾아낸다. 이 스캐너에서는 애플리케이션의 자격증명을 필요로 하기도 한다.

동적 스캐너가 찾은 취약점은 6장에서 다룰 웹 애플리케이션 방화벽에서도 차단할 수 있다. 하지만 문제 해결에는 우선순위를 낮게 두기 쉬우므로 철저한 보안을 위해서라면 어떻게든 상당히 빨리 수정해야 한다. 애플리케이션이 적절히 구성돼 있지 않으면 공격자는 웹 방화벽을 우회해 직접 애플리케이션을 공격할 수도 있다.

동적 스캐너는 스케줄에 따라 자동으로 실행되는데, 일반적이므로 애플리케이션에 변경이 있으면 이슈 트레킹 시스템에 바로 결과가 전달될 수 있다.

정적 애플리케이션 스캐너

동적 애플리케이션 스캐너^{DAS, Dynamic Application Scanner}가 실행 중인 애플리케이션을 대상으로 살펴보는 것이라면 정적 애플리케이션 보안 테스팅 도구는 작성된 코드를 직접 검사하는 것이다. 이러한 이유로 새 코드가 커밋되는 즉시 배포 파이프라인의 일부로 실행되므로 즉각적인 피드백을 제공하는 데 적합한 후보군이다. 사람이 눈으로 보기 매우 어려울 수 있는 메모리 누수나 off-by-one 오류와 같은 보안 관련 오류를 발견할 수 있다. 소스코드를 분석하기 때문에 사용하고 있는 프로그래밍 언어에 맞는 스캐너를 사용해야 한다. 다행히도 인기 있는 언어들을 위한 스캐너는 계속 개발되고 서비스 형태로 사용할 수 있는 것도 있다. 예를 들면 미국 국토안보국에서 지원하는 SWASP 프로젝트(https://www.mir-swamp.org)가 있다.

정적 애플리케이션 스캐너^{SAS, Static Application Scanner}의 가장 큰 문제점은 오탐율이 매우 높은 경향이 있어 개발자에게 '보안 피로감'을 주어 보안에 대한 대응이 늦어지거나 무시되는 일이 잦게 된다. 배포 파이프라인의 일부로 정적 코드 스캐닝을 도입하려면 사용하는 프로그래밍 언어와 잘 동작하는지 확인하고 오탐을 빠르고 쉽게 걸러낼 수 있어야 한다.

소프트웨어 구성 분석 스캐너

정적 코드 스캐너의 확장판 성격이 강한 소프트웨어 구성 분석^{SCA, Software Composition Analysis} 도구는 사용자가 작성한 코드가 아니라 사용하는 오픈소스 종속성을 주로 살펴본다. 오늘날 대부분의 애플리케이션은 프레임워크와 라이브러리 같은 오픈소스 구성 요소를 굉장히 많이 사용하는데, 이로 인한 엄청난 취약점으로 인해 큰 골치가 되고 있다. SCA 도구는 사용하고 있는 오픈소스 구성 요소와 버전을 자동으로 파악해 해당 버전의 알려진 취약점을 상호 참조한다. 새 버전으로의 코드 변경을 자동으로 제안하는 것도 있다. 또한 취약점 관리를 하는 것에 더해 호의적이지 않은 오픈소스 라이선스를 가진 구성 요소를 사용하지 않도록 사용하는 라이선스도 살펴볼 수 있다.

SCA 도구는 아파치 스트럿츠Struts나 스프링Spring 프레임워크에서 발견된 것과 같이 과거 수년 동안 가장 영향이 컸던 취약점을 줄여주는 데 도움이 되고 있다.

대화형 애플리케이션 스캐너

대화형 애플리케이션 보안 테스팅IAST, Interactive Application Security Testing 도구는 정적 스캐닝과 동적 스캐닝을 동시에 조금씩 수행하는 것이다. 코드가 어떻게 돼 있는지 확인하고 수행 중에 내부에서 그 코드가 어떻게 동작하는 관찰한다. 애플리케이션이 기능 테스트 혹은 동적 스캐너나 실사용자에 의해 실행되는 동안 애플리케이션 코드와 IAST 코드가 함께 로드되면서 수행된다. IAST는 SAST나 DAST보다 오탐은 줄이면서도 취약점을 찾는 데 더 효과적인 경우가 많다.

정적 코드 스캐너와 마찬가지로 사용하는 특정 언어와 특정 런타임을 지원해야 한다. 애플리케이션과 함께 실행되기에 프로덕션 환경에서는 성능을 떨어뜨릴 수도 있어 최신 애플리케이션 구조를 취해 수평적으로 스케일링하게 되면 완화되는 수가 있다.

런타임 애플리케이션 자기 방어 스캐너

런타임 애플리케이션 자기 방어 스캐너RASP, Runtime Application Self-Protection Scanner라는 단어로 봐서 앞에서 설명한 스캐너들과 비슷해 보이지만 기술적으로는 실제 스캐닝하는 것이 아니다. 애플리케이션 코드와 함께 배포되므로 IAST와 비슷하게 동작하지만 취약점을 찾기보다는 공격을 막으려고 설계했다고 할 수 있다. 물론 취약점도 찾고 공격도 동시에 막아 RASP와 IAST 기능을 동시에 갖는 제품도 있긴 하다. IAST와 마찬가지로 RASP도 프로덕션 환경에서는 좀 더 많은 코드를 실행하려고 성능을 다소 떨어뜨리기도 한다.

150

RASP는 분산 웹 방화벽처럼 실제 프로덕션 환경에서는 공격을 막아내기 때문에 같은 방어책으로 여겨지기도 한다. 이런 이유 때문에 RASP와 웹 방화벽은 6장에서 함께 설명한다.

수동 코드 리뷰

수동으로 코드 리뷰를 한다는 것은 비용과 시간이 많이 드는 일이다. 하지만 여러 형태의 취약점을 찾아내는 데는 애플리케이션 테스팅 도구를 실행하는 것보다는 훨씬 더 좋을 수 있다. 또한 특정 코드에서 취약점이 발생하는 이유를 다른 사람에게 설명하면 자동화 도구로 실행할 때보다 취약점을 이해하고 배울 수 있는 효과적인 방법이 된다.

코드 리뷰는 보안이 매우 필요한 환경에서는 표준 관행으로 하는 것이다. 다른 환경에서도 암호화나 접근 통제 같이 보안에 특화된 코드를 구현하는 경우에는 적용해볼 수 있다.

침투 테스트

침투 테스트^{Penetration Test}는 시스템에 인가되지 않은 접근을 시도하게 고용된 사람인 펜 테스터에 의해 수행돼 어느 부분에 취약점이 있는지 알려준다. 앞에서 설명한 여러 자동화된 스캔 방법은 펜 테스터들이 업무를 시작하면서 사용하는 방법이긴 하더라도 실제 침투 테스트가 아니라는 점을 잘 알아두자. 아주 큰 조직에서는 내부 직원으로 펜 테스터를 고용하지만 많은 조직에서는 외부 전문업체와 별도로 계약해 수행한다.

PCI DSS(http://bit.ly/2Vixivd)와 FedRAMP(http:// bit.ly/2SnCjkh) 표준이 필요해 독립적으로 수행해야 하는 침투 테스트에는 특별한 증명이나 자격증이 필요한 경우도 있다.

용어에서 약간의 의견 차이가 있지만 화이트박스 침투 테스트를 하려면 시스템의 설계/구조에 대한 정보는 제공하고 비밀번호나 API 키 같은 시크릿은 제공하지 않는다. 경우에 따라서는 악의적인 내부자에 대한 시스템의 강도를 테스트하거나 공격자가 외부 방어 수단 중에서 취약점을 발견했을 때 어떤 일이 일어날지 확인하려고 더 많은 접근 방법을 제공하기도 한다. 블랙박스 침투 테스트에서는 다른 어떠한 정보도 제공하지 않고 애플리케이션을 지목한다. 그 중간적인 접근 방법으로 그레이박스 침투 테스트가 있는데, 매우 제한된 정보만을 제공해 수행하는 것이다.

화이트박스 침투 테스트와 그레이박스 침투 테스트에서는 펜 테스터가 정보 획득을 위한 정찰 활동에 시간을 많이 들이지 않고 실제 취약점을 찾는 시간을 더 많이 쓰기 때문에 블랙박스 침투 테스트보다는 훨씬 효율적이고 시간을 더 잘 사용하게 된다. 하지만 실제 공격자는 대체로 펜 테스터보다 훨씬 많은 시간을 사용한다는 것을 명심하자.

펜 테스터는 가능한 방법을 모두 찾는 것이 아니고 한두 가지 방법을 찾게 된다는 점이 중요하다. 부정적인 결과나 최소의 결과를 찾게 되면 보안이 잘 되고 있다는 확신을 주게 된다. 그러나 심각한 결과를 받았고 그 특별한 취약점을 수정하게 되면 수용 가능한 결과가 나올 때까지 계속해서 다시 테스트해야 할 것이다. 침투 테스트는 취약점을 찾는 값비싼 방법이므로 펜 테스터가 자동화 스캔으로 찾을 수 있었던 결과를 가져온다면 돈을 낭비하는 셈이 된다. 침투 테스트는 주로 출시를 임박해 완료되는데, 침투 테스트 중에 찾은 문제점 때문에 출시 일자가 미뤄지는 일이 자주 생긴다.

자동 테스트로도 잠재적인 취약점을 찾긴 하지만 침투 테스트도 잘만 한다면 실제로 시스템에 성공적으로 침투하는 것을 보여주게 된다. 그렇기 때문에 다른 방법을 찾는 것보다 침투 테스트 결과에 우선순위를 높여 침투 테스트에서 발견된 문제를 먼저 고치기를 원하게 되는 것이다.

 대부분의 클라우드 서비스에서는 그들 인프라나 플랫폼 위에 올라가는 애플리케이션의 침투 테스트를 수행하기 전에 사전 허락을 받기 원한다. 사전 허락을 구하지 않고 수행하면 서비스 약관 위배가 될 수 있으며, 침입에 대한 제공자의 대응 방법에 따라 장애를 유발하기도 한다.

사용자 보고서

완벽한 세상에서 모든 버그와 취약점은 발견되고 사용자가 알기 전에 먼저 수정될 것이다. 웃을 일이 아니고 사용자나 버그 바운티 제도를 활용해 보안 취약점을 보고받는 것을 고려해볼 필요가 있다.

보고받은 취약점이 진짜인지 아닌지 수정 사항을 사용자에게 알려줄 것인지 여부를 신속히 확인할 수 있는 적절한 프로세스를 갖고 있을 필요가 있다. 버그 바운티의 경우에는 취약점이 일반에게 공개되기까지 시간이 별로 없어 공개된 이후에는 공격에 의한 위험도가 급격히 올라가게 된다.

사용자 보고서의 경우에는 사고 관리 프로세스와 다소 겹친다. 보안 책임자가 사용자나 외부 관계자 혹은 사법 관련자 등과 원만히 일을 처리하는 데 익숙하지 않을 경우 외부 관련자나 사법 당국과의 악몽과 같은 사태를 피하려면 변호사나 소통 전문가에게 도움을 요청할 필요도 생긴다. 보고받은 취약점이나 유출 사고를 함부로 대하면 조직의 평판에 있어 초기 문제점에 의한 손해보다는 더욱 심각한 결과를 초래하게 되는 것을 흔히 본다.

취약점 관리와 구성 관리용 도구

앞 절에서 나열한 도구의 대부분은 클라우드 환경에서 쉽게 사용할 수 있고 대부분의 클라우드 제공자에게는 제조업체나 자체 취약점 관리 도구를 가진 협력업체가 있다.

많은 도구가 하나 이상의 영역에 해당되기 때문에 앞에 나열했던 영역별로 도구를 분류하는 것은 적절치 않다. 클라우드 환경에서의 취약점 관리와 구성 관리 영역에서 대표할 수 있는 솔루션들을 짧은 설명과 더불어 나열해봤는데, 7장, 4장, 3장, 2장에서 설명한 것과 중복되는 것이 꽤 있다.

도구 이름을 이 리스트 넣었다고 해서 그 도구를 지지하는 것이 아니며, 안 넣었다고 해서 그 도구를 배척하는 것도 아니다. 단지 몇 가지 예로 든 것뿐이며, 판매업체의 초기 마케팅 공세가 있으면 "아, 이 도구는 x, y, z 영역을 다루는 것이구나"라고 파악할 수 있다. 단일 영역에 제일 적합한 것이 있고, 여러 영역을 다루는 것이 있으며, 어떤 것은 특정 유명 클라우드 제공자에게만 해당되는 것이 있다. 매우 빠르게 변화하는 분야이고 여러 프로젝트와 업체가 끊임없이 등장하고 새 기능을 추가하고 있다.

알파벳 순서로 나열해보면 다음과 같다.

- **아마존 인스펙터**^{Amazon Inspector}(https://amzn.to/2U8R5gq): 리눅스와 윈도우의 누락된 패치와 잘못된 설정을 검사하는 에이전트 기반의 스캐너다.

- Ansible(https://www.ansible.com/): 구성 관리를 포함해 어떠한 업무라도 자동화해 사용할 수 있는 에이전트리스 관리 도구다.

- AWS Config(https://amzn.to/2U8Zh0u): AWS 자원의 자세한 구성을 확인하고 구성의 과거 이력을 보관한다. 어떤 보안 그룹이 SSH 접근을 제한하는지 확인할 수 있고, 어떤 EBS 볼륨이 암호화됐는지 어떤 RDS 인스턴스가 암호화됐는지 확인할 수 있다.

- AWS Systems Manager(SSM)(https://amzn.to/2Vg4qDW): 인벤토리 관리, 구성 관리, 패치 관리 등을 포함해 다양한 영역을 다루는 보안 관리 도구다. 상태 매니저^{State Manager}에서는 구성을 강제로 적용시킬 수 있고 패치 매니저^{Patch Manager}로는 패치를 설치할 수 있다. 인스턴스에 설치된 SSM 에이전트가 이러한 기능들을 모두 실행하는 것이다.

- AWS Trusted Advisor(https://amzn.to/2Tf6Kxz): 비용^{cost}, 성능^{performance}, 장애 허용^{fault tolerance}, 보안^{security} 같은 여러 영역에서 점검을 수행한다. AWS 자원을 위한 구성 관리 영역에서는 IAM 비밀번호 정책이 적절하게 마련돼 있는지, 혹은 CloudTrail 로깅이 활성화돼 있는지와 같이 고수준에서의 점검을 수행한다.

- Azure Security Center(http://bit.ly/2XnrJha): Qualys 및 Rapid7과 같은 파트너와 통합해 해당 에이전트와 콘솔에서 취약점 정보를 가져오는 보안 관리 도구다.

- Azure Update Management(https://docs.microsoft.com/en-us/azure/architecture/hybrid/azure-update-mgmt): 운영체제의 보안 패치를 관리하는 데 주목적을 둔 에이전트 기반의 관리 도구지만 소프트웨어 인벤토리와 구성 관리 기능으로도 사용할 수 있다.

- Burp Suite(http://bit.ly/2U8zfu7): 동적 웹 애플리케이션 스캐닝 도구 제품군이다.

- Chef(https://docs.chef.io/): 구성 관리에 사용되는 에이전트 기반의 자동화 도구다. 그중 InSpec(https://www.inspec.io/) 프로젝트는 보안 및 법적 준수와 관련된 설정에 특화돼 있다.

- Contrast(http://bit.ly/2SnAAeN): IAST와 RASP 솔루션을 제공한다.

- Google Cloud Security Command Center(http://bit.ly/2E9r1LE): 구글 클라우

드 보안 스캐너와 다른 업체의 도구에서 정보를 받아올 뿐 아니라 인벤토리 관리 기능과 네트워크 이상 증후 탐지 기능도 제공하는 보안 관리 도구다.

- Google Cloud Security Scanner(http://bit.ly/2Ix7vOq): 구글 앱 엔진에서 실행되는 애플리케이션을 위한 DAST 도구다.

- IBM Application Security on Cloud(https://ibm.co/2tCfH5H): 여러 IBM 및 파트너 제품을 사용하고 IAST, SAST, DAST, SCA를 제공하는 SaaS 기반 솔루션이다.

- IBM BigFix(https://ibm.co/2TeS6X5): 구성 관리와 패치 관리를 위한 에이전트 기반의 자동화 도구다.

- IBM Security Advisor(http://bit.ly/2TdyeUt): IBM에서 제공하는 취약점 권고와 네트워크 이상 징후 정보를 기반으로 취약점을 점검해 뽑아주는 보안 관리 도구다.

- IBM Vulnerability Advisor(http://bit.ly/2XIeSvH): 컨테이너 이미지와 그 이미지가 실행하는 인스턴스를 찾아준다.

- Puppet(https://puppet.com/): 에이전트 기반의 자동화 도구로, 구성 관리 목적으로 사용한다.

- Qualys(https://www.qualys.com/): 앞서 설명한 네트워크 취약점 스캐닝, 동적 웹 애플리케이션 스캐닝 등 여러 영역을 다루는 제품군을 보유하고 있다.

- Tenable(https://www.tenable.com/): Nessus 네트워크 스캐너, 에이전트 기반/에이전트리스 Nessus 패치 관리 스캐너와 구성 관리 스캐너, 컨테이너 스캐너와 같은 다양한 제품을 보유하고 있다.

- Twistlock(https://www.twistlock.com/): 컨테이너 이미지와 실행 중인 컨테이너, 컨테이너를 실행하는 호스트까지도 구성 관리와 취약점 관리를 수행

할 수 있다.

- WhiteSource(http://bit.ly/2Xns3wo): SCA 솔루션이다.

 통계적으로 사람들은 통계를 무척 싫어한다. 마케팅의 주장을 평가해보자면 적절한 오탐율과 미탐율을 둘 다 갖는 도구를 찾는 게 중요하다. 다소 극단적인 예지만 모든 것을 문제라고 알려주면 실제 문제점을 모두 다 잡아낼 것이다(100% 탐지). 하지만 오탐율이 높아 쓸모없는 것이 되고 만다. 비슷한 논리로 모든 게 문제점이 아니라고 얘기하면 오탐율은 0%가 돼 완벽하다고 생각할지 몰라도 모든 문제점을 놓치고 만다. 따라서 한쪽 측면만 집중해 강조하는 마케팅의 주장은 조심해야 한다.

위험 관리 프로세스

위험 관리 프로세스의 시점에서 볼 때 환경에서 가장 취약한 영역이 어디인지, 취약점을 찾아 수정하는 데 어떤 도구와 프로세스를 사용할 수 있는지 이해해야 한다. 신속히 수정할 수 없는 취약점에 대해 우선순위를 두는 시스템이 필요한데, 여기서의 '신속함'은 보통 보안 정책에서 나온 기간과 관련해서 정의한다.

위험 관리 프로그램은 그림 5-2에 보이는 파이프라인의 마지막 근처에서 찾아볼 수 있다. 허용되는 가이드라인 안에 해당되지 않는 취약점은 위험으로 가치 평가될 필요가 있어 뭔가 나쁜 일이 일어날 가능성과 그것이 실제 일어났을 경우의 영향도를 의식적으로 이해하고 있다. 많은 경우 사업 수행의 비용으로 그 위험을 받아들일 수 있다. 하지만 위험 평가에서는 추가 발견이나 방지 도구, 혹은 프로세스에 추가하는 등과 같은 완화 전략으로 이어질 수 있다. 어떤 경우에는 전체 시스템의 전원을 내리는 등의 회피 방법이 위험 평가를 통해 결정될 수 있다.

파이프라인에서의 빈틈이라고 하는 것은 취약점은 찾았지만 바로 수정할 수는 없고 사업에 얼마나 나쁜지 실제로 이해할 수도 없는 것을 의미한다. NIST 800-30이나 ISO 31000 같은 위험 평가 프레임워크를 사용하면 바닥에서 시작하는 것보다는 훨씬 쉬울 것이다.

많은 가치를 얻으려고 복잡한 위험 관리 프로그램을 사용할 필요는 없다. 심각도에 위험성을 할당하려고 합의 기반의 프로세스를 갖춘 간단한 형태의 위험은 멀리 가버리고 없다. 하지만 해결되지 않은 취약점을 어떻게 처리할지 자각 있는 의사결정을 내릴 때까지 취약점 관리는 끝나지 않았다. 이 의사결정은 정기적으로 재평가돼야 할 필요가 있고, 상황이 바뀌는 경우라면 분기마다 하는 게 좋다.

취약점 관리 메트릭

취약점 관리를 취약점 관리 프로그램으로 얼마나 잘 관리하고 있는지 측정할 수 없다면 취약점 관리 프로그램의 효용성을 정당화할 수 없거나 변화할 필요가 있는지 알 수 없을 것이다. 측정 메트릭이라는 것은 유용하지만 위험한 것이다. 즉, 계속 향상 중이고 문제점을 드러내는 데 도움이 되겠지만 한편으로는 어처구니없는 결정에 이르게도 할 수 있다. 메트릭과 결과를 검토하는 프로세스의 일부에 잘못된 방향으로 나아가는 메트릭에 대한 합리적인 억제 요인이 있는지, 혹은 메트릭이 어떤 방식으로 조작되고 있는 지에 대한 무결성 검사가 포함돼 있는지 확인해야만 한다.

취약점 관리에 관해 쓸 수 있는 여러 가지 메트릭이 있고 이 메트릭을 자동으로 계산해주는 도구들도 있다. 별도 분리된 팀이나 비즈니스 유닛들이 메트릭들을 보고 하곤 한다. 가끔씩 약간의 친근감을 갖는 경쟁체제는 팀에게 동기를 부여하는 데 도움을 주지만 어떤 팀들은 취약점 관리에 있어 다른 팀들에게 뒤쳐지지 않으려고 더욱 열심히 하게 될 것이다. 모든 조직이 각자 다르겠지만 과거에 유용하게 사용했던 메트릭 몇 가지를 소개한다.

도구 범위

각 도구가 적용 가능한 범위 안에 드는 시스템 비율이 얼마나 될까? 예를 들어 동적 애플리케이션 스캐너의 경우 웹 애플리케이션의 몇 % 정도 점검하고 있을까? 네트워크 스캐너는 클라우드에서 사용하는 IP 주소 중 몇 %를 스캔하고 있을까? 이 메트릭을 활용하면 자산 관리와 취약점 관리 파이프라인상에서 놓치고 있는 것을 찾는 데 도움이 될 것이다. 시스템 범위가 올바르게 정의돼 있다면 시간이 지나가면 언젠간 100%에 이르러야만 한다.

적용한 범위에 있는 시스템이나 애플리케이션의 비율이 매우 낮은 도구를 갖고 있다면 이 도구에서는 많은 것을 알아낼 수 없게 된다. 많은 경우 이 비율을 높이는 프로젝트를 새로 시작하거나 해당 도구를 폐기해야 한다.

평균 조치 시간

서로 다른 심각도 환경을 고려해 이 측정 메트릭을 심도 있게 분석하는 것은 매우 유용하다. 예를 들어 심각도에 있어 '낮음'보다 '심각'을 나타내는 것을 더욱 빨리 수정하기를 원하고 있어 이 심각도를 추적할 수 있고, 시스템이 인터넷에 접해 있는지 아니면 내부 용도인지 시스템 유형별로 나눠 처리할 수도 있다. 그러고 나서 위협 모델에 따라 시간 프레임이 허용 가능한 위험을 나타내는지 여부를 결정할 수 있다.

업데이트 적용이 패치 설치를 항상 뜻하지 않는다는 것을 기억해야 한다. 특정 기능을 꺼서 취약점을 악용해 침범되지 않을 수도 있다. 패치 설치 이외의 다른 방법으로 완화하는 것도 고려해야 하는 것이 맞다.

이 메트릭은 외부 요인에 의해 상당한 영향을 받을 수 있다는 것을 명심해야 된다. 예를 들면 Spectre/Meltdown 취약점이 발생했을 때 패치가 나오는 시점이 연기되면서 **평균 조치 시간**^{MTTR, Mean Time To Remediate} 메트릭이 상승했다. 이런 특별한 경우에

이렇게 조치가 연기되는 상황은 취약점 관리 프로그램에서 보더라도 문제가 되지는 않았다. 일반적인 컴퓨팅 환경이 심각한 취약점에 부딪혔다는 것이다.

조치 진행 중인 취약점을 가진 시스템/애플리케이션

이 메트릭은 추가 항목을 추적하게 되면 절대 수치가 증가하는 경향이 있어 % 값으로 주로 표현한다. 또한 취약점의 심각도와 패치 누락 혹은 잘못된 구성에 의한 것인지 뿐 아니라 내부 또는 인터넷에 직접 접해있는 등 다양한 시스템/애플리케이션 분류에 의해 파악되는 일이 잦다.

이 메트릭의 패치 관리 구성 요소는 취약점이 발표되면 부풀어 오르고 일반적인 패치 관리 프로세스를 통해 취약점이 해결 되면 감소하기 때문에 주기적으로 순환하는 것은 자연스러운 것이다. 마찬가지로 벤치마크가 변화하면 기존 시스템은 새로운 벤치마크에 맞게 구성될 때까지 구성 관리 구성 요소가 일시적으로 부풀어 커질 수도 있다.

적어도 하나 이상의 취약점이 있는 시스템이나 애플리케이션을 측정하기보다는 절대적인 취약점의 개수를 측정하는 조직도 있다. 대부분 경우 시스템이나 애플리케이션을 측정하는 것이 취약점의 절대 수치를 측정하는 것보다 더 유용하다. 하나의 치명적인 취약점을 가진 시스템은 5개의 취약점을 갖는 시스템만큼이나 위험하다. 둘 중 하나는 빨리 장악 당할 수 있다. 또한 취약점의 절대 수치 값은 이슈 사항을 해결하는 데 필요한 수고로움을 보여주지 않는데, 이슈 사항은 우선순위를 선정하는 데 쓸모 있을 것이다. yum -y update; shutdown -r now와 같은 리눅스 명령만으로도 몇 분 만에 수많은 취약점을 해결하게 될 것이다. 따라서 이 메트릭은 전반적인 위험을 나타내는 고순위 메트릭을 도출하는 데도 사용할 수 있다.

오탐율

이 메트릭은 도구가 얼마나 잘 점검하는지 이해하게 해주고 이 도구로 인해 얼마나 많은 관리적 업무의 짐을 지게 됐는지도 이해하게 해준다. 앞에서 설명했듯 여러 가지 도구를 갖고 있으면 오탐이란 어쩔 수 없는 현실이 된다. 하지만 너무 많은 오탐을 가진 도구는 필요하지 않게 될 것이다.

미탐율

이 메트릭은 얼마나 많은 취약점이 도구나 프로세스에 의해 이미 발견됐어야 했지만 그러질 못하고 다른 수단에 의해 발견됐는지를 추적하는 데 유용할 수 있다. 미탐이 너무 많은 도구나 프로세스는 잘못된 보안 감각으로 이어질 수 있다.

취약점 재현율

취약점이 조치된 다음에 다시 나타난다면 도구나 프로세스에서 심각한 문제가 되고 있음을 보여주는 것이다.

> ### 취약점 점수표에 대한 참고
>
> 대부분의 사람이 어떤 취약점을 발견하고 처음으로 물어보는 질문은 "얼마나 나빠?"이다. 이 '나쁨'이란 것에 대한 널리 인정되는 표준은 공통 취약점 점수 시스템CVSS, Common Vulnerability Scoring System이다. CVSS는 수십 년 이상 널리 퍼져왔고, v2와 v3 버전을 주로 사용한다. 두 버전 모두 각각의 지지와 비판이 존재하지만 많은 보안 전문가는 CVSSv2나 CVSSv3에서 얻은 기본 숫자가 환경과 조직의 전체 내용을 말해주지 않는다는 것에는 동의한다. CVSS의 임시 환경 점수나 여타 방법을 사용해 위협이 되는 환경과 특정 환경에서의 CVSS 점수를 조정

하는 방법을 마련하는 것이 중요하다.

하지만 지체되는 것을 피하려면 아이템의 분류를 빠르게 바꿀 수 있도록 조정할 수 있다. 이 메트릭은 매우 유용한 반면에 보안 사고를 막아야 한다는 실제 목표를 잊지 않도록 추적의 고삐를 놓지 않아야 하는 것도 중요하다.

대부분은 취약점이 얼마나 나쁜지는 많이 생각할 필요는 없다. 클라우드 환경에서 보안 패치를 자동으로 적용하고 이슈가 될 사항인지 확인하려면 자동화 테스트를 돌리는 것은 기본적인 행동이어야 한다. 보안 패치나 구성 변경이 가능하지 않거나 문제를 일으키게 되거나 어떠한 이유로든 실행될 수 없다면 얼마나 큰 위험이 될지 평가하는 데 있어 수동으로 그 어려움을 몸소 겪어야 한다.

변경 관리

많은 조직에서는 변경 관리 기능의 일부를 갖고 있다. 제일 간단한 형태로는 승인받은 변경 작업만 가능하고 변경에 대한 위험 평가를 하게 하는 것이 있다.

변경 관리는 제안 된 변경 사항이 시스템에 새로운 보안 취약점을 도입하지 않게 해서 취약점 관리를 지원할 수 있다. 변경 관리를 잘못 적용하면 취약점 해소에 필요한 변경 사항도 적용하는 데 늦어져 취약점 관리를 방해하고 전반적인 위험이 증가하게 될 수도 있다.

이번 장의 앞에서 설명했듯이 클라우드 환경에서의 새로운 기술은 전반적으로는 장애의 위험을 감소시켜 변경 관리를 수작업으로 더욱 적게 하더라도 운영 위험과 같은 수준을 갖게 할 필요가 있다. 전반적으로는 클라우드 취약점 관리 프로그램의 일부분으로도 변경 관리 프로세스를 수정할 수 있다.

예를 들어 보안 패치와 함께 새 코드를 프로덕션 환경에 푸시하는 것은 양호한 상태로 빠르게 돌아가려고 입증된 프로세스가 있는 경우라면 변경 통제 위원회가 자동으로 승인한 통상적인 비즈니스 활동일 수 있다.

이 작업은 문제가 해결되는 동안 다른 업데이트를 적용하거나 이전 버전으로 롤백하거나 새 버전으로 애플리케이션 트래픽을 끄는 방식으로 수행될 수 있다. 하지만 애플리케이션 설계 사항에 변경을 하는 것 같은 다소 큰 변경 사항은 여전히 수동으로 변경 관리 프로세스를 진행해야 할 필요가 있을 것이다.

이론적으로는 변경 통제 프로세스에 적어도 1명의 보안 실무자가 포함돼야 하고 변경 통제 위원회 멤버이거나 자문 위원이어도 괜찮다.

 문서화된 변경 관리 절차는 SOC2, ISO 27001, PCI DSS 같은 업계의 규제 인증에서 요구된다.

종합 샘플 애플리케이션

1장에서 살펴봤던 아주 단순한 3 티어 샘플 애플리케이션을 기억하고 있는가? 그림 5-3처럼 생겼다.

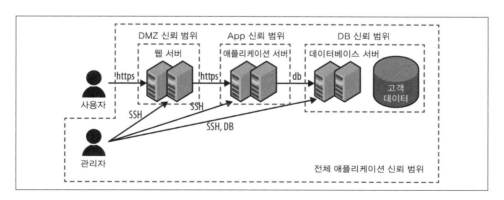

그림 5-3. 샘플 애플리케이션 다이어그램

테스트 클러스터와 프로덕션 클러스터, 쿠버네티스 클러스터를 갖춘 조직화된 컨테이너 기반의 마이크로서비스 환경에 있는 경우 샘플 애플리케이션은 약간 다르게 보일 수 있다. 하지만 그림 5-4와 같이 여전히 3개의 메인 티어가 다이어그램 가운데에 위치한다.

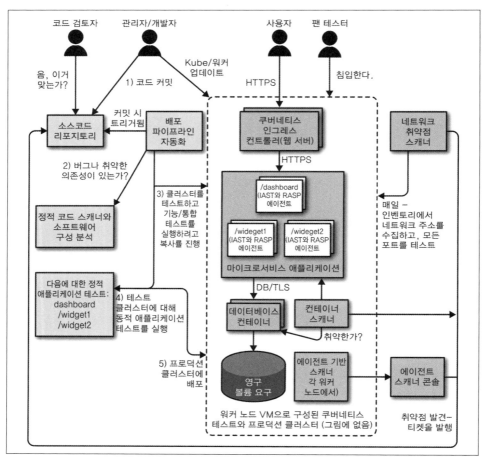

그림 5-4. 샘플 마이크로서비스 애플리케이션 다이어그램

간단하게 하려고 실제 컨테이너를 실행하는 워커 노드는 그림에 표시되지 않고, 테스트 클러스터와 프로덕션 클러스터를 분리하지 않고 하나의 클러스터로 그려져 있다.

이 환경에서 어떻게 취약점 관리 프로세스가 설계될지 살펴보자. 먼저 왼쪽에는 역할이 보인다.

1. 배포되기 전에 침투 테스터(펜 테스터)는 실제 공격자가 하듯이 시스템에 침입하려 한다. 이 테스트는 주어진 시간 안에 특정 시스템을 테스트하려고 계약한 외부 팀이 수행하거나 미리 알려주지 않고 시스템을 테스트하기 위해 배회하고 있는 내부의 레드 팀이 할 수도 있고, 혹은 둘 다에서 수행할 수도 있다.

2. 예전 샘플에서처럼 사용자는 애플리케이션을 사용하게 된다. 어떤 경우에는 최종 사용자가 기능 버그와 더불어 보안 취약점을 보고할 수도 있다.

3. 관리자/개발자의 역할은 개발과 운영/관리의 책임을 모두 갖는 것이다. 해당 조직에서 이러한 책임은 한 사람에게 있거나 여러 팀에 걸쳐 있을 수 있지만 이 역할을 하는 사람과 팀은 다음과 같은 일을 해야 한다.

    a. 쿠버네티스 마스터 노드와 워커 노드 같은 인프라이면서 플랫폼 구성 요소는 최신을 유지하도록 확인한다.

    b. 코드도 최신으로 유지하게 하고, 이러한 코드 업데이트는 다른 연결을 허용하기 위한 각 마이크로서비스의 '방화벽'에 대한 수정이나 새 마이크로서비스와 같은 인프라 변경 사항을 나타낼 수도 있다.

    c. 프로덕션에 푸시하거나 새 버전의 애플리케이션으로 트래픽을 실행한다. 언제 실행할 것인지 정하는 프로세스와 결정 사항은 조직마다 다를 것이지만 IT 부서뿐 아니라 비즈니스 관계자도 포함시켜야 한다.

4. 코드 리뷰하는 사람은 별도 팀원일 수도 있지만 단순하게는 같은 조직의 다른 개발자인 경우가 많다. 모든 조직이 수동으로 코드 리뷰를 하지 않지만 중요한 영역의 코드에서 보안 취약점을 살펴볼 수 있는 좋은 방법이 될 것이다.

두 번째로 다이어그램의 아래에 위치한 배포에 대한 파이프라인을 살펴보자.

1. 관리자/개발자는 코드베이스에 변경 사항을 커밋할 것이고, 이는 자동화된 배포 파이프라인을 동작시키게 된다.

2. 정적 코드 스캐너는 검증 없는 입력을 받는 것 같은 코드에서의 문제점을 알려줄 것이다. 소프트웨어 구성 분석 도구에서는 오픈소스의 의존성을 살펴보고 알려진 취약점이 있는지 확인한다. 이상적으로는 문제가 발견되면 개발자는 거의 즉시 피드백을 받게 되고, 덮어 쓰지 않으면 충분히 심각한 문제가 생길 수 있는 새로운 문제가 생기게 되면 코드의 배포를 차단해 버린다.

3. 자동으로 새 코드의 복사본을 테스트 환경에서 시작하고 기능을 확인하기 위한 테스트 케이스를 실행한다.

4. 문제점을 찾아낼 목적으로 동적 애플리케이션 테스트를 자동으로 불러온다. 다시 얘기하지만 이론적으로 개발자는 여기에서 문제가 생기면 즉시 알게 될 것이고 심각한 경우에는 프로세스가 멈출 것이다.

5. 모든 테스트를 통과하면 코드는 프로덕션에 새 인스턴스 형태로 배포될 것이고 프로덕션 환경에서 관리자는 프로덕션 트래픽의 일부나 전부를 새 인스턴스로 실행할지 선택할 수 있다. 모든 게 잘 동작하면 모든 트래픽은 새 인스턴스로 보내지고 예전 인스턴스는 지워진다.

세 번째로는 그림의 제일 위에 있는 주기적으로 스캐닝 하는 도구를 살펴보자. 각 도구는 문제가 발생하면 자동으로 이슈 트래킹 리포지토리에 티켓을 생성한다(그림에서는 소스코드 리포지토리의 일부분처럼 보인다), 그리고 이슈가 너무 오래 그대로 있을 경우에 위험 관리 프로세스를 따라 처리될 것이다.

1. 네트워크 취약점 스캐너는 클러스터를 구성하는 워커 노드의 IP 주소에서 모든 TCP/UDP 포트를 테스트하게 될 것이다. 환경 구성이 잘된 클러스터

라면 스캐너는 HTTPS(tcp/443) 포트가 열려있는 것을 살펴보겠지만, 웹 서버의 취약한 버전과 약한 TLS 암호화를 허용하도록 구성하는 것 같은 문제가 발견되는 경우가 있다. 또한 프론트엔드 웹 서버 이외의 다른 서비스로 트래픽을 허용하고 있는 실수로 열린 NodePort를 찾을 수 있다. 예를 들어 누군가는 실수로 데이터베이스를 애플리케이션 마이크로서비스에서만 열 수 있게 설정하는 대신 인터넷에 완전히 열어 놨을 가능성이 있다.

2. 컨테이너 스캐너는 실행 중인 컨테이너 안에서 문제점을 살펴볼 것이다. 컨테이너에서 사용하는 운영체제 구성 요소는 SCA 도구에서는 탐지할 수 없는 바이너리 라이브러리 같은 알려진 취약점을 갖고 있을 수 있다.

3. 클러스터의 각 워커 노드(가상 서버)에 설치된 에이전트는 운영체제 구성 요소가 최신 상태를 유지하고 있는지 확인하고 CIS 벤치마크를 통과했는지 확인하도록 지켜보고 있을 수 있다.

4. 마이크로서비스의 일부분인 IAST에서 코드가 실행되는 동안 발견한 문제점을 콘솔에 나타내 줄 것이고, RASP 에이전트는 공격을 막으려고 시도하게 될 것이다.

해야 할 게 너무 많지 않은가? 그렇다고 당황하지 말자. 이는 교육 목적으로 정리된 것이고 작은 환경에서는 앞 그림에 나왔던 모든 도구가 필요하지 않을 것이다. 그리고 많은 제품이 여러 기능을 동시에 수행하기도 한다. 예를 들면 어떤 하나의 도구에서 정적 스캐닝과 동적 스캐닝, IAST/RASP를 수행할 수도 있다. 중요한 것은 여타 도구가 어떤 것을 하는지 이해하고 더 큰 위협에 맞닥뜨리기 전에 적절한 도구를 고를 수 있으면 된다.

그냥 아무 도구 하나를 사서 설치해두는 것은 그리 좋은 것만은 아니다. 이 도구가 알려주는 것으로 무언가를 실제로 해야 할 필요가 있다. 다른 도구를 혼합해서 추가하기 전에 측정 가능한 효과적인 메트릭으로 개발자와 관리자에게 좋은 피드백 루프를 받는 데 집중해야 한다.

정리

취약점 관리, 패치 관리, 구성 관리, 변경 관리는 개별적으로 도구와 프로세스를 사용해 자신의 분야를 별도로 분리하는 체제를 갖고 있다. 이 장에서 모든 관리 방안을 통합해 각각의 가장 중요한 측면을 빠르게 다뤘지만 각 주제를 다루는 별도의 전문 서적이 있다.

클라우드 환경에서 취약점 관리는 온프레미스 환경에서의 취약점 관리와 여러 가지로 비슷한 점이 있다. 그러나 클라우드 컴퓨팅에서는 새 기능을 재빨리 배포하는 데 집중하는 사업이 창궐하고 있다. 이러한 점이 취약점 관리 프로세스가 자주 변경하는 인프라를 빠르게 따라가게 할 필요가 있도록 이끌고 있다.

또한 이뮤터블 인프라와 지속적 배포의 철학은 클라우드와 함께 널리 도입되고 있으며, 변경으로 인한 장애의 위험을 현격하게 줄이고 있다. 따라서 운영 위험과 보안 위험 사이를 균형 있게 변화시킨다. 보안 패치를 적용하는 것도 하나의 변경 사항이고, 이 변경 사항은 안전히 처리돼야 하므로 시스템을 다운시키는 위험을 감수하지 않고도 좀 더 적극적으로 보안 패치를 배포할 여유가 생겼다. 이는 클라우드 환경이라면 서로 다른 취약점 관리 프로세스와 패치 관리 프로세스, 변경 관리 프로세스를 채택해야 한다는 것을 뜻한다. 또한 클라우드 지원 도구와 제공자별 도구 모두가 온프레미스의 도구들보다 취약점 관리를 더욱 쉽게 한다.

접근 관리 후 취약점 관리는 대부분의 클라우드 환경에 대응하기 위한 가장 중요한 프로세스다. 공격자는 애플리케이션 스택의 다른 레이어에 있는 취약점들을 악용해 시스템에 비인가 접근을 할 수 있다. 다양한 각 계층의 취약점 관리 책임을 이해하고 환경에 대한 가장 큰 위험이 발생할 수 있는 접점을 이해하는 데 어느 정도의 시간을 할애해야 한다.

그러고 나서 사용할 수 있는 다양한 유형의 취약점 관리 도구와 가장 위험도가 높은 영역에 해당하는 취약점 도구를 이해할 필요가 있다.

대부분의 벤더는 자신이 만든 도구가 모든 것을 다 할 수 있다고 설득하려 할 것이다. 하지만 그런 경우는 거의 없다. 일반적으로 클라우드 환경 전체의 취약점 관리와 구성 관리를 다루려면 적어도 몇 가지 도구가 필요하다. 혼합해서 투입하기 전에 각 도구에서 가치를 얻는 데 집중해야 한다.

각 도구마다 어떤 취약점을 찾을 수 있는지 확실히 설명할 수 있어야 한다. 또한 도구가 유효한 입력을 얻는 방법과 취약점을 탐지하거나 수정하는 방법, 취약점을 수정하는 책임이 있는 팀에게 돌려주는 방법, 즉시 수정할 수 없어서 위험 상태로 추적할 수 있는 방법에 대해 파이프라인을 간단히 설명할 수도 있어야 한다.

6장

네트워크 보안

기존 환경과 클라우드 환경 모두에서 네트워크 통제는 전체 호스트나 네트워크의 진입을 담당하기 때문에 전반적인 보안에 있어 중요한 부분이다. 이는 공격자가 구성 요소와 전혀 대화할 수 없다면 손상을 입히기 어렵기 때문이다. 흔히 네트워크 통제는 탐지되지 않고 시작하기조차 더 어렵게 만든다는 점에서 군사 기지 주변의 울타리와 같다. 때로는 다른 모든 수비가 실패한 후 공을 막는 골키퍼와 같다.

오늘날 대부분의 회사에서는 인터넷 연결이 끊긴 상태를 유지하는 것은 선택 사항이 아니다. 네트워크는 최신 애플리케이션의 기본 요소이므로 모든 단일 통신을 엄격하게 통제하는 것도 거의 불가능 하다. 즉, 네트워크 통제는 대부분의 경우 보조 통제 수단이며 다른 문제의 영향을 완화하는 데 도움이 된다. 다른 모든 것이 완벽하게 구성됐다면, 즉 모든 시스템이 취약점에 대해 완벽하게 패치되고 모든 불필요한 서비스가 중단돼 있고 모든 서비스가 모든 사용자나 다른 서비스를 완벽하게 인증하고 인가했다면 네트워크 통제 없이도 안전할 수 있다. 하지만 우리는 완벽한 세상에 살고 있지 않음으로 심층 방어 원칙을 활용하고 앞서 설명한 통제에 네트워크 통제 계층을 추가해야 한다.

기존 IT와의 차이점

수년 동안 "경계는 죽었다."라는 외침에도 불구하고 관리자는 보안을 위해 네트워크 경계에 크게 의존해 왔다. 네트워크 보안은 보통 시스템 관리자가 의존하는 유일한 보안이었다. 이는 기존 환경이나 클라우드 환경에 적합한 모델이 아니다.

온프레미스 환경에서는 경계를 정의하기가 쉽다. 가장 간단한 경우를 보면 비무장지대^{DMZ}(경계 네트워크라고도 함) 주위에 하나의 점선(신뢰 범위)을 그리고, 내부 네트워크 주위에 또 다른 점선을 그리고, DMZ로 들어오는 항목과 DMZ에서 내부 네트워크로 들어오는 항목을 신중하게 제한한다(자세한 내용은 'DMZ' 절을 참고한다).

클라우드에서는 경계 내부에 있는 항목의 결정과 해당 경계의 구현은 온프레미스 환경과 매우 다르다. 신뢰의 경계는 명확하지 않다. 서비스형 데이터베이스^{DaaS,} $^{Database \, as \, a \, Service}$를 사용하는 경우 경계 내부나 외부에 있는가? 재해 복구와 지연을 이유로 전 세계에 배포한 경우 배포된 서비스가 모두 동일한 경계 내에 있는가? 아니면 다른 경계에 있는가? 또한 대부분의 클라우드 환경으로 이동할 때 서비스를 보호하려고 경계를 만드는 데 더 이상 비용이 들지 않으므로 모든 애플리케이션에 대해 별도의 세그먼트를 보유하고 웹 애플리케이션 방화벽과 같은 다른 서비스를 빠르고 쉽게 사용할 수 있다.

클라우드 환경의 네트워크 통제에서 가장 혼란스러운 점은 애플리케이션을 구축하는 데 사용할 수 있는 다양한 제공 모델이 있다는 점이다. 각 제공 모델마다 의미하는 바가 다르다. 우리는 다음과 같은 모델에 대해 합리적인 네트워크 보안 모델이 어떻게 보이는지 고려해야 한다.

- **베어메탈 및 가상 머신과 같은 IaaS 환경:** 이는 기존 환경에 가깝지만 온프레미스 환경에서는 거의 불가능한 각 애플리케이션별 분할의 이점을 흔히 누릴 수 있다.

- **도커 및 쿠버네티스와 같은 오케스트레이션된 컨테이너 기반 환경:** 애플리케이션

이 마이크로서비스로 분해되면 개별 애플리케이션 내에서 분할된 네트워크 통제를 할 수 있다.

- **Cloud Foundry, Elastic Beanstalk, Heroku와 같은 애플리케이션 PaaS 환경:** 사용할 수 있는 네트워크 통제의 수는 다르다. 일부는 구성 요소별 격리를 허용하고 일부는 구성할 수 있는 방화벽 기능을 전혀 제공하지 않을 수 있으며 일부는 IaaS에서 방화벽 기능의 사용을 허용할 수 있다.

- **AWS 람다^{Lambda}, Open-Whisk, Azure Functions, Google Cloud Functions와 같은 서버리스 또는 서비스형 기능^{FaaS, Function-as-a-Service} 환경:** 이들은 네트워크 통제를 제공하지 않거나 프론트엔드에서만 네트워크 통제를 제공할 수 있는 이와 같은 공유 환경에서 운영된다.

- **SaaS 환경:** 일부 SaaS는 단순^{simple} 네트워크 통제(오직 VPN이나 화이트리스트 IP 주소 기반으로만)를 제공하지만 대부분 그렇지 않다.

추가로 많은 애플리케이션이 전체 솔루션의 일부로 이러한 서비스 모델을 하나 이상 사용한다. 예를 들어 애플리케이션에서 컨테이너와 기존 IaaS 모두를 사용하거나 자체 코드를 SaaS와 혼합해 사용할 수 있다. 이는 애플리케이션의 일부 영역이 네트워크 통제에 대해 더 나은 커버리지를 가질 수 있음을 의미할 수 있으므로 전체 위협 모델과 가장 큰 위험을 염두에 두는 것이 중요하다.

개념과 정의

클라우드 네트워킹이 몇 가지 새로운 아이디어를 제공하지만 많은 기존 개념과 정의는 여전히 클라우드 환경과 관련이 있다. 그러나 다음 절에서 설명하듯 약간 다른 방식으로 사용될 수 있다.

화이트리스트와 블랙리스트

화이트리스트는 허용되는 항목의 목록이며 나머지는 모두 거부된다. 화이트리스트는 블랙리스트와 대조될 수 있다. 블랙리스트는 거부할 특정 목록인 동시에 다른 모든 것을 허용한다. 일반적으로 우리는 가능한 한 제한적이기를 원하므로 (어리석지 않게) 대부분의 경우 화이트리스트를 사용하고 나머지는 모두 거부한다.

화이트리스트 IP는 많은 사람이 생각하는 전통적인 방화벽 규칙과 같은 것이다. 소스 주소, 대상 주소, 목적지 포트를 특정한다.[1] 화이트리스트 IP는 특정 시스템만 애플리케이션에 액세스를 허용하게 하는 데 유용할 수 있다. 하지만 IP 주소는 스푸핑하기가 매우 쉽기 때문에 시스템을 인증하는 유일한 방법으로 사용해서는 안 된다. 다시 말하자면 단순히 네트워크의 어느 부분에서 요청이 왔는지에 따라 액세스를 인증하거나 인가하는 것은 좋은 생각이 아니다.

화이트리스트 IP는 사용자 접근을 통제하는 데에도 적합하지 않다. 이는 사용자가 네트워크에 접속해 이동함에 있어 짜증내며 투덜대는 습관을 갖고 있기 때문이다. 추가로 IP 주소는 사용자가 아닌 사용자가 사용하는 시스템에 속하며 NAT(네트워크 주소 변환) 방화벽은 사용자 IP 주소를 충분히 모호하게 만들 수 있다. 따라서 화이트리스트 IP는 개인을 인증하지 않으며 비교적 손쉬운 방법으로 로컬 네트워크나 시스템을 인증한다.

많은 클라우드 환경에서 정기적으로 시스템이 생성되고 삭제되기 때문에 시스템에 할당된 IP에 대해 거의 통제할 수 없다. 이러한 이유로 화이트리스트 소스 IP나 목적지 주소는 기존환경보다 훨씬 더 넓은 범위가 필요할 수 있다. 방화벽 관리자가 기존에 대부분의 규칙에서 허용하지 않았던 '0.0.0.0/0'(모든 주소를 의미)으로 지정할 수도 있다. 우리를 보호하려고 화이트리스트 IP 외에 다른 많은 통제에 의존하고 있음을 기억해야 한다.

---

1. 생각해보면 포트 정보가 포함돼 있는 경우 'TCP/UDP 화이트리스트'로 이름을 지정해야 한다.

콘텐츠 전송 네트워크와 글로벌 서버 로드밸런서^{GSLB, Global Server Load Balancers}의 부상으로 인해 네트워크 주소가 빠르게 변경될 수 있기 때문에 일부 유형의 필터링(아웃바운드 연결 제한 같은)에 화이트리스트 IP가 덜 유용해지고 있다. 모든 규칙에 특정 IP 주소를 요구하고 CDN의 주소가 매주 변경되는 경우 잘못 차단된 연결이 많이 발생하게 된다.

앞서 언급한 주의 사항을 염두에 두고 화이트리스트 IP 목록은 필요하지 않은 네트워크 접근을 차단하는 중요한 도구나, 기본 방어나 시스템과 사용자를 인증하는 유일한 방법으로 사용해서는 안 된다.

DMZ

DMZ는 많은 클라우드 환경에 잘 활용되는 기존 네트워크 통제의 개념이다. 이는 방문자 트래픽과 같은 신뢰도가 낮은 트래픽을 허용하는 애플리케이션의 전면 영역이다. 대부분의 경우 프록시, 로드밸런서, 또는 정적 콘텐츠 서버 등과 같이 더 간단하고 덜 신뢰할 수 있는 구성 요소를 DMZ에 배치한다. 특정 구성 요소가 손상된 경우 해커에게 큰 이점을 제공하면 안 된다.

별도의 DMZ 영역은 일부 클라이언트 환경에서 의미가 없거나 이미 서비스 모델의 일부로 제공될 수 있다(특히 PaaS 환경에서).

프록시

프록시^{proxies}는 요청을 수신하고 서비스할 다른 구성 요소에 요청을 보낸 다음 원래 요청자에게 응답을 다시 보내는 구성 요소다. 클라우드와 기존 환경 모두에서 다음의 두 모델 중 하나를 자주 사용한다.

정방향 프록시^{forward proxies}

요청자는 구성 요소의 일부며 프록시는 사용자를 대신해서 요청한다.

역방향 프록시[reverse proxies]

프록시는 사용자를 대신해 요청하고 이러한 요청을 백엔드 서버에 릴레이한다.

프록시는 기능적 요구 사항(다른 요청을 다른 백엔드 서버로 분산)과 보안에 모두 유용할 수 있다. 정방향 프록시는 네트워크에서 허용되는 트래픽에 대한 규칙을 설정하는 데 가장 자주 사용된다('Egress 필터링' 절을 참고한다).

역방향 프록시는 프로토콜이나 특정 프로토콜 구현에 취약점이 있는 경우 보안을 향상시킬 수 있다. 이 경우 프록시가 손상될 수 있지만 일반적으로 공격자에게 실제 백엔드 서버보다 네트워크나 중요 리소스에 대한 접근 권한이 적다.

또한 역방향 프록시는 최종 사용자가 단일 호스트를 다루는 것처럼 보이게 해서 더 나은 사용자 경험을 제공한다. 클라우드 환경은 기능이 여러 백엔드 구성 요소에 분산될 수 있기 때문에 애플리케이션이 흔히 기존 환경보다 역방향 프록시를 더 많이 사용하는 경우가 있다. 이는 핵심 기능의 일부로 여러 프록시를 포함하는 쿠버네티스와 같은 마이크로서비스 친화적인 환경에서 특히 그렇다.

거의 모든 프로토콜에서 프록시를 가질 수 있지만 실제로 이 용어는 일반적으로 HTTP/HTTPS 프록시[2]를 나타낸다.

소프트웨어 정의 네트워킹

소프트웨어 정의 네트워킹 [SDN, Software-Defined Networking]은 가상화된 다양한 네트워크 기술에 적용될 수 있는 자주 남용되는 용어다. 이러한 맥락에서 SDN은 클라우드 제공자가 사용자의 가상 네트워크를 구현하는 데 사용할 수 있다. 표시되는 네트워크는 실제로 다른 네트워크 위에 캡슐화될 수 있으며 트래픽 처리 규칙은 각 물리적

---

2. 프록시되는 프로토콜이 IP인 경우 '프록싱 (proxying)' 대신 네트워크 주소 변환과 '라우팅'이라고 말하지만 개념은 같다.

스위치나 라우터가 아닌 중앙에서 관리될 수 있다.

사용자 관점에서 네트워크를 마치 물리적 스위치와 라우터를 사용하는 것처럼 취급할 수 있다. 한 곳에서 다른 곳으로 트래픽을 가져오려고 다른 여러 데이터 플레인 장치^{Data Plane Device}를 조정하는 중앙 집중식 통제 플레인일 수 있음에도 불구하고 가능하다.

네트워크 기능 가상화

가상 네트워크 기능^{VNF, Virtual Network Functions}이라고 부르기도 하는 네트워크 기능 가상화 ^{NFV, Network Features Virtualization}는 방화벽, 라우팅, IDS/IPS와 같은 많은 네트워크 기능을 수행할 때 더 이상 전용 하드웨어 박스가 필요하지 않다는 생각이 반영됐다. 네트워크 디자인에 NFV 어플라이언스를 명시적으로 사용할 수 있으며, 또한 NFV는 네트워크 기능을 서비스로서^{as-a-Service} 많은 클라우드 제공자가 제공한다. 가능하면 자신의 서비스를 유지하기보다는 서비스로 제공되는 기능^{as-a-Service}을 사용해야 한다.

오버레이 네트워크와 캡슐화

오버레이 네트워크는 제공자의 네트워크 위에 만드는 가상 네트워크다. 오버레이 네트워크는 공급업체 네트워크에 관계없이 가상 시스템이 마치 동일한 네트워크에 있는 것처럼 서로 통신할 수 있게 하는 데 자주 사용된다.

이는 가상 시스템 간의 패킷이 제공자 네트워크를 통해 전송된 패킷 내부에 배치되는 캡슐화에 의해 가장 자주 이뤄진다(그림 6-1). 일반적으로 많이 사용되는 캡슐화 방법 중 몇 가지 예는 VXLAN, GRE, IP-in-IP와 같다.

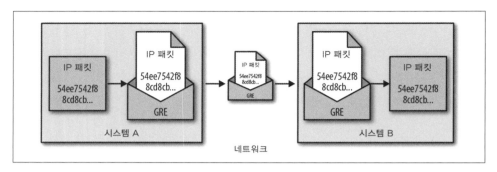

그림 6-1. 시스템 간 IP 패킷 캡슐화

예를 들어 호스트1의 가상 머신 A가 호스트2의 가상 머신 B와 통신하려는 경우 패킷을 보낸다. 호스트1은 해당 패킷을 다른 패킷으로 래핑하고 호스트2로 보낸다. 그러면 이를 풀어 원래 패킷을 가상 머신 B로 보낸다. 가상 머신 관점에서 볼 때 가상 머신은 서로 한 세계에 있을지라도 동일한 이더넷 스위치나 IP 서브넷subnet에 연결된다.

가상 프라이빗 클라우드

클라우드의 원래 개념은 시스템이 인터넷에서 인바운드 액세스를 요구하지 않더라도 프로비저닝된 모든 시스템을 인터넷에 연결할 수 있었다. 나중에 프라이빗 클라우드는 퍼블릭 클라우드와 동일한 모델을 제공했지만 여러 회사 간에 공유하는 것을 대신해 단일 회사가 소유하고 운영하는 시스템에 사용됐다. 프라이빗 클라우드는 회사 경계 내에 위치할 수 있으며, 외부에서 접속할 수 없고 자원을 공유할 수 없다.

각 클라우드 공급사의 정의는 다를 수 있지만 **가상 프라이빗 클라우드**VPC, Virtual Private Cloud는 가상 호스트를 진정한 프라이빗 클라우드와 동일한 수준으로 분리하는 경우는 거의 없다. 클라우드 IaaS의 공유 리소스에는 거의 스토리지, 네트워크, 컴퓨터 리소스가 포함된다. VPC라는 이름에도 불구하고 일반적으로 별도의 가상 네트워크를 생성해 사용자의 애플리케이션을 그들의 고객이나 애플리케이션으로부터 분리해 네트워크 격리만 처리한다.

즉, 회사 차원에서 봤을 때 VPC는 두 환경(프라이빗, 퍼블릭 클라우드) 모두에서 최선의 선택이다. VPC를 사용하면 가용성 환경의 비용과 탄력성의 이점을 얻을 수 있으며 전 세계에 노출되는 애플리케이션 구성 요소를 엄격하게 통제할 수 있다. 클라우드 제공자는 일반적으로 소프트웨어 정의 네트워킹이나 오버레이 네트워크를 통해 VPC를 구현한다.

애플리케이션의 전면 접점이 인터넷에 많이 노출돼 있는 경우에 여전히 의미가 있지만 VPC를 사용하면 대부분의 애플리케이션을 아무나 접근할 수 없는 프라이빗 영역에 보관할 수 있다.

또한 VPC를 사용하면 전체 애플리케이션을 비공개로 유지하고 VPC나 기타 비공개 링크를 통해서만 액세스할 수 있다.

네트워크 주소 변환

네트워크 주소 변환NAT, Network Address Translation은 원래 인터넷의 여러 부분에서 동일한 IP를 사용하고, 인터넷을 이용해 해당 주소를 전송하기 전에 공개적으로 라우팅 가능한 주소로 변환해 IP 주소 부족 문제를 해결하도록 설계됐다(그림 6-2). IPv6는 결국 NAT의 협상에서 우리를 구해줄 것이지만, 가까운 시일 내에 이 문제에 봉착하게 될 것이다.

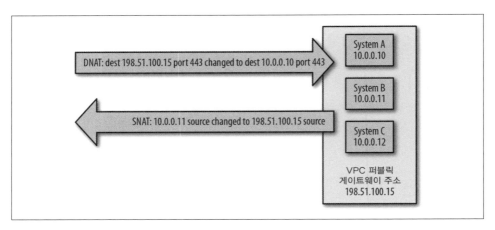

그림 6-2. VPC 내부와 외부의 네트워크 주소 변환

NAT는 클라우드 환경, 특히 VPC 내부 시스템에 대해 RFC 1918(http://bit.ly/2C6F46C)에 정의된 사설 범위 주소를 사용하는 VPC 환경에서 많이 사용된다. 이러한 사설 범위 주소는 쉽게 찾을 수 있다. 이 주소는 '10.', '192.168.', '172.16.'에서 '172.31.'으로 시작한다. 클라우드 환경의 차이점은 일반적으로 방화벽에서 NAT 규칙을 수동으로 구성할 필요가 없다는 것이다. 대부분의 경우 포털이나 API를 사용해 간단히 규칙을 정의할 수 있으며 NAT 기능이 자동으로 수행된다.

소스 NAT(SNAT나 위장^{Masquerading})는 패킷이 VPC 영역을 벗어나면 소스 주소를 변경한다. 목적지 NAT^{DNAT}는 외부에서 VPC 영역으로 들어가는 패킷의 대상 주소를 변경해 VPC 내부의 특정 시스템으로 이동한다. VPC 내부 시스템에 대해 DNAT를 수행하지 않으면 외부 시스템이 내부 시스템에 도달할 수 없다.

일반적으로 반복되는 표현은 "NAT는 보안이 아닙니다."이다. 100% 사실이지만 실제로 꼭 그렇지만은 않다. NAT를 수행하는 것만으로는 어떠한 보안이 제공되지 않는다. 그냥 IP 패킷 경로를 몇 가지 변경하는 것이다. 그러나 NAT의 존재는 NAT를 수행할 수 있는 방화벽이 있음을 의미한다. 또한 이는 화이트리스트 DNAT 트래픽 목록을 이용해 DNAT 규칙과 일치하지 않는 모든 패킷을 차단(또는 로컬에서 처리)하게 구성된 방화벽이다. 보안을 제공하는 것은 NAT가 아닌 방화벽이다.

그러나 거의 모든 경우에 NAT가 있다는 것은 화이트리스트에서 얻는 보안을 의미하며 일부 사람은 NAT를 주소 변환과 방화벽 기능의 약어로 사용한다. 솔루션에서 NAT를 사용한다고 해서 보안을 위해 변환 기능에만 의존하는 것은 아니다. 또한 전달하려는 트래픽에 대해 화이트리스트 IP를 사용해 NAT없이 정확히 동일한 보안을 유지할 수 있다. '모든 항목 차단' 규칙을 정책 하단에 먼저 적용하는 방법으로 구현할 수 있다.

IPv6

IPv6(인터넷 프로토콜 버전 6)는 기존 IPv4보다 훨씬 더 많은 주소를 사용할 수 있게 하는 주소 지정 머신 시스템이다. 보안 관점에서 IPv6에는 IPsec 전송 보안에 대한 필수 지원, 암호화 방식으로 생성된 주소, 더 큰 주소 공간으로 인해 주소 범위를 스캐닝하는 데 훨씬 더 많은 시간을 소비하게 하는 등 몇 가지 개선 사항이 있다.

자산 관리, 이벤트 관리, 방화벽 규칙의 관점에서 볼 때 IPv4 범위가 겹치면 관리가 어려울 수 있기 때문에 IPv6는 앞으로 시스템 관리 작업을 더 쉽게 해줄 것이다.[3] (10.1.2.3은 어떤 호스트를 의미하는가? 여기에 있는 호스트인가? 아니면 저기에 있는 호스트인가?) 인터넷에서 IPv4 사용은 수십 년 동안 계속될 것이지만 내부 관리 목적으로 IPv6로 이동할 가능성이 훨씬 더 높다.

실용적인 관점에서 IPv6에서 가장 중요한 것은 시스템에 IPv6 주소가 있는 경우 IPv6 화이트리스트를 유지하는 것이다. 많은 최종 사용자가 IPv6에 대해 알지 못하더라도 공격자는 이를 사용해 IPv4 통제를 우회할 수 있다.

---

3. 생각해보면 "우리가 가진 IP 보유량이 바닥났다."는 문제는 충분하지 않은 IP 주소 보유량과 같은 골칫거리를 참아야 하는 정말 바보 같은 이유다.

종합 샘플 애플리케이션

이제 몇 가지 주요 개념을 다뤘으므로 이 장의 나머지 부분은 인터넷에서 액세스하고 백엔드 데이터베이스를 사용하는 클라우드 내에 있는 심플 웹 애플리케이션을 기반으로 다룰 것이다(그림 6-3). 이 예에서는 데이터베이스에서 고객 개인정보를 훔쳐 다크 웹Dark web에 판매하는 것이 주된 동기인 Molly라는 위협 행위자로부터 보호할 것이다.

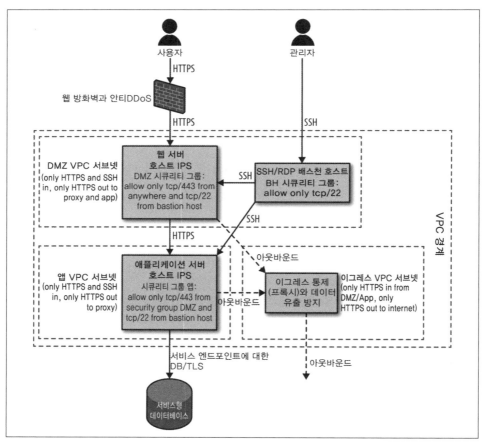

그림 6-3. 네트워크 통제가 있는 샘플 애플리케이션

이는 설명을 목적으로 하는 다소 복잡한 예이므로 사용자 환경에서 그림에 표시된 모든 통제가 필요하지 않을 수 있다. 다음 절에 나열된 순서대로 네트워크 통제의 우선순위를 지정하는 것을 권장한다. 이전 통제를 적용하고 효과적인지 확인하기 전까지는 이후 통제를 디자인하는 데 많은 시간을 소비하지 말자. 올바르게 구성되지 않고 무시되는 다섯 가지 네트워크 통제를 사용하는 것보다 TLS와 간단한 방화벽을 올바르게 구성하고 모니터링하는 것이 훨씬 낫다.

비유 하자면 2층 창문으로 도둑이 드는 것을 예방하려고 방범창을 설치하는 것보다 정문이 제대로 잠겨 있는지부터 확인해야 한다.

이동 중 암호화

이전에 SSL로 알려진 TLS^{Transport Layer Security}는 '인모션^{in motion}'(네트워크에서 시스템 간에 흐르는) 데이터 통신을 보호하는 가장 일반적인 방법이다. 일부 사람은 이를 네트워크 레벨 통제가 아닌 애플리케이션 레벨 통제로 분류할 수 있다. 기존 환경에서는 자주 네트워크 팀이 아닌 애플리케이션 팀의 통제를 받기 때문이다. 클라우드 환경에서는 별도의 그룹이 아닐 수 있으므로 여기에 네트워크 통제도 포함된다. 어떻게 이를 분류하든 이동 중 암호화^{Encryption in Motion}는 매우 중요한 보안 통제 다.

많은 구성 요소가 TLS를 기본적으로 지원한다. 클라우드 환경에서는 프론트엔드뿐만 아니라 물리적 또는 가상 네트워크 스위치를 통과하는 모든 통신에 TLS를 사용하는 것이 좋다. 여기에는 구성 요소가 주변으로 이동함에 따라 미래에 그러한 경계를 현실적으로 넘을 수 있는 통신이 포함된다. 항상 동일한 운영체제에 유지되는 구성 요소 간의 통신이나 쿠버네티스의 포드에 있는 다른 컨테이너 간 통신은 TLS 사용으로 인한 보안 이점을 얻지 못한다.

네트워크를 통과할 때 트래픽을 검열하는 것이 불가능해지기 때문에 네트워크를 통과하는 트래픽을 암호화하는 것이 좋은 생각인지에 대해 일부 서클에서 논쟁이 있었다. 암시적 가정은 공격자가 검열하려는 트래픽을 보려고 경계를 통과할 가능성이 낮다는 것이다. 이 글을 쓰는 시점에서 보안 침해의 가장 큰 원인 중 하나 (http://bit.ly/2bOqPlj)는 웹 애플리케이션 공격이며, 공격자가 애플리케이션 서버에 침입할 수 있게 허용하는 것이다. 경계 뒤에 있다는 점을 주목해야 한다. 이 추세가 역전될 것이라고 생각할 이유가 없다. 이러한 이유로 애플리케이션을 네트워크 외부에 공개할 경우 해를 끼칠 수 있는 정보가 포함된 모든 네트워크 트래픽을 암호화하는 것이 좋다. 이 쉬운 규칙은 공격자에게 유용한 정보가 없는 핑Ping과 같은 네트워크 트래픽을 제외한다. 공격자를 탐지하려고 네트워크 검사에 의존하는 것보다 시스템에서 생성된 이벤트 정보에 의존하는 것이 좋다. 자세한 내용은 7장을 참고하라.

그러나 단순히 TLS를 켜는 것만으로는 충분하지 않다. 공격자가 연결을 가로채서 중간자man-in-the-middle 공격을 수행하는 것이 어렵지 않기 때문에 인증서를 점검해서 다른 연결의 끝점을 인증하지 않으면 TLS의 유효성이 대부분 손실된다. 예를 들어 최신 컨테이너 환경에서도 손상된 컨테이너 M이 다른 컨테이너 A와 B를 속여 M을 통해 트래픽을 전송할 수 있다(그림 6-4). 인증서 확인 없이 A는 B에 대한 암호화된 TLS 연결이 있다고 생각하고 실제로 M에 대한 암호화된 연결이 있다고 생각한다. M은 연결을 해독하고 비밀번호나 기타 민감한 데이터를 읽은 다음 B에 암호화된 연결을 설정하고 데이터를 이용해 통과한다(동시에 변경 가능). TLS 암호화는 인증서 확인 없이는 전반적인 상황에서 전혀 도움이 되지 않는다.

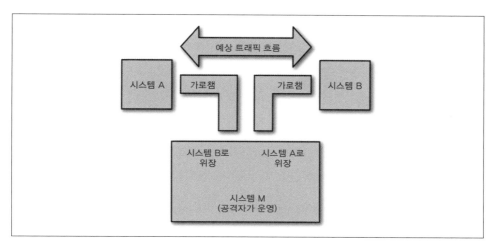

이것이 의미하는 바는 별도의 키 쌍을 만들고 각 시스템에 대해 서명된 인증서를 가져오는 키 관리를 수행해야 한다는 것이다. 이는 자동화가 어렵고 힘들 수 있다.

다행히 클라우드 환경에서는 이것이 더 쉬워지고 있다. 이를 수행하는 한 가지 방법은 일부 클라우드 제공자가 프로비저닝될 때 시스템에 제공하는 ID 문서를 사용하는 것이다. 프로비저닝된 시스템은 다른 구성 요소에 ID를 증명하는 데 사용할 수 있는 암호화 서명된 ID 문서를 검색할 수 있다. TLS 인증서를 자동으로 발급하는 기능과 ID 문서를 결합하면 시스템이 자동으로 가동되고, 공개키 인프라$^{PKI, Public}$ $^{Key Infrastructure}$ 제공자로 자체 인증하고 환경 내의 다른 구성 요소에서 신뢰하는 키 쌍과 인증서를 얻을 수 있다. 이러한 방식으로 중간자 공격자가 아닌 의도한 시스템과 대화 중임을 확신할 수 있다.

몇 가지 사례는 다음과 같다.

- AWS Instance Identity Document(https://amzn.to/2DotykK)와 HashiCorp Vault(http://bit.ly/2lCDLzE)를 사용해 인증서를 자동으로 생성할 수 있다. AWS 인스턴스가 부팅되면 인스턴스 자격증명 문서와 서명을 검색해 Vault

로 보낼 수 있다. 그러면 서명을 확인하고 추가 시크릿을 읽기 위한 토큰을 제공한다. 그런 다음 인스턴스는 이 토큰을 사용해 Vault가 자동으로 키 쌍을 생성하고 TLS 인증서에 서명하게 할 수 있다.

- Istio(https://istio.io/)가 있는 쿠버네티스 환경에서 Istio Auth는 쿠버네티스 컨테이너에 키와 인증서를 제공할 수 있다. 새 컨테이너가 생성되는 시기를 확인하고, 키/인증서를 자동으로 생성하고, 컨테이너에서 시크릿 마운트로 사용할 수 있게 함으로써 이를 수행한다.

- AWS Certificate Manager(https://amzn.to/2UfgPI0), Azure Key Vault(http://bit.ly/2BNOFg3), IBM Cloud Certificate Manager(https://ibm.co/2NtpZhI)와 같은 클라우드 인증서 저장 시스템은 쉽게 인증서를 프로비저닝하고 개인키를 안전하게 저장할 수 있다.

Heartbleed(핀란드 보안업체인 코데노미콘 연구진이 2014년 4월 발견한 OpenSSL 관련 버그)에도 불구하고 TLS는 제대로 구성된 경우 여전히 매우 안전한 프로토콜이다. 이 글을 쓰는 시점에서 TLS 1.3은 사용해야 하는 프로토콜의 현재 버전이며, 특정 암호화 스위트(Ciphersuites)만[4] 허용돼야 한다. NIST SP 800-52와 같은 유효한 암호화 스위트에 대한 명확한 참조가 있지만 대부분의 사용자는 SSL Labs(https://www.ssllabs.com)에서 제공하는 것과 같은 온라인 테스트로 외부에 공개된 TLS 인터페이스가 적절히 구성됐는지 확인하는 것이 가장 빠른 방법이다. 퍼블릭 인터페이스를 확인한 후 유효한 구성을 어떠한 논퍼블릭 페이싱 TLS 인터페이스에 복사할 수 있다. Nessus와 같은 네트워크 취약점 스캔 도구는 시스템에서 허용하는 취약한 프로토콜이나 암호화 스위트를 강조할 수도 있다.

---

4. 암호화 스위트는 TLS 연결을 보호하는 데 사용되는 암호화와 서명 알고리즘 세트다. 암호학자가 관심을 가질 만한 중요한 세부 정보가 많지만 일반적으로 현재 안전한 것으로 간주되는 정보를 알고 이를 사용하도록 연결을 제한하면 된다. 연결의 다른 끝점을 통제하지 않는 경우(예. 오래된 브라우저의 연결을 허용해야 하는 경우) 보안 수준이 낮은 암호화 스위트를 허용해야 할 수 있다.

새로운 암호화 스위트가 사용 가능해지면 포함시키고, 취약점이 발견되면 구성에서 이전 암호화 스위트를 제거해야 한다. 네트워크 취약점 스캐너는 더 이상 안전하지 않은 오래된 암호화 스위트를 찾아낼 수 있으므로 취약점 관리 프로세스의 일부로 허용 가능한 암호화 스위트를 검토할 수 있다. 다행히도 암호화 스위트는 취약점이 자주 발견되는 일반적인 사용 도구보다 훨씬 낮은 비율로 손상된다.

새 인증서를 받을 때마다 또는 키가 손상됐을 때마다 새로운 TLS 개인키를 생성하는 것도 중요하다. Let's Encrypt(https://letsencrypt.org/)와 같은 솔루션은 새 개인키를 생성하고 인증서를 자동으로 갱신하므로 개인키가 도난 당했을 때 누군가가 당신의 웹 사이트로 위장할 수 있는 시간을 줄일 수 있다.

공격자 Molly는 사용자와 웹 서버 사이, 웹 서버와 애플리케이션 서버 사이 또는 애플리케이션 서버와 데이터베이스 사이의 연결을 스푸핑하거나 조작할 수 있다. 올바른 TLS를 구현해 공격자가 유용한 데이터(예, 데이터를 훔치려고 데이터베이스에 접근할 수 있는 자격증명)를 얻을 수 없어야 한다.

방화벽과 네트워크 분할

방화벽은 많은 사람에게 친숙한 네트워크 통제 수단이다. 모든 통신을 보호할 계획이 있으면 네트워크를 별도의 세그먼트(신뢰 범위 기반)로 나누고 방화벽 통제를 적용할 수 있다. 가장 단순한 네트워크 방화벽은 두 네트워크(각각 여러 호스트를 포함할 수 있음) 간에 화이트리스트 IP를 구현하는 것이다. 방화벽 어플라이언스는 종단 VPN, IDS/IPS, WAF와 같은 다른 많은 기능을 수행할 수도 있다. 하지만 이 절에서는 화이트리스트 IP 기능에 중점을 둘 것이다.

방화벽은 일반적으로 다음과 같은 두 가지 목적으로 사용된다.

- **경계 통제:** 인터넷 세계로부터 시스템을 분리하려고
- **내부 분할:** 시스템 집합을 서로 분리하도록 유지하려고

두 가지 목적을 모두 달성하려고 동일한 기술을 사용할 수 있지만 주의해야 할 사항에는 중요한 차이가 있다. 인터넷에는 항상 누군가가 당신을 공격하려고 하기 때문에 경계에서 많은 경보가 발생할 수 있다. 내부 분할 방화벽에서 거부된 연결 시도는 공격자가 측면으로 이동하려는 공격이거나 잘못된 구성으로 발생할 수 있다. 어떤 경우라도 조사를 해야 한다.

클라우드에서는 다음과 같은 세 가지 주요 방화벽 구현 방법이 있다.

가상 방화벽 어플라이언스

일부 구현에는 여전히 적합하지만 이는 주로 온프레미스 환경의 리프트 앤 시프트$^{lift-and-shift}$ 모델이다. 대부분의 가상 방화벽 어플라이언스는 화이트리스트와 WAF 또는 IDS/IPS와 같은 기능을 결합한 차세대 어플라이언스다. 네트워크 통제를 설계하고 구현하는 동안 이러한 별도의 기능을 서로 연달아 연결된 별도의 장치인 것처럼 취급하고, 경계와 내부 분할을 설계할 때까지 더 높은 수준의 통제를 설계하는 데 대해 걱정하지 말자.

NACL$^{Network\ Access\ Control\ Lists}$

자체 방화벽 어플라이언스를 운영하는 대신 각 네트워크에 대해 해당 네트워크로 들어오고 나가는 데 대한 규칙을 정의하기만 하면 된다.

시큐리티 그룹$^{Security\ Groups}$

NACL과 유사하게 시큐리티 그룹 규칙을 정의하기만 하면 서비스로 구현된다. 차이점은 시큐리티 그룹이 네트워크당이 아니라 OS당 또는 포드당 수준에서 적용된다는 점이다. 또한 일부 구현에서는 허용 및 거부된 연결의 로깅과 같은 NACL에서 제공되는 모든 기능이 없을 수 있다.

표 6-1은 이글을 쓰는 시점에는 인기 있는 클라우드 서비스에서 사용할 수 있는 화이트리스트 IP 통제를 보여준다.

표 6-1. 클라우드 제공자가 제공하는 화이트리스트 IP 옵션

제공자	화이트리스트 IP 기능
아마존 웹 서비스 IaaS	VPC와 NACL, 시큐리티 그룹, 마켓플레이스 내의 가상 어플라이언스 사용 가능
마이크로소프트 애저 IaaS	가상 네트워크, NSG, 네트워크 가상 어플라이언스
구글 컴퓨트 플랫폼 IaaS	VPC와 방화벽 규칙
IBM 클라우드 IaaS	VPC와 NACL, 게이트웨이 어플라이언스, 시큐리티 그룹
쿠버네티스(IaaS에서의 오버레이)	네트워크 정책

클라우드 환경에서 방화벽 통제를 구현하는 방법을 자세히 살펴보자.

경계 통제

설계해야 하는 첫 번째 방화벽 통제는 어디로부터 경계할 것인지에 대한 부분이다. 이는 방화벽 어플라인스로 구현될 수 있지만 대부분은 거의 NACL이 있는 VPC일 것이다. 대부분의 클라우드 제공자는 NACL을 만들 수 있게 지원한다. 이 경우기본 방화벽에 대해 전혀 걱정할 필요가 없다. 보안 영역과 그 하위에 존재할 수있는 모든 항목 간에 규칙을 제공하기만 하면 된다.

다른 여러 애플리케이션 간에 경계를 공유하고 싶을 수 있다. 전통적인 방화벽은사용하는 데 보통 비용과 시간이 많이 소요된다. 물리적 장치가 필요하거나 많은조직 내에서 별도의 팀이 방화벽을 설정하는 경우일 것이다. 이러한 이유로 실제로 서로 통신할 필요가 없는 여러 애플리케이션은 흔히 네트워크 세그먼트를 공유한다. 덜 중요한 애플리케이션의 침해는 공격자가 평소 탐지하지 못한 더 중요한애플리케이션으로 눈길을 돌릴 수 있게 하는 발판을 제공할 수 있기 때문에 이는심각한 보안 위험이 될 수 있다.

클라우드 환경에서는 각 애플리케이션에 별도의 경계 통제를 제공해야 한다. 이는많이 불편한 소리로 들릴 수 있지만 대부분의 경우는 클라우드 제공자의 방화벽에

적용하기 위한 규칙을 제공하는 것뿐이다. 각 애플리케이션에 대한 네트워크 경계 규칙을 개별적으로 정의하면 애플리케이션 구성과 함께 규칙을 관리할 수 있으며, 각 애플리케이션은 다른 애플리케이션에 영향을 주지 않고 자체 경계 규칙을 변경할 수 있다(다른 애플리케이션이 더 이상 여기에 연결할 필요가 없다면).

이 예시에서는 경계 통제와 내부 분할을 위해 전체 애플리케이션을 백엔드 웹, 애플리케이션 서버, NACL을 위해 프라이빗 서브넷이 있는 VPC 내부로 배치할 것이다. 애플리케이션에 따라 애플리케이션의 모든 시스템에 대해 VPC 없이 시큐리티 그룹만 사용하거나 인터넷과 나머지 애플리케이션 간의 인터페이스로 가상 방화벽 어플라이언스를 사용하도록 선택할 수도 있다.

AWS, 구글 클라우드 플랫폼, IBM 클라우드에서 웹 서버(DMZ)용 퍼블릭 서브넷 하나와 애플리케이션 서버용 프라이빗 서브넷이 있는 VPC를 생성한다. 애저에서는 서브넷이 있는 가상 네트워크를 만들고 그런 다음 인터넷에서 VPC로 허용돼야 하는 통신을 지정해야 한다.

내부 분할

이제 특정 트래픽만 허용할 수 있게 샘플 애플리케이션(VPC 형태)을 배치할 수 있는 경계가 있다. 다음 단계는 애플리케이션 내부에서 네트워크 통제를 구현하는 것이다. 애플리케이션에는 웹 계층(DMZ), 애플리케이션 계층, 데이터베이스 계층과 같은 몇 가지 다른 신뢰 범위가 있을 수 있다.

전통적인 IT 환경에서 내부 분할은 통상적으로 복잡했었다. 티켓으로 요청해야 하는 다양한 802.1Q VLAN이 필요하거나 중앙에서 관리할 수 있는 호스팅된 방화벽 솔루션을 사용할 수 있다. 클라우드 환경에서는 클릭 몇 번이나 API 호출로 추가 비용 없이 필요한 만큼 서브넷을 만들 수 있다.

세 개의 서브넷을 생성했으면(그중 일부는 VPC를 생성할 때 자동으로 생성됐을 수 있음) NACL이나 네트워크 시큐리티 그룹을 적용할 준비가 된 것이다. 간단한 예에서는 인터넷에서 웹 서브넷으로 HTTPS 트래픽을 허용하고 웹 서브넷에서 애플리케이션 서브넷으로 HTTPS 트래픽을 허용한다. 그리고 둘 다 SSH를 허용할 것이다. 이는 공유 없이 각 애플리케이션에 대해 별도의 서브넷을 가질 수 있고, 빠르고 쉽게 이러한 서브넷을 만들 수 있다는 점을 제외하면 기존 환경과 매우 유사하다.

대부분 클라우드 제공자는 커맨드라인 도구나 REST API를 사용해 포털에서 할 수 있는 모든 작업을 수행할 수도 있다. 이는 경우에 따라 약간의 연관된 수작업이 필요하지만 배포 자동화에 필수적이다. 이번 사례는 하나의 퍼블릭 서브넷과 두 개의 프라이빗 서브넷이 있는 VPC를 만들고, 인터넷 게이트웨이를 연결하고, 트래픽이 게이트웨이를 통하게 라우팅하고, TCP/443만 DMZ 서브넷으로 허용하는 것이다. 처음부터 스크립트를 생성하는 대신 HashiCorp Terraform, AWS 클라우드 포메이션^{Formation} 또는 OpenStack Heat 템플릿과 같은 코드형 인프라 도구를 사용하는 것이 좋다. 이와 같은 도구를 사용하면 원하는 네트워크 인프라의 형태를 선언하고 일치하는 클라우드 인프라를 생성하거나 수정하는 올바른 명령을 자동으로 실행할 수 있다.

클라우드 웹 콘솔, 커맨드라인 호출, API는 시간이 지남에 따라 변경되므로 일반적으로 클라우드 제공자의 온라인 문서를 참조하는 것이 좋다. 중요한 개념은 대부분의 클라우드 플랫폼은 신뢰 범위에 사용할 수 있는 하나 이상의 서브넷을 포함하는 VPC를 만들 수 있다는 것이다.

시큐리티 그룹

이 시점에서는 이미 경계와 방화벽 규칙을 구현했는데, 왜 추가적으로 화이트리스트 IP 적용이 필요한가? 그 이유는 공격자가 서브넷 중 하나(아마도 DMZ)에 작은 발판을 마련해 기존 서브넷 통제를 뒤엎을 가능성이 있기 때문이다. 우리는 관리 포트를 공격하는 것처럼 공격자가 우리의 애플리케이션 내에서 다른 곳으로 이동하려는 시도를 차단하거나 탐지하려고 한다. 이를 위해 시스템별 방화벽을 사용할 것이다.

운영체제에서 로컬 방화벽을 확실히 사용할 수 있지만 대부분의 클라우드 제공자는 클라우드 인프라 자체가 운영체제에서 인식하기 전에 가상 시스템으로 들어오는 트래픽을 필터링하는 방법을 제공한다. 이 기능을 흔히 시큐리티 그룹Security Groups이라 부른다.[5]

 내부 네트워크 분할 요구 사항을 충족하려고 시큐리티 그룹을 사용하기로 선택한 경우 모든 구현이 이러한 거부된 시도를 보안 정보와 이벤트 관리자에 제공하는 것을 허용하는 것은 아니므로 거부된 연결을 탐지할 수 있는지 확인해야 한다. 좀 더 자세한 내용은 7장을 참조하라.

기존 환경과 마찬가지로 해당 유형의 시스템에 필요한 포트에서만 트래픽을 허용하도록 시큐리티 그룹을 설정해야 한다. 예를 들어 애플리케이션 서버에서 애플리케이션 서버 포트에서만 트래픽을 허용한다. 또한 SSH와 같은 관리용 접속 포트를 배스천 호스트나 회사 IP 주소 범위와 같이 특정 IP 주소에서만 관리 기능을 수행할 수 있도록 제한한다. 대부분의 구현에서 특정 소스 IP를 지정할 수 있을 뿐만 아니라 다른 시큐리티 그룹이 지정된 모든 인스턴스의 트래픽을 허용할 수도 있다.

회사 전체의 IP 주소 범위에서 관리용 접속을 허용하는 경우 사용자 환경에서 손상된 워크스테이션, 서버, 모바일 디바이스를 사용해 관리용 인터페이스에 접속할 수 있다. 이는 관리용 접속 인터페이스가 전체 인터넷에 열려 있는 것보다는 여전히 좋지만 결코 만족하지 말자. 이러한 포트는 인터넷에 열려있는 것처럼 보호돼야 할 것이다. 즉, 취약점을 검사하고 복잡한 비밀번호나 키 또는 인증서로 모든 연결을 인증해야 한다.

일부 소규모 배포에서는 전체 애플리케이션을 단일 VPC(또는 퍼블릭 인터넷에서 직접)에 배치하고 경계 통제와 내부 분할 모두에 대해 시큐리티 그룹을 사용하도록

---

5. 많은 클라우드 제공자는 단일 시스템에 적용되는 시큐리티 그룹과 서브넷에 들어오고 나가는 트래픽에 적용되는 네트워크 접근 통제 목록을 구분한다. 하지만 마이크로소프트 애저는 시스템과 서브넷 모두에 적용할 수 있는 네트워크 시큐리티 그룹을 사용한다.

선택할 수 있다. 예를 들어 데이터베이스 서버에는 신뢰할 수 있는 서브넷에서만 SSH 접속을 허용하고 애플리케이션 서버에서만 데이터베이스에 접속을 허용하는 시큐리티 그룹이 있을 수 있다. 시큐리티 그룹과 서브넷 간에 일대일 통신이 있는 경우(즉, 모든 게 동일한 서브넷에 있고 동일한 시큐리티 그룹을 사용함) 서브넷을 정의하면 큰 이점 없이 추가 복잡성이 발생할 수 있다. 대부분의 구현은 두 가지 모두에 적합하지만 시큐리티 그룹은 시스템 중 하나에서 잘못 구성된 서비스에 대해 더 나은 보호를 제공한다는 점에서 약간의 우위를 갖고 있다. NACL만 사용하면 서브넷에 들어오는 모든 것이 잘못 구성된 서비스를 악용할 수 있다.

다른 많은 네트워크 통제와 마찬가지로 내부 분할은 보안의 이중 계층일 것이다. 경계를 잘못 구성했거나, 공격자가 경계를 통과했거나, 실수로 기본 자격증명으로 서비스를 실행한 상태로 두는 등 다른 문제가 있는 경우 도움이 된다.

서비스 엔드포인트

데이터베이스와 같은 애플리케이션의 일부 계층이 서비스형as-a-service 기능을 공유할 수 있다는 점에 유의해야 한다. 이는 적절한 접근 통제와 서비스 엔드포인트를 통해 사실상 경계 뒤에 있을 수 있지만 실제로는 경계 외부에 있음을 의미한다. 이를 설명하려고 이 장의 샘플 애플리케이션 버전은 사용 중인 서비스형 데이터베이스Database as a Service를 보여준다.

여러 클라우드 제공자가 서비스 엔드포인트 기능을 제공한다. 엔드포인트는 서비스에 도달하기 위한 장소일 뿐이며 서비스 엔드포인트는 VPC 서브넷의 IP 주소를 이용해 서비스형 인스턴스에 직접 연결할 수 있게 할 것이다. 이는 인스턴스에 도달하려고 아웃바운드 방화벽 규칙을 지정할 필요가 없다는 점에서 편리하지만 이 기능의 진정한 장점은 해당 가상 IP 주소로만 서비스에 접속할 수 있다는 것이다. 예를 들어 인터넷상의 누군가가 데이터베이스에 대한 올바른 자격증명을 얻었더라도 인스턴스에 접속할 수 없다. 그들은 VPC에 들어가서 자신이 획득한 자격증명을 사용해 가상 IP 주소와 대화해야 할 것이다.

서비스 엔드포인트 기능을 사용할 수 없는 경우에도 서비스형 기능을 사용하면 연결할 수 있는 IP 주소를 허용 목록에 추가할 수 있다. 그렇다면 이는 서비스 엔드포인트 기능과 거의 동일하며(약건 더 어렵지만) 도난 당하거나 취약한 자격증명을 보호하는 데 도움이 될 수 있다.

컨테이너 방화벽과 네트워크 분할

컨테이너 세계에서 접속을 격리하는 것은 어떤가? 구현은 다소 다르지만 개념은 여전히 본질적으로 동일하다. 이 글을 쓰는 시점에서 쿠버네티스는 가장 인기 있는 컨테이너 오케스트레이션 솔루션이므로 모호함으로 인해 본질을 잃지 않도록 여기에 집중할 것이다.

경계의 경우 일반적으로 VPC나 시큐리티 그룹과 같은 기존 IaaS 네트워크 통제를 사용하지만 쿠버네티스 네트워크 정책을 사용해 워커 노드에서 로컬 방화벽을 제정할 수도 있다. 두 경우 모두 목표는 NodePort, 수신 컨트롤러, 또는 어떤 메커니즘이든 외부로부터 들어오는 트래픽을 허용한 것을 제외한 모든 수신 트래픽을 막는 것이다. 이는 잘못 구성된 백엔드 서비스가 실수로 인터넷에서 연결되는 것을 방지하는 추가 보호 수단이 될 수 있다.

내부 분할의 경우 쿠버네티스 네트워크 정책을 사용해 포드를 격리할 수 있다. 예를 들어 데이터베이스 포드는 애플리케이션 서버의 포드 접속만 허용하게 구성할 수 있다.

시큐리티 그룹과 동등한 기능은 이미 많은 사용 사례에 대해 내장돼 있다. 컨테이너 네트워킹에서는 구성의 일부로 컨테이너의 특정 포트에 대한 접속만 허용한다. 이는 컨테이너 레벨에서 시큐리티 그룹의 많은 기능을 수행하는 것을 의미한다. 또한 컨테이너는 일반적으로 필요한 특정 프로세스만 실행하고 다른 불필요한 서비스는 실행하지 않는다. 시큐리티 그룹의 주요 이점 중 하나는 불필요한 서비스가 실행 중인 경우 해당 서비스에 대한 접속을 방지하려고 이차 보호 계층 역할 Second layer of protection 을 한다는 것이다.

일정량의 가상 머신 분리의 경우 특정 워커 노드를 '오염'시켜 해당 노드에서 DMZ 포드만 예약되게 할 수도 있다. 이러한 노드를 별도의 VPC 서브넷에 배치할 수 있다. 그림 6-5는 컨테이너를 사용하는 샘플 애플리케이션의 대체 버전을 보여준다.

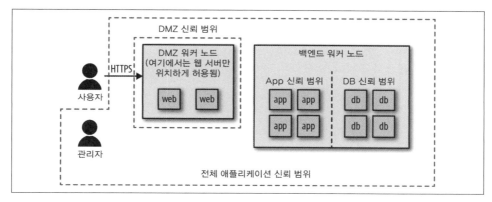

그림 6-5. 네트워크 컨트롤 샘플

이는 네트워크 격리만 해결 한다. 컴퓨터 격리는 컨테이너 세계에서 여전히 우려 되는 사항이며, 그림 6-5는 개별 워커 노드에 격리된 가장 취약한 시스템을 보여준다. 컨테이너는 모두 동일한 운영체제에서 실행되며 운영 제제는 VM의 가상화된 하드웨어보다 훨씬 더 많은 기능을 제공한다. 즉 컨테이너 내부에 들어간 공격자가 침입해 다른 컨테이너에 영향을 미칠 가능성이 더 높다.

관리용 접속 허용

이제 애플리케이션 주변에 벽도 설정하고 내부에 침입한 사람을 잡으려고 내부 트립 와이어도 설정을 완료했다. 그리고 다른 시스템이나 관리자는 애플리케이션을 유지 관리하려고 경계를 통과하는 방법이 필요할 수 있다.

공격자인 Molly가 할 수 있는 최악의 일 중 하나는 관리용 인터페이스에 대한 접속(예, 데이터베이스 관리용 인터페이스에 대한 직접 접속)과 백도어를 이용해 모든 고객 정보를 가져오는 것이다. 모든 관리용 접속이 VPN이나 배스천 호스트를 거쳐 이뤄지도록 요구하면 백엔드 데이터베이스에 로그인을 시도하기 전에 상당한 노력을 기울여야 한다. 이 절에서는 VPN이나 배스천 호스트를 사용하는 경우에 대해 알아본다.

 관리자는 서버에서 명령을 실행하는 방법(AWS 시스템 관리자가 명령을 실행하거나, kubectl exec와 같은 명령 실행)이 있거나, 관리자가 로그를 사용해 항상 문제를 진단하고 작동 중인 모든 구성 요소를 새 버전으로 교체할 수 있는 경우에는 경계 안으로 들어갈 필요가 없을 것이다.

배스천 호스트

배스천 호스트(점프 호스트(서버)라고 부르기도 한다)는 신뢰할 수 없는 네트워크(인터넷과 같은)에서 접속할 수 있는 관리용 접속 시스템이다. 네트워크는 내부 네트워크에 대한 모든 통신이 배스천 호스트를 거쳐 흘러가도록 설정된다.

배스천 호스트에는 다음과 같은 유용한 보안 속성이 있다.

- VPN과 마찬가지로 다른 머신 뒤에 숨어 있는 단일 목적의 강화된 호스트이기 때문에 공격에 노출되는 것을 줄여준다.

- 특수 권한이 있는 사용자 모니터링에 매우 유용한 세션 기록을 허용할 수 있다. 세션 기록은 내부 공격, 도난된 자격증명 사용, 공격자가 원격 접속 트로이목마[6]를 합법적인 관리자 워크스테이션을 통제해 사용하는 것을 포착하려고 점검할 수 있다.

---

6. 원격 접속 트로이목마(RAT)는 이상한 낌새를 못 채는 사용자의 시스템을 제어해 악용하는 데 사용되는 멀웨어의 유형이다. 예를 들어 관리자가 RAT를 자동으로 설치하는 악성 웹 사이트를 서핑할 수 있다. 관리자가 잠자고 있는 늦은 밤에 공격자는 관리자의 워크스테이션을 장악하고 열린 세션이나 캐시된 자격증명을 사용해 공격할 수 있다.

- 어떤 경우(예를 들면 사용자가 HTTPS 연결을 위해 웹 브라우저를 사용해 들어오는 원격 데스크톱 프로토콜 연결) 배스천 호스트가 프로토콜 전환을 수행한다. 이는 공격자가 배스천 호스트와 목적지를 모두 손상시켜야 하기 때문에 공격자를 더 공격하기 어렵게 만들 수 있다.

세션 기록이나 프로토콜 전환의 고급 기능이 사용자 환경에서 유용하거나, 어떤 이유로 클라이언트 투 사이트 VPN이 적합하지 않은 경우 배스천 호스트를 사용하는 것을 권장한다. 그렇지 않으면 관리용 접속을 위한 서비스형 클라이언트 투 사이트^{Client-to-Site provided as a service} VPN을 사용하는 것을 권장한다. 이는 유지 관리해야 할 일을 줄여주기 때문이다.

가상 프라이빗 네트워크

가상 프라이빗 네트워크^{VPN, Virtual Private Networks}를 만드는 것은 하나의 위치에서 다른 위치로 가상 케이블을 늘리는 것과 같다. 실제로 실제 연결은 인터넷과 같이 신뢰할 수 없는 네트워크에서 암호화된 세션을 사용해 연결된다. VPN은 매우 다른 기능을 가진 두 가지 형태의 주요 VPN이 있다.

사이트 간 통신

두 개의 개별 시스템 세트는 인터넷과 같은 신뢰할 수 없는 네트워크를 통해 암호화된 터널을 사용해 서로 통신한다. 이는 사이트의 모든 사용자가 경계를 통해 애플리케이션에 접속하거나 한 애플리케이션이 다른 애플리케이션과 통신하는 데 사용할 수 있다. 또한 관리 인터페이스를 보호하는 데 사용해서는 안 된다.

클라이언트 투 사이트(또는 '외근 직원') 통신

워크스테이션이나 모바일 장치가 있는 개별 사용자는 가상으로 원격 네트워크에 연결할 수 있다. 최종 사용자가 애플리케이션에 접근하거나 관리자가 애플리케이션의 개별 구성 요소에 작업하는 데 사용할 수 있다.

다음 절 섹션에서는 이러한 솔루션을 설명하고 장점과 단점을 보여준다.

사이트 간 VPN

사이트 간 통신을 위한 VPN은 추가 보안을 제공할 수 있지만 또 한편으로는 좋지 않은 보안 관행을 안내할 수도 있다. 따라서 사이트 간의 모든 통신 흐름이 TLS를 사용하고 모든 곳에 화이트리스트 IP를 적용 가능한 경우 사이트 간 VPN을 더 이상 사용하지 않는 것이 좋다. 그 이유는 다음과 같다.

1. 사이트 간 VPN 설정은 TLS를 사용하는 것보다 더 많은 작업을 필요로 한다. VPN을 사용하려면 적절한 매개변수, 자격증명, 라우팅 정보를 사용해 방화벽 2대(대부분 이중화를 위해 4대를 구성)를 구성해야 한다.

2. 사이트 간 VPN을 사용하는 것은 안전하지 않은 프로토콜을 사용하는 경우 보안 수준이 떨어진다. 그 이유는 VPN이 터널에 들어가기 전에 양쪽 끝에서 데이터를 보호하지 않은 상태로 남겨두기 때문에 경계 내부로 들어가는 해당 트래픽을 공격자가 도청할 수 있기 때문이다.[7]

3. 사이트 간 VPN은 한 네트워크(대부분 대기업 네트워크)의 모든 사용자가 다른 네트워크(관리용 인터페이스와 같은)에 접속할 수 있다는 점에서 너무 조잡하다.

이는 네트워크 레벨보다 관리용 사용자 레벨에서 접근 통제를 수행하는 것이 좋다.

물론 추가 보안을 위해 VPN 내부에서 VPN과 TLS 연결을 모두 사용할 수 있다. 하지만 대부분의 경우 노력을 다른 곳에 사용하는 것이 좋으며, 먼저 TLS를 이용한

---

7. Edward Snowden의 폭발적인 폭로로 전 세계 인터넷 사용자가 이러한 잠재력에 대해 경고해 왔다(https://wapo.st/ 2GYnHGa).

엔드투엔드[end-to-end] 암호화에 우선순위를 둬야 한다. 공격자로부터 통신의 세부적인 내용(목적지 포트와 같은)을 숨기면 제한된 보안 이점이 있다. TLS와 VPN을 모두 사용하도록 선택하는 경우 IPsec과 같은 VPN에 대해 다른 프로토콜을 사용해야 한다. 그렇지 않으면 동일한 취약점으로 인해 공격자가 VPN과 VPN 내부의 전송 보안을 모두 손상시킬 수 있다.

클라이언트 투 사이트 VPN

대부분의 기업 내부 애플리케이션에 대한 최종 사용자 접속을 위해 더 이상 클라이언트 투 사이트 VPN을 권장하지 않는다.[8] VPN은 최종 사용자에게 불편하고 모바일 장치의 배터리 수명에 해로울 수 있다. 게다가 사용자 기반이 충분히 커지면 공격자가 일반 사용자 접속을 요청하고 부여할 수 있다. 4장에서 이미 통제를 구현했듯이 VPN 계층은 애플리케이션이 이미 사용하고 있는 동일한 접속 관리 통제의 중복된 구현일 수 있다. 애플리케이션에 VPN 접속을 요구하기로 결정한 경우 일반 사용자 자격증명을 발급하는 것과 완전히 다른 관리용 도메인에서 발급한 TLS 인증서와 같이 완전히 다른 VPN 자격증명 세트를 사용하는 것이 좋다.

하지만 클라이언트 투 사이트 VPN은 관리자가 클라우드 환경의 내부 작업에 접속할 수 있는 좋은 방법이 될 수 있다(또 다른 좋은 방법은 앞서 설명한 배스천 호스트나 점프 호스트를 사용하는 것이다). 일반 최종 사용자용이 아닌 관리자용 VPN을 제안하는 이유는 관리자가 사용하는 백엔드 연결이 더 위험하고(더 많은 연결로 인해 보안이 더 어려움) 비용이 낮기 때문이다(많은 최종 사용자에 비해 몇 명의 관리자만 있기 때문에). 그리고 공격자가 우연히 권한을 승인하기 어려울 정도로 충분히 관리자를 확보해야 한다. 따라서 대부분의 경우 VPN 접속은 관리자에게는 가치가 있지만 최종 사용자에게는 그렇지 않다.

---

8. 구글도 지원하지 않는다(http://bit.ly/2NutUuD).

VPN은 배스천 호스트보다 더 많은 프로토콜을 허용하는 장점과 단점을 모두 갖고 있다. 추가 프로토콜을 사용할 수 있는 것은 관리자의 삶을 편하게 할 수 있지만 손상된 워크스테이션을 도용하는 공격자가 프로덕션 네트워크를 공격하기 쉽게 만들 수도 있다. VPN은 세션 녹화도 지원하지 않으며 이러한 이유로 보안 수준이 높은 환경에서는 대부분 배스천 호스트를 사용한다.

클라이언트 투 사이트 VPN은 일반적으로 사용하기 쉽지만 관리자의 워크스테이션에 일종의 소프트웨어를 설치해야 하는 경우가 많으며, 이는 소프트웨어 설치를 제한하는 회사에서는 우려 사항이 될 수 있다. 대부분의 솔루션은 복잡한 자격증명(인증서나 키와 같은)과 2단계 인증을 사용해 쉽게 추측할 수 있는 자격증명이나 훔친 자격증명으로부터 위험을 완화하도록 지원한다.

다른 클라우드 플랫폼에서의 클라이언트 투 사이트 VPN 접속의 예는 표 6-2에 나열돼 있다.

표 6-2. 대중적인 클라우드 제공자가 제공하는 VPN 기능

제공자	VPN 기능
아마존 웹 서비스	아마존 관리된 VPN
마이크로소프트 애저	VPN 게이트웨이
구글 컴퓨트 플랫폼	구글 클라우드 VPN
IBM 클라우드	IBM 클라우드 VPN

 일부 산업이나 규제 기관 인증에는 VPN 연결 생성을 기록해야 할 수 있다. VPN 솔루션에서 연결 로그를 확보할 수 있는지 확인하라.

웹 애플리케이션 방화벽과 런타임 애플리케이션 자체 보호(RASP)

이 시점에서 경계, 내부 통제, 관리자가 필요에 따라 경계를 통과할 수 있는 방법이 있어야 한다. 이제 몇 가지 고급 통제 방법으로 이동해보자.

웹 애플리케이션 방화벽^{WAF}은 애플리케이션 내에 존재하는 일반적인 프로그래밍 오류, 취약점이 있는 라이브러리, 사용하고 있는 다른 의존성 등에 대한 추가 보호 계층을 제공하는 좋은 방법이다. WAF는 실제로 스마트한 프록시다. 요청을 받고 SQL 인젝션 공격과 같은 다양한 나쁜 행동에 대한 요청을 확인한 다음 안전한 경우 백엔드 시스템에 요청한다. WAF는 TCP/IP 트래픽이 완벽하게 정상적이며, 기존 방화벽이 애플리케이션 계층에 미치는 실제 영향을 보지 못하기 때문에 기존 방화벽이 방어할 수 없는 공격으로부터 보호할 수 있다.

WAF는 새로운 취약점을 빨리 대응하는 데 도움이 된다. 새로운 취약점에 대해 모든 시스템을 업데이트하는 것보다 WAF에서 취약점 공격을 차단하게 설정하는 것이 훨씬 빠르기 때문이다.

 기존 환경에서 WAF는 흔히 제자리에 배치된 후 무시되는 '깜박이 상자'일 수 있다. 기존 환경과 클라우드 환경 모두에서 적절한 규칙을 설정하지 않고 애플리케이션에 맞게 사용자 정의하지 않고, 규칙을 유지 관리하지 않으며, 경고를 확인하지 않으면 WAF를 이용해 얻을 수 있는 가치는 희박할 것이다. 많은 WAF는 '체크박스'에만 사용되며 코드 검사보다 PCI 컴플라이언스에 쉬운 경로를 제공하기 때문에 자리를 차지하고 있다.

클라우드 환경에서 WAF는 서비스형 소프트웨어^{SaaS, Software as a Service}, 어플라이언스, 또는 분산(호스트 기반) 모델로 제공될 수 있다. WAF 서비스나 어플라이언스의 경우 모든 트래픽이 실제로 WAF를 통과하게 반드시 주의를 기울여야 한다. 이를 위해서는 보통 화이트리스트 IP 목록을 사용해 WAF에서 나오지 않는 모든 트래픽을 차단해야 한다. 클라우드 WAF 제품에서 들어오는 요청에 대한 IP 주소 목록은 시간이 지남에 따라 달라지기 때문에 추가 유지 관리로 이어질 수 있다. 또한 단일 실패 지점^{Single point of failure}을 생성하지 않고서는 WAF 어플라이언스로 모든 트래픽을 라우팅하기는 어려울 수 있다. 일부 클라우드 제공자는 AWS 방화벽 관리자와 같은 서비스를 제공해 애플리케이션이 항상 WAF로 보호되는 것이 보장될 수 있도록 지원하는 서비스를 제공한다.

호스트 기반 모델에는 이러한 문제가 있다. 모든 트래픽은 분산 WAF로 처리될 것이다. 좋은 인벤토리 관리와 배포 프로세스가 필요하지만(WAF가 각 시스템에 배포되는 것을 보장하려고), 이는 모든 트래픽이 SaaS나 어플라이언스를 거쳐 흐르게 하는 것보다 더 쉬운 작업인 경우가 대부분이다.

런타임 애플리케이션 자체 보호[RSAP] 모듈은 여러 면에서 WAF와 유사하다. WAF와 마찬가지로 RASP 모듈은 애플리케이션 계층에서 악용을 차단하려고 시도하지만 사용되는 메커니즘은 크게 다르다. RASP는 애플리케이션 코드와 함께 임베딩하고, 요청만 보는 것이 아닌 애플리케이션이 요청을 어떻게 처리하는지를 관찰해 작동한다. RSAP 모듈은 특정 언어와 애플리케이션 환경을 지원해야 하지만 WAF는 거의 모든 애플리케이션 앞에서 사용할 수 있다. 일부 제공자는 WAF와 RASP 모듈을 모두 보유하고 있으며, RSAP 모듈과 WAF 모두 애플리케이션을 보호할 수 있다.

공격자 Molly는 일반 사용자로서 현관문으로 바로 들어가려고 시도할 수 있으며, 그녀가 모든 고객 데이터를 훔칠 수 있는 애플리케이션의 문제를 발견할 수 있다. 뜻하지 않게 애플리케이션에서 그녀가 데이터를 가져갈 수 있게 길을 남겨둔 경우 WAF나 RASP 모듈로 이를 차단할 수 있다.

웹 애플리케이션을 공격하는 가장 일반적인 방법 중 하나는 도난 당하거나 취약한 자격증명을 사용하는 것이다. Molly가 모든 데이터에 대한 접근을 제공하는 일련의 자격증명을 갖고 있는 경우 WAF나 RASP 모듈은 이러한 유형의 공격을 방어하지 못하므로 ID와 접근 관리가 매우 중요하다. 하지만 클라우드의 웹 애플리케이션을 위한 SaaS나 호스트 기반 WAF와 RASP 모듈을 사용하는 것을 여전히 권장한다. 그리고 API도 매개변수 검사에서 제한적인 이점을 얻을 수 있다.

클라우드 WAF 서비스는 통신하고 있는 모든 콘텐츠를 볼 수 있다. 이는 적절한 법적 계약이 확립돼 있고 평판이 좋은 WAF 회사와 거래할 때 대부분의 조직에서 문제가 되지 않지만 일부 보안 수준이 높거나 엄격한 조직에서는 문제가 될 수 있다.

안티DDoS

분산 서비스 거부 공격DDoS은 인터넷상에서 서비스를 제공하는 많은 기업에서 골 칫거리일 것이다. 허위 요청이 너무 많거나 불필요한 트래픽이 너무 많으면 정상 적인 요청자에게 서비스를 제공할 수 없게 된다.

우리가 논의한 다른 통제는 일반적으로 권장된다. 그들 없이는 위험을 감수해서는 안 된다. 하지만 안티DDoS 조치에 너무 많은 투자를 하기 전에 위협 모델을 확인 해야 한다. 좀 더 직설적으로 말하자면 누군가 인터넷에서 당신을 쫓아낼 만큼 충 분히 관심을 갖고 있는지? 그리고 그들이 그렇게 한다면 얼마나 당신에게 큰 문제 가 되는지? 훔쳐간 사본 데이터를 절대 제거할 수 없는 데이터 침해와 달리 DDoS 공격은 결국 소멸될 것이다.

어떤 종류의 온라인 소매 애플리케이션이나 대기업의 대표 웹 사이트 또는 다운 타임으로 인해 손실이 발생하거나 곤란해질 수 있는 게임 서비스와 같은 일련의 애플리케이션을 운영하는 경우 분명히 공격자가 공격을 멈추는 대가로 돈을 요구 하는 표적이 될 수 있다. DDoS 공격의 진입 장벽은 매우 낮다. 사이트가 처리하기 에 너무 많은 트래픽을 쉽게 생성할 수 있는, 저렴하게 이용할 수 있는 '테스트'용 서비스가 있다. 따라서 당신의 하루를 망치는 데 100달러를 가진 한 사람만 있으면 충분할 수 있다.

그러나 일부 다운 타임으로 인해 비즈니스가 분명히 제한되거나 혼란스럽지 않은 백 오피스 애플리케이션을 실행하는 경우에는 DDoS 방어 조치가 거의 필요하지 않을 수 있다. 이 경우 DDoS 공격의 위험을 감수하고 있음을 명확히 문서화하고 모든 이해 관계자의 동의를 얻어야 한다. 앞서 언급한(또는 매우 제한적인) 안티 DDoS 보호가 올바른 선택일 수 있지만 기본적인 선택 사항은 아니어야 하며, 가볍게 여겨서도 안 된다.

안티DDoS 조치는 '깜박이 상자'나 가상 어플라이언스일 수 있지만 오늘날 대부분의 경우 안티DDoS는 SaaS 모델로 제공된다. 이는 주로 규모의 경제 때문이다. 안티DDoS 서비스는 들어오는 모든 요청을 분류하고 가짜 요청을 필터링하려고 대규모 인터넷 파이프와 많은 컴퓨터 파워가 필요한 경우가 많지만 이러한 용량은 각 고객에게 이런 대응이 필요한 때에만 필요로 한다.

안티DDoS 서비스를 사용하기로 선택한 경우 클라우드 제공자를 사용하는 것을 권장한다. 해당 제공자를 사용해 모든 트래픽을 라우팅 하고, 규칙을 튜닝하고, 공격 시나리오를 연습하는 방법이 필요하다. 서드파티 제공자도 있으며, 일부 IaaS 제공자도 안티DDoS 서비스를 제공한다.

침입 탐지와 예방 시스템

기존 IT 환경에서 침입 탐지 시스템[IDS]은 통과하는 트래픽이 규칙 중 하나와 일치할 때 경고를 생성하는 깜박이는 상자와 같다. 침입 예방 시스템[IPS]은 경고 외에도 트래픽을 차단한다. IDS/IPS 에이전트는 각 호스트에 배포될 수 있으며 중앙에서 구성돼 해당 호스트로 들어오는 악성 트래픽을 탐지하고 차단할 수 있다. IPS/IDS는 거의 항상 동일한 제품으로 제공되며 일반적으로 동일한 통제로 취급된다. 트래픽이 악성이라고 확신하거나 위험 허용 범위가 더 낮은 경우 경고가 아닌 차단하도록 특정 규칙을 구성해야 한다.

IDS/IPS 규칙은 서명 기반일 수 있으며 통신 콘텐츠에 트리거된다(예를 들어 멀웨어 조각에 포함된 특정 바이트 스트림을 볼 때 트리거 된다). 이 기능이 작동하려면 IDS/IPS가 일반 텍스트 통신을 볼 수 있어야 하며 이는 모든 통신을 해독하려고 승인된 중간자 공격을 수행하는 경우가 많다. 이는 유효한 모델이지만 공격자에게는 IDS/

IPS가 중요한 표적이 될 수 있다. IDS/IPS의 공격자는 통과하는 모든 트래픽을 감시할 뿐만 아니라 IDS/IPS에서 사용하는 서명 인증서나 개인키를 획득한 공격자는 네트워크가 있는 다른 곳을 공격할 수 있다.

IDS/IPS 규칙은 네트워크 트래픽의 메타데이터에서만 트리거되는 행동을 기반으로 할 수도 있다. 예를 들어 많은 네트워크 포트(포트 스캐닝)에 대한 연결을 시작하는 시스템은 공격자가 소유할 수 있으므로 이를 확인하는 규칙을 만들 수 있다. 이러한 규칙은 트래픽이 종단 간 암호화돼 있는 경우에도 IDS/IPS가 내부를 볼 수 없게 하는 데 유용할 수 있다.

이 통제의 경우 기존 배포와 클라우드 배포 간에 큰 차이가 없다. 깜박이 상자 모델에서 상자는 흔히 클라우드 환경의 물리적 상자 대신 가상 어플라이언스일 것이다. 그러나 모든 트래픽은 반드시 해당 가상 어플라이언스를 거쳐 이동해야만 공격을 탐지하거나 예방할 수 있다. 가상 어플라이언스는 하드웨어 최적화 기능이 있는 전용 박스만큼 많은 트래픽을 처리할 수 없기 때문에 보통 확장성 우려로 이어질 수 있다. 또한 모든 트래픽이 통과하도록 인프라스트럭처 IDS/IPS 솔루션을 배치하는 것도 어려울 수 있다. 이 작업에 성공하면 트래픽이 최종 사용자에서 백엔드 시스템으로 직접 이동하는 것보다 IDS/IPS와 백엔드 시스템에 도달하는 데 추가 홉이 필요하므로 상당한 지연 시간이 추가될 수 있다.

클라우드 환경의 호스트 기반 IDS/IPS 솔루션은 기존 솔루션과 유사하게 동작하지만 이미 설치된 운영체제에 롤 아웃할 수 있는 것보다 더 쉽게 가상 머신 이미지나 컨테이너 계층으로 구울 수 있다. 보호되는 시스템이 전 세계에 퍼져 있을 수 있기 때문에 이미지에 결합하는 것은 클라우드 환경에서 더 사용하기 쉬운 모델이 될 수 있다.

문제에 대한 의견 차이가 있지만 WAF가 올바르게 사용되면 IDS/IPS가 경계 통제의 일부로 많은 가치를 추구하지 못할 수 있다. 이는 WAF가 IDS/IPS에서 대부분의 공격을 보지 못하게 예방하기 때문이다. 그러나 IDS/IPS는 이미 경계를 통과한 공격자를 탐지하는 데 매우 유용할 수 있다. 공격자 Molly가 클라우드 인스턴스 중 하나에서 포트 스캔으로 정찰을 수행하려고 시도하면 내부 IDS/IPS가 위협에 대해 경고할 수 있다.

이 장에 설명된 다른 통제를 이미 올바르게 구현하고 테스트했으며 추가 보호를 원하는 경우 호스트 기반 IDS/IPS 에이전트를 각 시스템 이미지에 적용하고 에이전트가 분석을 위해 중앙 로깅 서버에 보고하게 하는 것이 좋다.

이그레스 필터링

지금까지 다룬 모든 통제를 구현했으며 환경을 더욱더 강화하고자 한다. 틀림없이 외부로부터의 공격을 예상하고 차단해야 한다. 하지만 누군가가 우리의 구성 요소 중 하나를 통제할 수 있다. 따라서 신뢰할 수 있어야 하는 구성 요소의 아웃바운드, 또는 이그레스 통신을 제한하는 것도 좋은 생각이다. 다음은 이그레스 필터링^{Egress Filtering}을 수행하는 몇 가지 이유다.

- 공격자는 사용자가 통제할 수 없는 위치로 데이터를 전송해 데이터 복사본을 훔치고 싶을 수 있다. 이를 데이터 유출이라 한다. 이그레스 필터링은 공격자가 공격을 성공한 후에 데이터 유출을 줄이거나 늦출 수 있다. 그러나 정상적인 연결을 제한하는 것 외에도 추가적으로 DNS 터널링, ICMP 터널링, 기존에 허용된 인바운드 연결 하이재킹과 같은 다른 데이터 유출 경로도 차단해야 한다. 예를 들어 공격자가 웹 서버나 애플리케이션 서버를 손상시키는 경우 해당 시스템은 어떠한 이그레스 통제를 받지 않고 그냥 데이터를 제공한다. 이는 보호할 데이터의 양이 많을 때 주로 유용하다. 적은 양의 데이터는 기록하거나 스크린샷을 만들 수 있다.[9]

- 이그레스 필터링은 최종 사용자보다 서버에 대해 덜 일반적이지만 워터링

---

9. 이러한 유형의 복사를 흔히 '아날로그 홀'이라고 하며 차단이 거의 불가능하다.

홀 공격을 방지하는 데 도움이 될 수 있다. 예를 들어 정책은 신뢰할 수 있는 내부 소스에서 모든 구성 요소를 업데이트하도록 요구할 수 있다. 하지만 사람의 실수로 인해 공격자가 이미 악성코드를 제공하게 만든 손상된 업데이트 서버로, 비인가 호출을 만드는 서비스를 설정할 수 있다. 이 경우 이그레스 필터링은 잘못 구성된 구성 요소가 업데이트 서버에 도달하지 못하게 해당 공격에 대한 이차 방어선이 된다.

 일부 환경에서는 이그레스 필터링이 요구된다. 예를 들면 NIST 800-53 통제 항목에는 SC-7(5) 하위에 SC-5 중간 환경과 선택적 개선 사항으로 사용자 시스템이 다른 사람의 시스템에 대해 DDoS 공격에 참여하는 것을 방지하도록 요구한다. 이그레스 필터링 통제에는 간단한 아웃바운드 포트 제한, 아웃바운드 화이트리스트 IP, 포트 제한, 특정 구성 요소에 필요한 트래픽만 허용하는 인증 프록시가 포함될 수 있다.

아웃바운드 포트 제한은 트래픽을 제한하는 가장 간단한 방법이지만 가장 덜 효과적이기도 하다. 예를 들어 클라우드 배포의 어떤 부분이 기본 HTTPS 포트인 TCP/443이 아닌 다른 것과 통신하는 것은 좋지 않다고 결정할 수 있지만 이는 모든 대상에 TCP/443을 허용하는 것일 수 있다. 이는 일부 유형의 멀웨어가 통신하는 것을 방지할 수 있지만 전반적으로 매우 취약한 통제다. 클라우드 배포에서 포트 기반 이그레스 필터링은 앞서 설명한 인그레스ingress 통제 방식과 유사하게 시큐리티 그룹이나 NACL을 이용해 수행될 수 있다.

인바운드 IP 화이트리스팅과 마찬가지로 아웃바운드 IP 화이트리스팅은 CDN 및 GSLB의 부상과 함께 점점 더 실용적이지 않다. 이러한 도구는 콘텐츠와 서비스를 좀 더 빠르고 안정적으로 사용할 수 있게 매우 중요한 도구지만 콘텐츠가 빠르게 변하는 전 세계 여러 IP 주소에 상주할 수 있기 때문에 IP 기반 통제를 비효율적으로 만든다.

효과적인 이그레스 통제를 구현하는 일반적인 방법에는 두 가지가 있다. 첫 번째는 외부 세계와 직접 통신하지 않고 대신 프록시에 연결을 요청하도록 각 구성 요소를 강제 구성하는 것이다. 즉, 명시적 프록시를 사용하는 것이다. 대부분의 운영체제에는 명시적 프록시를 설정할 수 있는 기능이 있다. 예를 들어 리눅스에서는 HTTP_PROXY와 HTTPS_PROXY 환경 변수를 설정할 수 있고, 윈도우에서는 제어판에서 프록시 설정을 변경할 수 있다. 운영체제에서 실행되는 많은 애플리케이션이 프록시가 설정돼 있으면 사용하지만 모든 것에 해당되는 것은 아니다.

이를 수행하는 두 번째 방법은 투명한 프록시로 구현하는 것이다. 이 경우 네트워크상의 무언가(지능형 라우터 같은)가 트래픽을 프록시로 보낼 것이다. 그런 다음 프록시는 요청을 평가하고(예, 화이트리스팅된 URL로 이동하고 있는지?) 유효성 검사 요구 사항을 충족하는 경우 백엔드 시스템을 대신해 요청된다. Istio(http://bit.ly/2Izjwmw)와 같은 일부 최신 기술은 쿠버네티스 클러스터 내에서 허용된 트래픽만 투명하게 프록시할 수 있다.

HTTP는 확실히 프록시에 대한 가장 일반적인 프로토콜이지만 다른 프로토콜에도 사용할 수 있는 프록시가 있다. HTTPS 연결의 경우 소스는 X. 509 인증서로 대상이 올바른 시스템인지 확인해야 한다.[10] 투명한 프록시가 위험한 사이트와 같은 어떤 사이트로 위장할 수 있는 기능이 없으면 이 유효성 확인은 실패할 것이다.

 IDS/IPS와 마찬가지로 프록시 자체도 공격자에게는 매력적인 표적이 될 수 있다. 프록시에 접근할 수 있는 사람은 누구나 중간자 공격을 수행하고 그 공격으로 흐르는 데이터를 엿듣거나 수정할 수 있으므로 전체 애플리케이션을 쉽게 손상시킬 수 있다. 또한 프록시에 클라우드 배포의 구성 요소에서 신뢰하는 서명 인증서가 있는 경우 해당 서명 인증서를 획득한 공격자는 해당 인증서가 모든 구성 요소의 신뢰 스토리지에서 제거될 때까지 모든 사이트를 위장할 수 있다. 이그레스 트래픽에 대한 프록시를 구현하기로 선택한 경우 적어도 시스템의 다른 구성 요소와 마찬가지로 보호되는지 확인해야 한다.

일반적으로 침해 발생 시 데이터 유출 속도를 늦추는 것이 주요 우려 사항인 경우를 제외하고는 제한된 이그레스 통제(NACL과 시큐리티 그룹을 통한 포트 레벨 통제 같은)만 권장한다. 많은 양의 귀중한 데이터가 있고 자신에게 응답할 시간을 추가로

---

10. 연결 오류 문제를 해결하기 위한 아주 일시적인 조치를 제외하고는 인증서 확인 기능을 끄지 말라. TLS는 인증서 검사 기능이 해제된 경우 매우 제한된 보호만 제공한다.

제공하려는 경우 엄격한 이그레스 통제가 도움이 될 수 있다. 이 예에서는 이그레스 프록시와 데이터 손실 방지 시스템의 조합을 보여주지만, 이는 서비스로서 제공되는 서비스로 수행될 수 있다.

데이터 손실 방지

데이터 손실 방지^{DLP, Data Loss Prevention}는 환경에 부적절하게 저장되거나 환경을 벗어나는 민감한 데이터가 있는지 감시한다. 클라우드 제공자는 DLP 서비스를 다른 서비스에 대해 추가 기능으로 제공하거나 사용자가 사용자 환경에서 직접 DLP 통제를 구현하도록 선택할 수 있게 제공한다.

Iaas/PaaS 클라우드 환경에서 구현되는 경우 DLP는 이그레스 통제의 일부로 구현될 수 있다. 예를 들어 아웃바운드 통신을 위한 웹 프록시는 아웃바운드 통신에서 신용카드 정보가 포함된 경우 관리자에게 경고하거나 아웃바운드 통신을 차단하도록 DLP 기술로 설정할 수 있다. 또한 DLP는 IDS/IPS 장치에 통합되거나 트래픽이 해독되고 검사돼 흐르는 독립형 가상 어플라이언스로 수행할 수 있다.

SaaS 환경은 DLP를 직접 통합해 특정 데이터 유형이 전혀 저장되지 않게 하거나 이러한 정보에 자동으로 태그를 지정하게 할 수 있다. 이러한 유형의 DLP는 가능한 경우 이그레스 기반 DLP 통제보다 훨씬 효과적일 수 있지만 SaaS에 매우 특화돼 있다.

결제 정보나 개인 건강 데이터와 같은 민감한 정보가 있는 경우 DLP 통제를 클라우드 환경에 통합해야 할 수 있다. 그러나 대부분의 클라우드 배포에서는 DLP가 요구되지 않을 수 있다. 솔루션을 신중하게 구성하고 경고에 대한 후속 조치를 취하고 오탐지를 처리하지 않는 한 DLP는 잘못된 보안 감각만 제공할 수 있다.

정리

공격자 Molly가 실제로 대부분의 경우에 무엇을 할지 아는가? 그녀는 찾을 수 있는 모든 시스템에서 엔맵[Nmap], Nessus, 버프 스위트[Burp Suite]와 같은 스캐닝 도구를 중점적으로 활용할 것이다. 그녀는 명령 주입 공격, 기본 자격증명으로 구성한 MySQL 인스턴스, 취약한 SMTP 서버, 모든 취약점과 자산 관리 프로세스 등이 있음에도 불구하고 바보같이 구성된 것들을 발견할 것이다. 그녀는 기본 자격증명, 패치되지 않은 취약점, 유사한 문제 등을 사용해 나머지 시스템에 침입해 손상시킬 것이다.

공격자는 여러 가지 이유로 침입할 수 있다. 자산 관리 프로세스가 유출됐거나, 공격에 취약 기능이 우연히 켜졌거나, 취약점 관리 프로세스가 취약한 구성 요소 또는 구성을 탐지하는 것을 놓쳤거나, 이런 일을 회피하려고 구현한 정책과 통제에도 불구하고 누군가가 바보같이 단순한 암호를 설정한 경우일 것이다. 이러한 경우 네트워크 통제는 첫 번째 또는 마지막 방어선이 될 수 있지만 유일한 방어선으로 의존해서는 안 된다.

예를 들어 경계는 누군가가 다른 프로세스에서 이러한 실패를 악용하는 것을 막거나, 적어도 진행 중인 공격을 알려주고 대응할 수 있는 기회를 제공할 수 있다. TLS는 작은 발판을 가진 공격자가 자격증명이나 데이터를 스니핑하는 것을 방지할 수 있다. WAF는 애플리케이션을 속여 프론트 도어를 이용해 모든 데이터를 제공하는 주입 공격 앞에 뛰어들 수 있다. 시큐리티 그룹은 이렇게 말하며 보호에 도움을 줄 수 있다. "이것이 구성 요소 X에 대한 가상 머신이나 컨테이너 구성 요소 X에 대한 특정 트래픽만 허용해야 하며, 일부 관리용 작업도 허용해야 한다. 또한 관리용 작업은 여기서만 할 수 있다."

이러한 이유로 네트워크 통제는 클라우드 환경에 대한 중요한 보호 계층이다. 기술적으로 복잡한 통제를 많이 사용할 수 있지만 노력에 대한 최상의 보호를 얻으려면 우선순위를 지정하는 것이 중요하다. 나열된 순서대로 다음 단계를 수행하는 것을 권장한다.

1. 신뢰 경계 내에 있는 애플리케이션의 다이어그램을 그린다.

2. 인바운드 연결이 TLS를 사용하고 유선으로 이동할 수 있는 모든 구성 요소 간 통신이 인증과 함께 TLS를 사용하는지 확인한다.

3. 경계와 내부 분할을 강제화하고, 관리자가 배스천 호스트, VPN, 클라우드 제공자가 제공하는 다른 방법으로 관리자가 시스템을 안전하게 관리할 수 있게 한다.

4. 필요하다면 웹 애플리케이션 방화벽, RASP, IDS/IPS를 설치한다.

5. 필요하다면 DDoS 보호를 설치한다.

6. 최소한 제한된 이그레스(아웃바운드) 필터링을 설치한다.

7. 이러한 모든 구성을 정기적으로 확인해 여전히 정확하고 유용한지 확인해야 한다. 일부 클라우드 제공자는 네트워크 구성을 포함해 구성을 점검하는 서비스를 제공한다. 예를 들어 시스템의 모든 시큐리티 그룹이 특정 IP에 대해서만 SSH를 허용하게 구성돼 있는지 자동으로 확인할 수 있다.

여기에 제시된 통제 중에 어떤 것도 '체크박스' 모드에서 특히 효과적이지 않는 것은 다소 분명하다. 배포한 다음 그것을 튜닝, 업데이트, 그리고 그것이 무엇을 탐지했는지 조사하는 것 등에 신경 쓰지 않으면 말이다. 이러한 통제를 설정하는 것뿐만 아니라 로그를 지속적으로 검토해 침입 시도나 이미 네트워크에서 측면으로 이동하려는 공격자를 탐지하는 것도 매우 중요하다.

보안 침해 사고 탐지, 대응, 복구

지금까지 클라우드 자산이 무엇인지 알게 됐으며 클라우드 자산의 적절한 보호 수단을 마련했다. 지금까지 모든 것이 순조롭게 진행됐다.

추리 소설을 읽다보면 3분의 2를 읽게 됐을 때 미스터리가 풀리는 것처럼 보이지만 실제로 이야기는 아직 마무리되지 않았다는 것을 알 것이다. 이 책에도 아직 페이지가 남아 있으므로 클라우드 보안에 대한 내용이 아직 끝나지 않았다는 것은 별로 놀랄 일도 아닐 것이다.

이전의 모든 장에서는 자산 식별과 보호를 다뤘다. 불행히도 모든 자산을 식별하고 보호하는 것이 성공하진 않는다. 실제로 일부 조직과 산업에서 작은 보안 사고는 일상생활의 일부라고 할 수 있다. 때때로 공격자는 어떤 시점에서 자산에 대한 비인가 접근을 시도하는데, 거의 성공한다. 이와 같이 공격자가 정보 자산에 비인가 접근을 시도할 때 가능한 한 빨리 비인가 접근이 시도된 것을 탐지해 공격자를 쫓아내고 시스템이 손상을 입었다면 필요한 조치를 하는 것이 기본적인 대응 방향이다. 비인가 접근을 탐지하고 대응하는 과정에서 공격자가 주로 하는 행위와 공격이 진행되는 방식을 이해한다면 도움이 될 것이다.

지난 몇 년 동안 유명한 보안 침해 사고를 많이 봤다. 나쁜 위반과 더 나쁜 위반을 구별하는 데 대한 좋은 점은 사실 없다. 다만 피해자가 얼마나 효과적으로 대응했는지, 그리고 탐지하는 데 얼마나 오래 걸렸는지 그런 차이가 있을 뿐이다. 477개 기업을 대상으로 한 조사에서 침해 사실을 확인하는 데 소요된 평균 시간은 197일이었고, 100일 내에 침해 사실을 확인한 기업은 100일 이상 걸린 기업에 비해 100만 달러 이상을 절약한 것으로 나타났다. 그 점을 염두에 두고 문제가 더 큰 재해가 되기 전에 탐지하고 대응할 수 있는 방안을 강구해보자.

킬 체인

공격자가 할 수 있는 일을 설명하는 여러 개의 사이버 킬 체인$^{Kill Chains}$이 있다. 현재 가장 대중적인 것으로는 록히드 마틴의 사이버 킬 체인(https://www. lockheedmartin.com/en-us/capabilities/cyber/cyber-kill-chain.html)과 MITRE ATT& CK 프레임워크(https://attack.mitre.org/)('어택^{attack}'으로 발음)가 있으며, 폴 폴스$^{Paul Pols}$가 작성한 CIA의 논문 「The Unified Kill Chain」(https://www. unifiedkillchain.com/assets/The-Unified-Kill-Chain.pdf)에도 많은 내용이 기록돼 있다.

킬 체인은 정찰, 무기화, 전달, 착취, 설치, 명령, 통제, 목표에 대한 조치 같은 일반적인 공격 단계를 자세히 설명한다. 나는 침해 사고 대응 팀이 킬 체인 중 적어도 하나를 숙지하고 이해할 것을 권고한다. 공격자가 어떤 조치를 취할 것 인지 이해하는 것은 공격자가 적극적으로 공격하는 것에 대응할 때 도움이 될 수 있기 때문이다. 이 장의 뒷부분에서 한 가지 예를 살펴보겠다.

기존 IT와의 차이점

1장의 책임 공유 모델 다이어그램(그림 1-8)을 다시 한 번 살펴보자.

기존 환경에서는 모든 단계에서 일어나는 것들을 걱정해야 했다. 클라우드 제공자에 대한 좋은 소식은 다른 통제 장치와 마찬가지로 침입 탐지와 대응은 제공자 책임이 있는 영역 내에서 제공자의 역할이라는 것이다.

사용자는 클라우드 제공자에 의해 침해에 영향을 받을 수 있으며, 이 경우 클라우드 제공자는 사용자에게 알려줘야 되고, 사용자는 사용 중인 서비스에 대해 특정한 대응이나 복구 활동을 수행해야 할 수도 있다. 그러나 대부분의 경우 사용자가 행하는 모든 탐지, 대응과 복구 활동은 '소비자 책임'이라고 표시된 영역 안에 있게될 것이다. 대부분의 경우 암호 키에 접근하는 것처럼 제공자가 사용자를 대신해 작업을 수행하는 것을 볼 수 있지만 제공자 책임 소재 범위 내에 있는 로그는 볼 수 없다. 그러나 클라우드 환경에는 특권 사용자의 중요하고 새로운 로그 소스가 있다. 제공자의 포털, API, 커맨드라인 인터페이스를 사용해 사용자가 수행한 작업을 추적할 수 있다.

클라우드 환경에서는 물리적 하드웨어를 만질 수는 없다. 많은 침해 사고 대응 팀은 포렌식 노트북, 하드 드라이브 복제기, 유사한 기술이 적용된 '점프 백^{jump bag}'을 사용한다.

여전히 비클라우드 인프라스트럭처(예, 직원 노트북 악성 프로그램 감염)와 관련된 문제를 처리할 때 기존 방식의 대응 도구가 필요할 수 있지만 클라우드상에서 침해 사고 대응을 할 때에는 '점프 백' 도구와 같은 가상 클라우드 기반 도구가 필요할 것이다. 이는 클라우드 침해 사고 대응 포렌식 파트가 어디서든 수행될 수 있음을 의미하지만 포렌식 대응과 관련된 다른 사람들과 물리적으로 동일한 위치에 있으면 여전히 상당한 이점이 있을 수 있다는 것을 의미한다.

확인해야 할 것

합리적 크기의 시스템은 매우 많은 다양한 로그와 메트릭을 제공하므로 보안 목적에 유용하지 않은 데이터는 쉽게 파묻힐 수 있다. 따라서 중요하게 볼 것을 고르는

게 매우 중요하다. 불행하게도 중요한 데이터를 고르는 것은 환경과 애플리케이션에 따라 다르다. 따라서 소유한 자산과 그 자산을 공격할 가능성이 가장 높은 사람들에 대한 위협 모델과 3장에서 다룬 자산 관리 파이프라인 내에 어떤 로그가 나오는지 생각해볼 필요가 있다.

예를 들어 테라바이트의 많은 데이터를 갖고 있다면 네트워크 트래픽 양과 연결 길이에 대한 메트릭을 보는 것은 누군가 데이터를 훔치는 것을 찾아내는 데 매우 유용하다. 그러나 이와 같은 네트워크 트래픽 측정 항목은 누군가가 백도어로 시스템을 손상시키려고 소프트웨어를 배포할 때 유용하지 않다. 그럴 경우 데이터 볼륨, 목적지, 세션 길이는 변하지 않겠지만 내용은 손상될 것이다.

또 다른 예로 바이러스 백신 소프트웨어와 같은 특정 도구에 대한 비용을 지불했고, 모든 클라우드 가상 머신에 백신이 실행되고 있다는 것을 확신하는 작업을 수행했다면 백신이 무언가를 발견했다고 알려줄 때 이를 무시하는 것은 매우 어리석은 것이다. 사용자나 관리자가 백신 소프트웨어로부터 경고가 표시된 것을 확인한다면 다양한 공격에서 정보 자산을 보호할 수 있다. 그러나 공격 일부만 차단했거나 의심스럽지만 차단하지 않은 것을 탐지했을 수 있다. 시스템에 멀웨어가 어떻게 침입했는지, 공격은 완전히 차단됐는지 여부를 조사해야 한다.

일단 위협 모델을 생각하고 있고, 어떤 구성 요소들로 환경을 구성하는 것이 좋겠다는 생각이 들면 다음 내용은 무엇을 바라볼지에 대한 몇 가지 좋은 출발점을 다룬다. 물론 환경에 따라 크게 달라지겠지만 우선순위는 대략 순서대로 돼 있다. 이번 장의 마지막 부분에서 샘플 애플리케이션을 살펴볼 때 좀 더 구체적인 예를 알아보자.

로그, 이벤트, 경고, 메트릭

로그나 이벤트는 발생한 특정 상황에 대한 기록이다. 예를 들어 사용자가 인증하거나 웹 요청을 하거나 5분 동안 CPU 사용량이 높거나 복잡한 환경에서 발생할 수 있는 다른 많은 일이 있을 때마다 환경에서 로그 레코드가 생성될 수 있다.

경고는 시스템이 누군가에게 알릴 가치가 있다고 결정하는 일종의 이벤트다. 백신 소프트웨어가 업데이트된 정의를 가져왔다는 사실은 이벤트다. 실제로 멀웨어를 발견했다는 사실은 경고해야 한다.

메트릭은 무언가에 대한 정보를 제공하는 일련의 숫자다. 메트릭은 일반적으로 시간을 기준으로 하기 때문에 매분마다 얼마나 많은 인증 요청이 발생했는지 메트릭을 수집해야 한다. 사용할 수 있는 디스크 공간이 얼마나 되는지 또는 웹 요청 수에 대해 매분마다 메트릭이 수집될 수도 있다.

로그의 주요 장점은 발생한 일에 대해 더 많은 정보를 제공하지만 활동이 증가됨에 따라 로그 저장과 검색 비용이 빠르게 증가할 수 있다는 것이다. 웹 요청이 두 배 많아지면 로그 레코드가 두 배가 된다. 한편 각 기간 동안 메트릭에 의해 보고되는 숫자는 활동이 증가함에 따라 더 커지지만 메트릭의 저장과 처리에 드는 비용은 증가하지 않는다(일반적으로 숫자 '100'과 '200'을 저장하는 데 동일한 공간이 필요하기 때문이다). 로그와 메트릭은 모두 보안 사고를 감지하고 경고를 생성하는 데 유용할 수 있고 처리할 로그 항목이 너무 많을 경우 메트릭이 경고에 더 나은 선택이 될 수 있다.

다음 유형의 각 이벤트에 대해 로그 항목에 유용한 데이터가 충분한지 확인해야 한다. 최소한 이것은 보통 언제, 무엇을, 누가, 이벤트가 언제, 무슨 일이 있었으며, 누가 이벤트를 촉발했는지를 의미한다. 경우에 따라 'who'는 어떤 시스템이 높은 CPU 사용량을 사용하는지 보고자 할 때 시스템이나 기타 자동화된 도구일 수 있다.

단, 비밀번호, API 키, 민감한 개인정보, 보호된 건강 정보 또는 기타 민감한 데이터를 절대로 로그에 집어넣어서는 안 된다. 대부분의 경우 로그에 접근할 수 있는 모든 개인이 해당 정보를 볼 수 있는 권한을 갖는 것이 아니다. 또한 민감한 정보의 사본을 필요 이상으로 많은 장소에 보관하는 것은 실수로 정보가 공개될 위험을 증가시킨다.

실제로 개인정보 보호 차원에서 가능한 경우 개인 식별 데이터를 로그에 직접 기록하지 않아야 한다. 로그에서 참조되는 사람을 파악 가능해야 하는 경우 전역 고유 식별자(GUID)와 같은 개인을 식별할 수 없는 고유 ID를 사용하고, 해당 GUID를 실제 개체와 연관시킬 수 있도록 다른 곳에 테이블을 보관하자.

로그의 중요한 데이터에 대한 규칙 예외는 권한 있는 사용자 모니터링을 위한 세션 기록이고, 암호나 기타 중요한 정보를 기록할 수 있다. 이 경우 세션 레코드에 대한 접근은 매우 엄격하게 제어돼야 하지만 권한이 있는 사용자를 감사할 수 있다는 이점은 일반적으로 해당 레코드에 시크릿이 있을 위험보다 더 크다.

특권 사용자 접근

환경에 있는 거의 모든 사용자를 로깅해야 하고 특권 사용자는 최소한 랜덤하게라도 주기적으로 권한 오남용 등 특이점이 있는지 점검해야 한다. 이를 지켜보는 좋은 방법으로, 상황을 기반으로 몇 가지 질문을 생각해보자. 예를 들어 "저 사람은 왜 로그인하는 거지?", "저 사람은 회사를 그만둔 사람 아닌가?", "누군가 이 계정을 알고 있는가?"와 같은 질문은 악의적인 행위를 탐지할 수 있는 질문이다.

특권 사용자 접근 모니터링을 하는 것이 관리자를 신뢰하지 않는다는 의미가 아니다. 완벽한 세상에선 어떤 한 사람에게도 100% 신뢰를 줄 필요는 없는 것이다. 모든 작업은 수행 중인 작업에 대해 알고 있는 두 명 이상의 사람으로 끝날 것이고, 적발되지 않고 작업을 수행하려면 공모가 필요할 것이다.[1] 높은 수준의 근면성은 모든 조직의 모든 작업에 반드시 필요한 것은 아니지만 자금 이체나 시크릿 데이터 스토리지에 대한 접근과 같은 고부가가치 작업에는 추가적인 보호 대책을 고려해야 한다. 보안 사고의 가장 일반적인 원인 중 하나는 자격증명을 분실하거나 도난당한 경우일 것이며, 관리자가 수행하는 작업을 감시하는 것은 관리자로 위장한

---

1. '4안 원칙', '2인 규칙'이라고도 한다.

나쁜 사람을 잡는 좋은 방법이다.

클라우드 제공자는 누군가 클라우드 관리 인터페이스(웹 포털, API 또는 커맨드라인 인터페이스)를 사용해 관리자 중 한 명으로 로그인한 경우와 그 활동을 기록할 수 있다. 예를 들어 '인스턴스 생성', '데이터베이스 생성' 또는 '관리자 생성' 로그는 AWS 클라우드트레일^{CloudTrail}, 애저 액티비티 로그^{Activity Log}, 구글 스택드라이버 로깅^{Stackdriver Logging}, IBM 클라우드 액티비티 트래커^{Cloud Activity Tracker}와 같은 클라우드 서비스에서 수집할 수 있다. 그러나 경우에 따라 로깅 기능을 명시적으로 설정해야 하고, 로그 보관 위치와 기간을 지정하고 스토리지 비용을 지불해야 한다.

클라우드 제공자가 수집한 특권 사용자 로그 외에도 관리자는 클라우드 환경에서 생성된 시스템에 대한 접근 권한을 갖는 경우가 많다. 예를 들어 가상 컴퓨터나 방화벽 장치나 데이터베이스에 관리 계정이 존재할 수도 있다. 이들에 대한 접근은 syslog와 같은 프로토콜을 사용해 보고될 수 있다. 관리자가 공유 ID를 체크아웃하려고 암호 스토리지와 같은 다른 시스템을 사용하고 있을 수도 있다. 일반적으로 관리자가 권한 작업을 수행하는 데 사용하는 모든 시스템은 나중에 검사할 수 있도록 해당 작업을 기록해둬야 한다.

관리적 활동 로그는 오염된 로그와 정화된 로그에 레이블을 지정해 두 가지 유형으로 나눠야 한다.

오염된 로그에는 공격자가 시스템에 직접 접근할 수 있는 암호 및 API 키와 같은 민감한 정보가 포함돼 있을 수 있다. 사용자 환경에 오염된 로그가 없을 수도 있다. 일반적으로 오염된 로그는 의심되는 사건이 발생 중이거나 정기적으로 관리 세션을 점검하는 소규모 모니터링 팀이 접근할 수 있어야 한다. 오염된 로그에 접근하면 둘 이상의 사람이 로그에 접근했음을 알 수 있도록 알림 형식을 트리거해야 한다. 오염된 로그의 예는 다음과 같다.

- 시큐어 셸 세션 로그나 명령과 옵션을 보여주는 기타 로그

- 가상 머신에서 관리자가 아마존 EC2 실행 명령과 같은 클라우드 제공자 기능을 이용해 실행하는 정확한 명령(그런 명령으로 시크릿이 기록되는 걸 막을 방법이 없다면)

- 컨테이너에서 관리자가 실행한 정확한 명령(해당 명령으로 시크릿이 기록되지 않게 하는 걸 막는 방법이 없는 경우)(예, kubectl exec로 시작하는 컨테이너)

정화된 로그는 시크릿을 포함하지 않도록 특별히 설계됐다. 대부분의 로그는 이 범주에 속해야 한다. 다음은 정화된 로그의 몇 가지 예다.

- 관리자가 클라우드 API나 클라우드 제공자 콘솔로 수행하는 작업

- 관리자가 쿠버네티스 콘솔에서 수행하는 작업(예, 새 애플리케이션 배포나 추가 사용자 권한 부여)

- 시스템의 모든 구성 요소에 대한 인증과 인가 성공 및 실패. 예를 들어 관리자가 클라우드 콘솔에 성공적으로 로그인했지만 클라우드 콘솔에 리소스를 생성할 수 없는 경우 두 이벤트가 모두 기록돼야 한다.

방어 도구에서 생성되는 로그

바이러스 백신 소프트웨어, 방화벽, 웹 애플리케이션 방화벽, 침입 탐지 시스템, 네트워크 모니터링 도구와 같은 방어 도구가 있는 경우 이러한 도구가 생성하는 로그를 확인해야 한다. 방어 도구가 모든 공격을 100% 막을 수 있다고 확신할 수는 없다. 경우에 따라 방어 도구가 초기 공격을 차단하고 후속 공격을 통과시키거나 공격을 차단하지 않고 발생한 일만 기록할 수 있다. 따라서 방어 도구에서 로그를 수집하고 분석해야 하며, 그렇지 않으면 조기 경고의 큰 이점을 포기하게 될 수도 있다.

문제는 방어 도구 중 일부는 필수적으로 소음이 있고 오탐지 경고 비율이 높다는

것이다. 오탐지의 위험을 과소평가하지 말자. 자신 스스로와 조직 내의 직원들이 실제로 중요할지도 모르는 경고를 무시하도록 훈련하는 것은 매우 쉽다. 오탐지를 보는 사람들이 처리에서 특정 로그를 모두 걸러 내거나 도구가 잘못된 경고를 자주 생성하지 않도록 시스템을 조정할 수 있게 피드백 루프가 필요하다. 물론 이것은 긍정적인 결과를 필터링하거나 제거할 위험이 있기 때문에 기술이지만 대부분의 경우 경고를 완전히 무시하지 않도록 매우 작은 위험을 감수해야 한다. 여러 보호 계층이 있어야 하는 것처럼 악성 활동을 탐지하는 도구 하나에만 의존하지 않도록 다중 탐지 계층도 있어야 한다.

클라우드 환경에서 이상적인 방어 도구에 대한 로깅 권장 사항은 온프레미스 환경과 매우 유사하다.

안티DDoS

서비스 거부 공격으로부터 방어하려고 사용하는 시스템은 시간이 지남에 따라 증가하거나 강탈 시도가 발생할 가능성이 있음을 나타낼 수 있으므로 공격에 대해 경고하도록 구성해야 한다. 또한 DDoS 공격은 다른 침해 활동을 은폐하기 위한 연막이 될 수 있다. 그러나 이것이 얼마나 흔한지에 대해서는 의견이 각기 다르다.[2]

웹 애플리케이션 방화벽

분산과 중앙 집중식 웹 애플리케이션 방화벽[WAF] 솔루션은 모두 차단된 공격이나 의심스러운 요청에 대해 경고할 수 있다. 이 경고는 웹 애플리케이션에 대한 공격이 시도된 시기를 이해하는 데 유용할 수 있다.

---

2. 2017년, 전 세계 DDoS 공격과 사이버 인사이트 연구 보고서(https://www.discover.neustar/201705-Security-Solutions-DDoS-SOC-Report-LP.html)에 따르면 "DDoS 공격은 흔히 다른 사이버 범죄 활동과 함께 사용 됐다." 버라이즌 데이터 유출 조사 보고서(http://bit.ly/2bOqPlj)에 따르면 "서비스 거부 패턴에서 한 자릿수 이상의 침해가 발생한 적이 어느 해에도 없었다." 주목할 점은 첫 번째 보고서는 DDoS 방어 공급업체에서 발행한 것이다.

WAF는 흔히 PCI DSS 인증에서 수동으로 코드를 검토하는 대신 WAF를 사용해 코드를 검토하는 것으로 증명하기도 한다. 그 일환으로 WAF 시스템의 로그를 유지 및 분석하고 있음을 보여줘야 한다.

방화벽과 침입 탐지 시스템

인터넷에 연결된 방화벽과 IDS는 경고에 대해 상당히 낮게 조정해야 한다. 인터넷에 노출된 시스템은 지속적으로 낮은 등급의 공격(예, 포트 스캔과 암호 추측)을 받고 있기 때문이다. 그러나 방화벽과 같은 시스템에서 제공한 기록 데이터는 침해 사고가 의심될 때 유용할 수 있다.

반면 경계 내에 배치된 방화벽이나 IDS는 상당히 민감하게 조정해야 한다. 이 경고는 구성이 잘못됐거나 실제 공격을 나타내는 것일 수 있기 때문이다. 경고를 유발하지 않도록 화이트리스트에 올릴 수 있는 다른 방어적 도구 외에도 실제로 내부 네트워크를 검색하거나 연결에 실패하는 것은 없다.

이와 동일한 일반 범주에는 네트워크 트래픽 분석 시스템이 있으며, 일반적으로 라우터와 스위치에서 흐름 데이터를 수집해 데이터가 환경으로 들어오고 나가는 방법의 전반적인 그림을 제공한다. 또한 문제가 있음을 나타내는 경고를 보내도록 구성할 수도 있다.

안티바이러스

자산 관리 시스템의 범위 내에 있는 시스템에서 안티바이러스 소프트웨어를 실행하지 않거나 멀웨어가 발견되면 경고를 받는다.

침입자가 시스템에 침입하려고 취약점을 악용할 때 첫 번째 단계는 일반적으로 시스템에 일부 멀웨어를 설치하는 것이다. 공격자가 똑똑한 경우 공격자가 사용하는 멀웨어가 사용자가 설치한 안티바이러스 소프트웨어에 걸리지 않을 정도로 충분히 개조됐는지 확인한다. 공격자는 서비스를 사용하거나 탐지되지 않게 하려고 모든 안티바이러스 소프트웨어를 이용해 멀웨어를 실행하는 실험을 할 수 있다. 다행스럽게도 모든 공격자가 똑똑한 것은 아니며 안티바이러스와 같은 도구는 여전히 멍청한 공격자를 잡는 데 매우 유용하다. 도구가 100 % 효과적이지 않다고 거부하지 말자.

 유명한 2013년 침해 사건에서 중대한 실수 중 하나는 멀웨어 방어 소프트웨어의 경고를 무시했다는 것이다.

엔드포인트 탐지와 대응

기존 멀웨어 방지 소프트웨어가 주로 악의적인 활동을 차단하는 데 중점을 두는 경우 엔드포인트 탐지와 대응EDR, Endpoint Detection and Response 소프트웨어는 팀이 첫 번째 방어선을 통해 발생한 위협을 조사하고 대응할 수 있게 하는 데 더욱 중점을 둔다. 안티바이러스 소프트웨어가 구조물의 불꽃 방지 물질과 같다면 EDR 소프트웨어는 연기 감지기와 스프링쿨러 시스템과 같다.

EDR은 일반적으로 시스템에서 실행된 각 실행 파일이나 라이브러리의 해시 값 또는 시도된 네트워크 연결 기록과 같은 실행 중인 시스템에 대해 많은 정보를 기록해 수행된다. 이 정보 중 일부는 운영체제나 네트워크 로그로 얻을 수 있지만 EDR 소프트웨어는 모든 정보를 한곳에 쉽게 모을 수 있다. 여기에서 새로 발견된 명령과 제어 서버나 새로 보고된 멀웨어 서명과 같은 위협 인텔리전스 피드와 연결해 현재와 과거 활동을 모두 탐지할 수 있다. 공격이 확인되면 일부 EDR 소프트웨어를 사용해 시스템을 검역소에 보관하고 조사할 수도 있다.

이러한 기능은 흔히 침해 사고 대응 팀에서 대화식으로 사용되지만 EDR 솔루션은 환경에서 위협이 발견되면 경고를 보낸다. 따라서 백신 소프트웨어와 EDR은 다소 중복될 수도 있다.

파일 무결성 모니터링

일부 파일은 주기적으로 변경돼서는 안 되고 파일들이 변경됐다면 공격의 증거 일 수도 있다. 예를 들어 누군가 로깅 시스템의 구성을 수정했다면 의심스러운 것이 다. 실제로 리눅스 시스템에서 /etc 디렉터리 트리에 대한 대부분의 변경 사항은 의심의 여지가 있는 것이다.

파일 무결성 모니터링FIM, File Integrity Monitoring 소프트웨어는 특정 파일이 변경될 때 경고할 수 있으며 일부 제품에서는 특정 윈도우 레지스트리 항목이 변경될 때 경고할 수도 있다. 일부 클라우드 제공업체는 IaaS 클라우드 관리 플랫폼의 일부로 FIM 기능을 제공한다. 시스템에 배포할 수 있는 무료 버전과 유료 버전의 FIM 제품도 있다.

 파일 무결성 모니터링은 PCI DSS 인증을 위해 명시적으로 필요하며 일부 감사인은 플랫 파일 뿐만 아니라 윈도우 레지스트리 변경도 포함하도록 요구할 수 있다.

클라우드 서비스 로그와 메트릭

대부분 클라우드 제공자는 관리자 작업 로깅 외에도 서비스에 대한 유용한 로그와 메트릭을 제공한다. 사용 중인 클라우드 서비스에 사용할 수 있는 로그와 메트릭을 탐색하고 공격으로 인해 피해를 입거나 사후에 얼마나 나쁜지 파악하는 데 유용한 정보를 고려하자. 다음은 그 예다.

CPU 사용 메트릭

사용량 증가로 설명되지 않은 CPU 사용량 스파이크는 랜섬웨어나 비트코인 채굴이 활성화된 것을 나타내는 신호일 수도 있다.

네트워크 로그와 메트릭

예를 들면 가상 프라이빗 클라우드 서브넷을 사용하는 경우 많은 클라우드 제공자가 서브넷의 입/출력 데이터에 대한 메트릭과 허용/거부된 트래픽을 표시하는 흐름 로그를 제공할 수 있다. 소스가 자신의 구성 요소일 때 거부된 트래픽은 구성이 잘못됐거나 공격을 나타내므로 조사해야 한다. 네트워크 트래픽이 급증하면 서비스 거부 공격이 시작됐거나 공격자가 적극적으로 데이터를 훔치고 있다는 것을 나타내고 있는 것이다.

스토리지 입출력 메트릭

사용량 증가로 설명되지 않은 입출력 스파이크에는 랜섬웨어에 감염됐거나, 서비스 거부 공격이나 공격자가 데이터를 훔치고 있는 중일 때 나타날 수 있다.

데이터베이스나 메시지 큐와 같은 플랫폼 구성 요소 요청에 대한 메트릭

데이터베이스가 제대로 동작하지 않기 시작한다는 것은 공격자가 많은 양의 데이터를 훔치는 것일 수 있다. 메시지 큐가 정상 동작하지 않기 시작한다는 것은 공격자가 시스템의 일부일 것이며 다른 구성 요소로 메시지를 보내고 있을 수 있다.

SaaS 제품에 대한 최종 사용자 로그인과 활동

사용자가 클라우드 스토리지 서비스에서 대량 데이터를 가져오기 시작하면 계정이 손상됐다는 징후일 수 있다. CASB^{Cloud Access Security Broker}를 사용해 클라우드 서비스에 대한 접근을 중재하는 경우 모니터링할 수 있는 사용자 활동과 관련된 좀 더 자세한 이벤트가 생성될 수 있다.

플랫폼 서비스 로그와 메트릭

각 플랫폼 서비스에는 운영 모니터링 외에도 감지와 대응에 유용한 로그와 메트릭이 있을 수 있다. 예를 들어 쿠버네티스와 같은 오케스트레이션 플랫폼을 사용하는 경우 감사를 설정할 수 있다. 쿠버네티스 설명서(https://kubernetes.io/docs/tasks/debug-application-cluster/audit/)에는 감사 로깅을 설정하는 방법과 해당 로그를 수집 지점으로 보내는 방법이 설명돼 있다. 마찬가지로 객체 스토리지, 데이터베이스, 기타 클라우드 서비스에는 서비스별 로그와 메트릭이 있다.

운영체제 로그와 메트릭

클라우드에서 가상 머신이나 베어메탈 머신을 실행 중인 경우 일반적으로 운영체제 보안은 사용자의 책임이며 로그 수집과 분석이 포함된다. 이는 온프레미스 인프라와 유사하다.

- CIS 벤치마크(https://www.cisecurity.org/cis-benchmarks/) 목록은 환경에 있을 수 있는 다양한 운영체제, 제품, 서비스를 기록하기 위한 합리적 기본 이벤트 집합이다.

- 윈도우를 사용 중이라면 마이크로소프트는 모니터링할 이벤트 ID에 대한 유용한 정보를 제공한다. 예를 들어 상당히 일반적 유형의 공격은 Pass-the-Hash 공격이며, 문서(https://www.microsoft.com/en-us/download/details.aspx?id=36036)는 해당 공격을 탐지하려고 모니터링할 특정 이벤트 ID의 정보를 제공한다.

- 리눅스를 사용 중이라면 많은 리눅스 운영체제 제공자가 다양한 산업과 규제 요구 사항을 충족하려고 감사 로깅을 활성화하는 방법의 지침을 제공한다. 산업과 규제 요구 사항을 떠나 지침은 환경에서 로깅하고 분석하는 데 유용한 출발점이 될 수 있다.

- 메모리 사용, CPU 사용, 입/출력과 같은 메트릭은 보안 팀과 운영 팀에 매우 유용하다.

미들웨어 로그

자체 데이터베이스, 큐 관리자, 애플리케이션 서버, 기타 미들웨어를 실행 중인 경우 로깅과 메트릭 수집을 켜야 한다. 특권 사용자 활동('특권 사용자 접근' 절을 참고한다) 외에도 합법적인 애플리케이션 ID나 시스템을 제외한 어느 곳에서든 중요한 데이터베이스에 대한 모든 접근, 특정 테이블에 대한 접근, 중요 데이터에 대한 접근을 추적하는 데 유용한 기타 이벤트에 대해 경고를 설정할 수 있다.

시크릿 서버

4장에서 설명한 것처럼 시크릿 서버를 실행 중인 경우 모든 시크릿에 대한 접근을 기록해야 한다. 다음은 경고하고 조사하려는 비정상적 활동의 예다.

- 시크릿 서버의 인증이나 인가 실패로, 이는 공격 시도를 나타낼 수 있다.

- 시크릿 검색을 위한 비정상적인 활동

- 관리자 자격증명 사용

애플리케이션

현재 커스텀 애플리케이션을 작성했거나 타사 애플리케이션을 실행 중인 경우 운영 팀과 보안 팀 모두에게 유용한 자체 로그와 메트릭이 생성될 수 있다. 예를 들어 뱅킹 애플리케이션은 모든 전송을 기록할 수 있으며 특정 임곗값을 통한 전송은 경고를 생성할 수 있다.

다른 탐지 기술 외에 일부 기술은 일반 사용자와 관리자를 방해하지 않고 공격자가 공격하기 더 어렵게 만들도록 설계됐다. 가장 일반적인 예는 허니팟 Honeypot이다. 허니팟은 인프라의 기능인 척하는 시스템이지만 공격자가 시스템에 있을 때 공격자를 방해하고 속도를 늦춰 관리자에게 알리는 것이 유일한 목적이다.

사용자 자신만이 알고 있는 공격자들에게 함정을 놓을 수 있기 때문에 속임수 기법은 사용자 환경을 보호하는 데 '홈 코트 이점'을 활용하는 유용한 방법이 될 수 있다. 그러나 이는 고급 기술이며 많은 시간과 노력을 투자하기 전에 로깅, 모니터링, 경고, 대응, 복구 계획이 효과적으로 실행되고 있는지 확인하자.

보는 방법

이제 환경 감시에 어떤 유형의 이벤트와 메트릭이 좋은지 살펴봤기에 효과적으로 수집하고 사용해 침입 탐지와 대응을 하는 방법을 살펴보자. 그림 7-1은 이 프로세스의 여러 단계를 보여준다. 각 단계는 모두 SIEM과 같은 단일 제품과 서비스나 함께 작동하는 다중 제품과 서비스에 의해 수행될 수 있다.

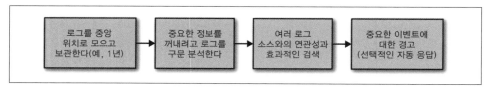

그림 7-1. 로깅과 경고 체인

일반적으로 NTP(Network Time Protocol)를 사용해 모든 시스템에서 시간이 동기화됐는지 확인하자. 또한 모든 타임스탬프에 시간대 정보가 포함돼 있거나 모든 로그에 동일한 시간대 (예, GMT)를 사용해야 한다. 일반적으로 구성하기가 매우 쉽고 시스템 시계나 시간대가 꺼져 있을 때 다른 로그 소스 간에 이벤트를 연관시키는 것은 악몽이 될 수도 있다.

수집과 보유 기간

앞에서 설명한 모든 로그는 어딘가에 저장되고 최소의 기간 동안은 보관돼야 한다. 다양한 시스템에서 로그를 수집하게 하는 것은 로그가 없는 것보다 훨씬 낫지만 이상적인 것은 아니다. 개별 시스템 디스크가 가득 차서 로그가 손실되고 작동 문제가 발생할 수 있으며 시스템에 침입한 공격자는 로그를 지워 트랙을 덮을 수 있다. 또한 수십 개의 다른 시스템에 접속해 로그를 검색하고 진행 상황을 한눈에 파악하는 것이 매우 느리고 불편할 수 있다.

과거에는 흔히 중요한 로그가 종이에 인쇄돼 물리적으로 안전한 장소로 배송됐다. 물리적으로 안전한 장소로 배송하는 것은 종이를 안전하게 보호하고 컴퓨터로 지울 수 없게 만드는 안전한 방법이긴 하지만 종이는 자동화 검색이 불가하고, 무겁고 비싸며 화재의 위험이 있다.

클라우드에서는 기본 관리 시스템에 접근 권한이 있는 사람이 로그를 지울 수 없게 다른 관리 자격증명이 있는 별도 클라우드 계정에 로그 수집 서비스를 배치한다면 동일한 이점을 훨씬 더 쉽게 얻을 수 있다(나중에 설명하겠지만 백업에도 좋다). 대부분 클라우드 제공자는 로그를 수집, 유지, 검색할 수 있는 서비스를 제공하므로 로그 수집을 처음부터 설정할 필요가 없다.

최소 1년 동안 대부분 로그가 보존돼야 하며 보존 기간이 길면 보안 사고를 조사하는 데 도움이 될 수 있다. 산업이나 표준 규제의 적용을 받는 경우 해당 로그의 특정 보존 요구 사항을 살펴보겠지만 1년이면 일반적으로 충분할 것이다.

적절한 보존 기간으로 모든 로그와 경고를 중앙의 안전한 장소에 보관한 후에는 의심스러운 행동을 경고하려고 해당 로그를 살펴보는 문제와 경고가 올바른 사람에게 전달 및 인지되고 조사가 되게 하는 문제를 해결해야 한다.

파싱 로그

모든 로그를 안전한 곳에 모았다면 축하한다. 결정된 사람이 결국 모든 로그를 살펴보고 중요한 질문에 대한 답변을 얻을 수 있지만 시간은 걸릴 수 있다. 그러나 컴퓨터를 발명한 주요 동기 부여 중 하나가 사람보다 훨씬 빠르게 계산을 처리하는 것이었다.

로그 파서는 다양한 유형의 이벤트에서 특정 정보(필드)를 가져온다. 근무지에서 사용되는 로그 파서의 예는 다음과 같다.

- 운영체제 이벤트의 경우 파서는 타임스탬프, 이벤트를 생성하는 시스템 이름, 이벤트 텍스트를 인식한다. 일부 유형의 이벤트에서는 추가 구문 분석이 발생할 수도 있다. 예를 들어 로그인 실패 이벤트의 경우 구문 분석기는 로그인 시도된 IP 주소를 인식할 수도 있다.

- 방화벽 로그의 경우 파서는 타임스탬프, 소스 IP 주소, 대상 IP 주소, 수락/거부된 결과를 인식한다.

- 바이러스 백신 로그의 경우 파서는 타임스탬프, 호스트 이름, 업데이트 실패나 멀웨어 발견과 같은 이벤트 세부 정보를 인식한다.

불행히도 로그는 수천 가지의 다른 로그 형식이 있다. 그러나 구문 분석을 좀 더 쉽게 만드는 몇 가지 일반적인 이벤트 로그 형식이 있다. 많은 도구가 여러 형식의 로그를 특정 필드로 구문 분석할 수 있지만 항상 필드를 이용하는 것이 유용한 것은 아니다. 다음은 그 예다.

- Syslog는 긴 메시지를 처리하는 표준 형식이다. '표준'이 약간 관대한 표현이긴 하더라도 말이다.[3] 실제로 널리 사용되는 몇 가지 syslog 형식이 있다. RFC 3164(https://tools.ietf.org/html/rfc3164)는 야생에서 볼 수 있는 항목 모음을 설명하고, RFC 5424(https://tools.ietf.org/html/rfc5424)는 더 규범적이다. 일반적으로 syslog 레코드에는 타임스탬프, 메시지를 생성하는 시스템 이름, 메시지를 보내는 프로세스 유형, 심각도 수준, 대부분 자유 형식의 메시지 등이 포함된다. 자유 형식 메시지를 생성한 원인을 파악하고 추가 파싱을 수행하는 것은 파서가 처리해야 하는 경우가 대부분이다.

- 공통 이벤트 형식[CEF](https://community.softwaregrp.com/t5/ArcSight-Connectors/ArcSight-Common-Event-Format-CEF-Implementation-Standard/tap/1645557)은 syslog 형식의 확장이다. 추가 구조화된 필드를 제공하는 MicroFocus ArcSight에서 주로 사용된다.

- 클라우드 보안 감사 표준[CADF](https://bit.ly/2RT9JHb)은 로그 수집과 파싱 시스템을 변경하지 않고도 클라우드 제공자 간 전환이 되게 하기 위한 것이다.

검색과 상호 연결

일단 로그가 수집되고 파싱되면 파싱된 필드 기반으로 검색이 가능하며 다른 시스템 간 이벤트를 상관시킬 수 있다. 예를 들어 특정 기간 동안 모든 로그인 실패를 검색할 수 있으며 똑같은 사용자가 VPN 연결 없이 로그인을 성공적으로 수행했거나 로그인 후 악성 프로그램이 탐지된 모든 경우도 탐지할 수 있다.

---

3. 'syslog'라는 용어는 일반적으로 syslog 메시지를 받아들이는 프로그램, 네트워크 프로토콜(일반적으로 udp/514 또는 tcp/514), 라인(행) 형식의 로그 파일을 참조하는 데 사용되기 때문에 혼동될 수 있다.

여러 로그 소스와 로그 유형에 걸쳐 빠른 검색을 수행하는 기능은 사고 대응 중에 매우 유용할 수 있다. 보안 사고가 발생하기 전에 많은 사람이 열광하는 여러 검색을 신속하게 처리할 수 있는 시스템 기능을 테스트하자.

 많은 시스템에는 콜드 스토리지와 핫 스토리지가 있다. 핫 스토리지는 즉시 쿼리할 수 있지만 콜드 스토리지는 검색하기 전에 먼저 핫 스토리지로 데이터를 로드하고 검색해야 할 수도 있다.

경고와 자동 응답

자동화된 시스템이 사람이 봐야 할 것을 발견하면 경고를 발생시키며(때로는 '오펜스'라고 함) 구성 요소에 대한 액세스를 비활성화하거나 종료해 자동으로 응답할 수 있다. 경고는 특정 이벤트, 발생한 이벤트의 상관관계, 도달한 특정 임곗값을 기반으로 할 수 있다.

예술이 로그 분석에도 실제 존재한다. 시스템이 너무 민감하게 튜닝됐다면 보안 팀은 잘못된 경고를 지속적으로 받게 된다. 대부분의 경고는 빠르게 무시될 것이다. 반면 정기적으로 최소한의 일부 경고도 받지 못했다면 관리자가 해야 할 몇 가지 사항에 대한 후속 조치를 하지 않고 있다는 의미일 것이다. 각 유형의 잘못된 경고에 대한 피드백 루프가 있어야 특정 유형의 이벤트를 필터링하거나 임곗값을 높이거나 잘못된 경고를 줄이려고 다른 작업을 수행하는 것이 맞는지 결정할 수 있다. 경고가 무시되지 않는 것이 보장되도록 경고가 제대로 생성되는지 정기적으로 테스트를 실행하는 것이 좋다.

거의 항상 후속 조치를 취해야만 하는 몇 가지 경고가 있다. 권한이 있는 사용자에 대한 다중 로그인 실패, 시스템에서 발견된 멀웨어와 보안 사고의 전조일 수 있는 기타 경고는 일반적으로 잘못된 경고일지라도 최소한 살펴봐야 된다.

로그 전송이 중지되면 이에 대한 경고도 받아야 한다는 점을 잊지 말자. 이는 보안 문제이기도 하다. 대부분의 경우 로그가 전송되지 않는다는 것은 무언가 오작동하고 있다는 것을 의미하며, 이로 인해 미래의 문제를 보지 못할 수 있다. 그러나 어떤 경우 실제로 공격이 진행되고 있다는 징후일 수 있다.

자동 응답은 원칙적으론 훌륭하게 들리지만 실제론 비즈니스를 방해할 가능성이 있다. 잘못된 응답이나 자동 과잉 반응으로 인한 중단 외에도 공격자가 자동 응답 시스템을 의도적으로 활용해 중단을 일으킬 수도 있다. 서비스 거부 공격을 방지하고자 상당히 돈을 썼다는 사실을 깨닫는 게 별로 재미는 없을 것이다. 단지 의도적으로 공격자가 간단한 포트 스캔이나 몇 번의 로그인 실패를 사용해 서비스 거부 공격을 쉽게 수행할 수도 있다. 일부 환경에서는 사람이 조사할 수 있을 때까지 가능한 공격이 계속되는 작은 위험을 감수하기보다는 가동 중단을 감내할 만큼 충분히 높은 보안 요구 사항이 있다. 대부분의 경우 운영과 보안 위험 사이 균형을 좀 더 밀접하게 조율해야 한다.

경고는 불을 붙이고 잊어버리는 활동이 돼서는 안 된다. 아무도 항상 대기하고 싶어 하지 않기 때문에 종종 다른 사람들을 안팎으로 회전시키는 방법이 필요하고, 특정 시간 내에 경고를 인식하거나 다른 사람에게 전달해 처리할 수 있게 하는 방법이 필요하다. 모든 것을 위한 클라우드 기반 서비스가 있으며 경고도 예외는 아니다. 대부분의 경우 운영 대응과 보안 대응 활동 모두에 동일한 시스템을 사용할 수 있다.

대규모 조직은 일반적으로 시스템을 구축하거나 관리형 보안 서비스 제공자MSSP, Managed Security Service Provider와 계약해 24x7 보안 운영 센터SOC, Security Operations Center를 통해 경고를 모니터링하고 대응한다. 중요한 그래픽을 표시하는 많은 화면이 있는 룸은 선택 사항이지만 경영진과 고객에게 인상적이며 긴급하고 중요한 정보를 신속하게 제공하는 데 도움이 된다. 대부분의 경우 조직은 낮은 수준의 모니터링과 경고 중 일부가 MSSP에 의해 수행되고 좀 더 중요한 경고가 사내 직원에게 에스컬레이션되는 하이브리드 모델을 사용한다.

최신 시스템은 수십억 개 이상의 로그 이벤트를 생성할 수 있다. 훨씬 더 많은 자동화를 사용해 이러한 대용량 이벤트를 처리할 수 있다. 그리고 SIEM은 대용량 이벤트를 처리할 때 유용한 솔루션이다.

보안 정보와 이벤트 관리자

보안 정보와 이벤트 관리자SIEM, Security Information and Event Manager은 앞 절에서 설명한 여러 단계 중 일부 또는 전부를 수행할 수 있다. 예를 들어 SIEM에 수집된 로그가 있는 경우도 있고, 아니면 대신 별도의 시스템에 로그가 수집된 다음 그중에 필요한 정보 일부만 SIEM에 제공할 수도 있다. 많은 클라우드 제공자가 저렴한 대용량 로그 수집 서비스를 제공하고 로그가 보안 사고 탐지와 대응 이외에도 운영 문제를 해결하는 데 자주 사용되기 때문에 많은 조직에서 보안 관련 이벤트를 SIEM에 피드하는 클라우드 로그 수집기를 사용한다.

SIEM 규칙을 사용해 잠재적으로 악의적인 동작을 감지할 수 있다. 때로는 서로 다른 두 위치에서 발생한 이벤트를 상호 연관시키거나 현재 데이터와 과거 데이터를 비교해 사용할 수 있다. 다음은 올바르게 구성된 SIEM, 또는 SIEM의 경고를 살펴보는 보안 운영자가 가질 수 있는 의문점이다.

- "데이터베이스 트래픽은 월 평균보다 200% 증가됐다. 어쩌면 이 애플리케이션은 현재 매우 인기가 있을지 모르지만 누군가 데이터를 조직적으로 도용하고 있는 건 아닐까?"

- "이 위협 인텔리전스 피드에 따르면 지금 확인한 아웃바운드 IP는 알려진 위협 행위자가 사용했던 것이었다. 손상된 시스템이 명령과 제어(C2) 서버와 통신하고 있는가?"

- "계정에 150번의 로그인 실패 후 로그인이 성공됐다. 이는 무차별 공격이 성공한 것인가?"

- "300개의 다른 계정에서 로그인 시도가 있었고 모두 실패한 후 301번째 시도한 계정이 로그인 성공했다. 이는 비밀번호 스프레이 공격이 성공한 것인가?"

- "포트 스캔을 통해 알아낸 몇 달 동안 사용되지 않은 포트에서 갑자기 많은 트래픽이 발생됐다. 포트 스캔은 항상 발생하지만 혹시 취약한 서비스가 발견됐고 그것은 손상되지 않았을까?"

- "존John은 일반적으로 동부 표준시로 오전 3시에, 또는 해당 국가에서 로그인하지 않는다. 아마도 그는 진짜 존이 아니겠지?"

- "30분 동안 같은 시스템에서 3개의 다른 계정으로 로그인했다. 모든 사람이 실제로 해당 시스템을 사용하고 있는 것 같지 않는데, 그렇다면 시스템과 해당 계정이 손상된 걸까?"

- "정상 업무 시간 외에 새로운 관리 계정이 만들어졌다. 누군가 늦게 일하고 있을 수 있지만 아마 거기 문제가 있을 수 도 있겠지?"

- "누군가가 관리자 그룹에 새롭게 추가됐다. 자주 발생하는 일이 아니니 확인해야 하겠지?"

- "방화벽이 내부 시스템을 소스로서 거부하는 이유가 뭐지? 구성이 잘못됐거나 권한이 없는 사용자가 네트워크를 이동하려고 하려고 할 수도 있다."

SIEM은 SOC의 일부로 사내에서 운영되거나 내부 직원을 대신해 관리형 보안 서비스 제공자가 운영할 수 있다. SIEM 사용 여부에 관계없이 수집과 보존, 구문 분석, 검색과 상관관계, 경고와 자동 대응 기능에 대한 요구 사항을 충족하는지 확인하자.

위협 사냥

보안 관련 로그와 측정 항목을 수집하고 파싱해 시스템에서 생성된 경고에 대응하는 등 기본 사항을 파악한 후에 위협 사냥으로 넘어갈 수 있다.

위협 사냥은 특정 경고에 대한 후속 조치가 아닌 문제를 찾을 때 하는 것이다. "아마도 APT^{Advanced Persistent Threat} 12345의 표적이 될 수 있다." 또는 "누군가가 내 우주선에 대한 비밀 계획을 쫓고 있는 것 같다."와 같은 가설을 만드는 것으로 시작할 수 있다. 그런 다음 가설을 더 나아가거나 반증할 증거를 찾아야 한다.

침해 사고 준비

우리는 로그가 있고 경고 수신과 같은 유용한 작업을 수행하고 있다. 이제 발생한 경고 중 하나가 실제 위험 사항일 때 수행할 작업을 계획해야 한다. 환경에 대한 위험에 따라 계획이 철저할 필요는 없다. 일단 작은 계획이라도 준비돼 있는 경우 큰 도움이 될 수 있기 때문이다.

가장 먼저 내려야 할 첫 번째 결정은 다음과 같다. 어느 시점에서 외부 도움을 요청할 것인가? 이는 조직에서 인지한 위험 유형, 사고의 심각도, 보안 팀 규모에 따라 크게 달라진다. 그러나 대규모의 잘 준비된 조직이라도 심각한 보안 사고는 외부 도움이 필요할 수 있다. 검색을 통해 빠르게 다양한 보안 침해 사고 대응 전문회사를 찾을 수 있으며, 필요한 경우 미리 한두 곳을 알아봐 두는 게 좋다.

또한 특히 팀이 소규모이고 사내에서 사고 대응을 거의 할 수 없는 경우에는 사이버 보안 보험을 고려할 수 있다. 어떤 경우에는 보험이 일반적인 비즈니스 보호 정책을 포함하고 있을 수 있지만 대부분의 경우 사이버 보안 사고는 제외돼 있다.

모든 보험과 마찬가지로 일반적인 유형의 공격이 보험에서 제외돼 있거나 보험 가입자에 대한 불명확한 보안 요구 사항을 기반으로 보장을 거부하는 경우가 발생될 수 있기 때문에 반드시 보장과 제외 사항을 주의 깊게 읽어봐야 한다. 하지만 보험 정책은 보안 침해 사고 대응과 관련된 대부분의 비용이나 모든 비용을 지불할 수 있다.

가장 중요한 준비 작업은 앞서 설명한 로그 수집과 보존으로, 조사를 수행하려고 적절한 양의 기록된 데이터를 불러올 수 있다. 그 외에도 팀, 계획, 일부 도구를 구성해야 한다.

팀

사고 대응 팀은 공격 중에 무슨 일이 일어나고 있는지 파악하고 사고를 최대한 억제하는 일을 해야 하기 때문에 스트레스를 많이 받는다. 가장 먼저 해야 할 일은 침해 사고를 주로 대응할 팀과 백업할 팀을 식별하는 것이다. 이 사람들은 내부 조사를 실행하고 외부 도움을 조율할 책임이 있다.

또한 시스템 중단이나 지불 승인과 같은 비즈니스 의사결정을 즉시 승인할 수 있는 주요 비즈니스 리더와 백업할 리더를 식별해야 한다. 소규모 조직에서는 기술 리더와 비즈니스 리더가 같은 사람일 수 있지만 여전히 최소한 한 명의 정/부 담당자가 필요하다.

팀 리더십 외에도 위협 모델에서 공격을 받을 가능성이 가장 높은 여러 영역의 기술 전문가가 필요하다. 예를 들어 클라우드 웹 애플리케이션에서 고객 데이터를 가져오는 누군가가 걱정된다면 네트워크 전문가, 웹 서버 전문가, 데이터베이스 전문가, 애플리케이션 자체의 내부 설계와 작동에 익숙한 전문가가 필요할 수 있다. 침해 사고 대응 도중에 의심되는 구성 요소를 가장 잘 아는 사람에게 연락이 안 되는 상황을 뒤늦게 알아채기를 원하지는 않을 것이다.

마지막으로 다음과 같은 정/부 담당자 연락처도 필요하다.

- 계약과 규정 준수에 대한 질문에 도움을 줄 수 있는 법률 부서나 법률 회사

- 커뮤니케이션 부서, 또는 미디어와 대화하고 법 집행 기관과 대화할 권한이 있는 사람

- HR 팀, 내부자 위협이 확인된 경우 해당 직원에 대한 채용/해고를 결정할 수 있는 사람

- 각 역할에 대한 모든 책임은 다른 개인에게 속할 수 있으며, 각 영역에 대한 정/부 담당자가 지정돼 있는 경우 이 절의 앞부분에서 식별된 리더가 할당된 역할에 대한 작업을 수행할 수 있다.

- 풀타임 침해 사고 대응 팀이 있든 없든 소방 자원 팀과 유사한 팀도 필요하다. 사고 대응 교육을 받을 수 있는 지식이 풍부한 사람을 식별하고 경영진의 사전 승인을 받아 긴급 사항이 발생하면 그들이 현재 하고 있는 일 대신 우선순위가 높은 사고를 처리하게 할 수 있도록 대비해두자.

- 사고 대응 팀을 만들고 유지 관리하는 데 대한 몇 가지 참고 사항은 다음과 같다.

- 주말이나 휴일 동안 아무도 업무를 위해 전화하는 것을 좋아하는 사람은 없을 것이다. 불행히도 공격자들은 이를 잘 알고 있기 때문에 보안 사고는 주말에 발생될 가능성이 높다.

- 침해 사고 대응이 조직에서 정기적인 활동인 경우 번아웃은 심각한 문제가 될 것이다. 자원 봉사 팀이 많은 경우 이들이 침해 사고 대응에 정상적인 워크로드를 넘어 일하게 된다면 이는 더 큰 문제가 될 수 있다. 가능하다면 사람들을 안팎으로 순환시켜 사고 대응 활동에서 적절한 휴식을 취할 수 있게 하는 것이 중요하다.

- 팀 구성원의 일반적인 침해 사고 대응 역할을 미리 결정하고 정의해 사고 대응 도중에 누가 무엇을 담당해야 하는지 혼동하지 않도록 해야 한다.

- 팀이 최소한 분기별로 회의를 갖고 모든 멤버가 여전히 계획에 참여하고 있는지 확인해야 한다.

- 침해 사고 대응 팀이 있으면 팀이 따라야 할 몇 가지 계획을 준비할 필요가 있다.

계획

앞 절의 팀 구성 조언 대부분은 클라우드에 특정한 것은 아니지만 계획은 그대로일 것이다. 클라우드 환경에서 가능한 시나리오를 생각해내고 해당 시나리오를 커버할 수 있는 계획을 준비해야 한다.

계획의 일부로 보안 사고가 발생할 때 클라우드 제공자가 지원해줄 수 있는 것은 어떤 것이 있는지 이해해야 한다. 추가 로그를 제공해주거나 포렌식 이미지를 제공할 수 있는지? 보안 사고를 대응해 줄 수 있는 담당부서의 연락처를 제공하는지? 보안 사고 대응 중에 서비스 약관을 읽고 서비스 제공자가 무엇을 해줄 수 있는지 확인하는 것을 원치 않는다면 말이다.

대부분의 경우 클라우드 제공자는 클라우드 서비스 침해와 관련된 보안 사고에 대응할 책임이 있지만 사용자가 직접 개발한 애플리케이션은 해당되지 않는다. 하지만 DDoS 공격과 같은 일부 예외 케이스가 있다. 클라우드 제공자가 사용자와 협력해 공격을 완화시키거나 애플리케이션에 대한 모든 외부 네트워크 접근을 차단해 공격이 다른 고객에게 영향을 미치지 않게 할 수 있다. 서비스 제공자가 사용자를 위해 무엇을 제공하는지 아는 것은 매우 중요하다.

또한 보안 사고에 대응하려면 최소한 사전 승인된 적절한 예산이 필요하다. 이는 팀이 원하는 아무것을 구매할 수 있는 백지 수표를 준비해두라는 것은 아니지만 보안 사고 대응을 위해 긴급히 무언가를 구매해야 할 때 긴 구매 프로세스를 거치지 않고도 필요한 것을 확보할 수 있도록 충분한 예산이 필요하다는 것을 의미한다. 예를 들어 계획의 일부가 침해 사고 대응 전문회사에 연락해 지원을 받는 것이라면 최소한 초기 컨설팅 비용이 사전 승인돼야 한다. 또는 계획의 일부로 항공기를 이용해 사람들을 다른 지역에 보내야 한다면 항공료가 사전 승인돼야 한다. 보안 사고가 발생했을 때 초기 대응에 필요한 항목에 대해 예산을 책정하고 사전 승인을 받아두자.

우선순위 지정은 보안 사고 대응 계획의 중요한 부분이다. 적극적으로 데이터를 훔치려는 공격에 대응하는 방식을 다른 모든 공격 유형에 동일하게 적용해 대응하면 안 된다. 각 보안 사고 유형에 따라 수행할 대응 매뉴얼을 최소한 몇 가지 유형의 심각도에 따라 작성해둬야 한다. 예를 들어 '실패한 공격에 대한 경우', '데이터 손실은 없었지만 공격이 성공한 경우', '공격이 성공했고 그에 따른 데이터 손실이 발생한 경우'에 대한 범주를 나열해볼 수 있다. 보안 침해 사고 규모가 증가함에 따라 대응 방법도 바뀔 수 있다.

또한 의심되는 보안 침해 사고를 보고하고 방해받지 않고 조사할 수 있게 하는 전사 관점의 지침이 있어야 한다. 이는 임직원 안내서에 다음과 같은 내용을 포함할 수 있다. "비인가자가 사내 정보 시스템에 접근하고 있다고 의심되면 다음 번호로 전화해 의심되는 보안 사고를 신고하시오. 영향을 받는 비중요 시스템을 종료할 수는 있지만 시스템을 삭제하거나 데이터를 파기해서는 안 되며 보복을 시도하지 마시오."

아직 계획을 테스트할 기회가 없었다면 책상에 앉아 가상으로라도 계획을 실행해 보는 것을 고려해보자. 그럴듯한 시나리오를 만들고 테스트할 수 있는 환경을 준비한다면 조직 내부에서 이를 수행할 수 있다. 가짜 뉴스가 포함된 시나리오나 테스트에 필요한 준비물을 제공하고 지원해주는 회사도 있다. 그리고 실행된 계획에서 발견된 문제점은 무엇인지 파악하려고 논평을 할 것이다. 예를 들어 공격자가 공격 진행 중에 있으며 서비스를 폐쇄 모드로 전환해야 하는 시나리오일 수 있다. 클라우드 환경에서는 다음 중 하나 이상이 관련될 수 있다.

- 사고 동안 최소한 필요한 것 이외의 모든 클라우드 포털과 API 액세스를 비활성화하는 계획이다. 예를 들어 단기간에 특정인 4명만 접근할 수 있고 다른 모든 사용자의 액세스를 비활성화하는 스크립트를 설치하도록 결정할 수 있다.

- 모든 네트워크나 일부 네트워크 집합에서 클라우드 환경에 접근하는 것을 비활성화하는 계획이다. 이로 인해 애플리케이션이 완전히 비활성화되거나 일부 기능이 일시적으로 비활성화될 수 있다.

- 전체 환경을 종료하고, 시크릿 서버를 잠그고, 새 환경을 다시 만드는 계획이다.

계획의 일부에는 데이터와 기능을 복원하는 데 사용할 수 있는 백업이 포함돼야 한다. 백업은 별도의 계정으로만 접근할 수 있고 프로덕션 데이터에 접근할 수 있는 자격증명으로 접근할 수 없게 해야 한다. 공격자들이 프로덕션 데이터뿐만 아니라 모든 백업 데이터를 삭제한 사례(https://www.infoworld.com/article/2608076/data-center/murder-in-theamazon-cloud.html)가 있었다. 이는 백업 데이터에 프로덕션 계정으로 접근할 수 있었기 때문이다.

복원에 시간이 얼마나 걸리는지 이해하는 것도 중요하다. 때로는 완벽히 합리적인 복구 전략이 있을 수 있다. 전 세계가 일주일 동안 회전을 중단해야 한다는 점을 제외하고는 말이다. 복구가 진행되는 동안 100%로 기능을 수행할 필요는 없다(청구서 발송이 지연되거나 나중에 IT 시스템이 복구되면 전산에 입력하려고 당장 수기로 작성해 두는 것은 합리적일 것이다). 그러나 핵심 비즈니스 기능을 수행할 수 있어야 한다.

도구

계획을 개발할 때 팀이 계획을 구현하기 위한 도구가 필요하다는 것을 알게 될 것이다. 기존 환경에서 많이 사용됐던 침해 사고 대응 도구는 노트북, 케이블, 이와 유사한 자재(이전에 언급한 '점프 백')를 가방에 넣고 들고 다니며 많이 사용했다. 클라우드 환경은 침해 사고 대응 도구 항목 중 일부에 해당하는 가상 클라우드를 제공한다.

필요한 도구는 환경의 모양과 클라우드 제공자가 제공하는 내용에 따라 달라지지만 팀에는 포렌식 도구와 포렌식 인프라를 만들기 위한 클라우드 계정이 포함된 가상 이미지가 최소한 있어야 한다. 클라우드 계정은 일반적으로 프로비저닝된 항목이 없는 경우 비용이 들지 않으므로, 즉 소유하는 비용은 들지 않으므로 프로덕션 계정에 연결할 수 있는 별도의 사고 대응 클라우드 계정을 활성 상태로 유지해야 한다. 일부 클라우드 제공자는 그들의 환경에서 침해 사고 조사와 디지털 포렌식을 수행할 수 있도록 관련 문서를 제공하며, 거기에는 특정 도구를 지정하고 있을 수도 있다.

가장 일반적인 사고 대응 작업에 대해 상세하고 테스트된 절차를 만들자. 예를 들어 클라우드 환경에서 손상된 리눅스 가상 머신에서 메모리와 디스크 포렌식 정보를 수집하는 절차가 필요할 수 있다. 테스트된 절차에는 LiME를 실행해 메모리 덤프를 캡처하고, 덤프의 해시를 생성하고, 휘발성 덤프를 확인하고, 악성 프로그램이 정리를 위해 먼저 재부팅하는 것을 방지하려고 손상된 시스템의 전원을 끄고, 디스크 스냅샷을 생성하는 것과 같은 절차를 수행하는 데 필요한 정확한 명령이 포함돼야 한다.

도움이 될 만한 다른 도구에는 다음과 같은 것이 있다.

- 특정 시스템에서 발생한 일을 이해하는 데 도움이 되는 클라우드용 포렌식 분석 도구

- 네트워크 구성, 데이터 위치, 이벤트 로깅 위치를 보여주는 최신 다이어그램

- 테스트된 통신 시스템. 인스턴트 메시지 플랫폼, 이메일이나 전화 시스템이 다운된 경우 위협에 대응할 수 있는가? 응급 상황에서는 업무 활동에 일반적으로 허용하지 않는 개인 이메일과 휴대전화를 사용하도록 허용할 수 있다. 이와 같이 응급 상황에서 내려야 할 의사결정에 대해 미리 생각해두는 것이 좋다.

- 클라우드 제공 제공자, 보안 침해 사고 대응 전문회사, 사고 대응에 관여할 수 있는 기타 공급업체와 같은 외부 연락처와 조직 내부의 사람을 위한 연락처 목록

- 워 룸. 클라우드 환경에서는 대부분의 경우 물리적으로 장비를 만지지 않지만 팀이 만나 정보를 교환하고 의사결정을 할 수 있는 물리적 또는 가상 워 룸이 여전히 필요하다. 원격 참석자가 있을 수 있는 경우 화상 회의 시스템과 같이 원격으로 회의에 참여할 수 있는 방법이 있는지 확인해야 한다.

- 체크리스트. 나는 '체크리스트 보안'을 좋아하지 않는다. 방화벽, 바이러스 백신 소프트웨어, 이와 유사한 항목이 실제로 사용되고 있는지 확인하지 않고, 갖고 있는지만 확인하는 것을 전혀 선호하지 않는다. 그러나 사고 대응은 흔히 굉장히 혼란스러워하거나 이미 피곤한 사람들이 수행한다. 험난한 상황에서 계획을 구현하는 데 도움이 되는 체크리스트는 중요한 것을 잊어버리지 않게 하는 데 필수적이다. 예를 들어 온라인 체크리스트(https://zeltser.com/security-incident-log-reviewchecklist/)는 사고 대응

중에 검토해야 할 유용한 로그 세트를 제안한다.

- 사고 대응 활동을 문서화하기 위한 양식. 예를 들어 SANS 연구소는 조직에 맞게 사용자 정의할 수 있는 몇 가지 양식(https://www.sans.org/score/incident-forms)을 제공한다.

- 사고를 추적할 수 있는 구성 요소와 사고 대응을 위한 기본 플레이 북이 제공되는 침해 사고 대응 소프트웨어

침해 사고 대응

이 글을 읽을 때 보안 침해 사고 대응 중이지 않기를 바란다. 아직 사고 대응 팀, 계획, 도구, 체크리스트가 없다면 먼저 증거를 파괴하지 않으면서 가능한 한 많은 사고를 포함해야 한다. 일반적으로 시스템 종료나 격리, 암호 변경, 접근 취소, 네트워크 연결 차단의 조합으로 대응 조치한다. 동시에 침해 사고 대응 전문회사에 도움을 요청하고, 그런 다음 침해 사고 대응에 더 잘 대비하려고 시간을 들여 필요한 정보를 메모하게 해야 한다.

자, 이제 실제 공격처럼 보이는 것이 발견됐다. 이제는 뭐를 해야 하는가? 대응 방법은 공격자의 행동과 위협 모델에 따라 크게 좌우되겠지만 이미 도움이 될 만한 몇 가지 지침을 갖고 있을 것이다.

먼저 적어도 팀원의 일부를 동원해 심각도를 분류하자. 몇 분의 조사로 전부 멀웨어 감염자로 분류해 격리하고 싶지 않을 것이다. 과잉 반응이나 과소 반응하기 쉽기 때문에 사전에 정의된 심각도 수준과 각 수준에 대한 대응 가이드라인이 도움이 될 수 있다.

그런 다음 구현한 계획을 실행해 공격자의 목표가 킬 체인이나 공격 체인을 기반으로 할 가능성을 예상해보자.

사이버 킬 체인

이 장의 시작 부분에 있는 칼럼에서 언급했듯이 오늘날 가장 인기 있는 킬 체인 중 하나는 록히드 마틴 사이버 킬 체인^{Cyber Kill Chains}이다. 이 모델에 따르면 위협은 다음과 같은 단계로 진행된다.

정찰^{Reconnaissance}

공격자는 연구를 통해 침입할 대상과 자신을 도울 수 있는 ID 취약점을 파악한다. 여기에는 구글 검색에서부터 쓰레기통 뒤지기, 사회공학 기법, 네트워크 포트 스캔에 이르는 다양한 수단이 동원될 수 있다.

무기화^{Weaponization}

공격자는 이 취약점을 악용하기 위한 일부 멀웨어를 사용한다. 좀 더 실력 있는 공격자는 자신이 직접 제작한 도구를 사용하거나 이미 알려진 공격 도구를 사용할 수 있다.

배달^{Delivery}

공격자는 네트워크 공격, 이메일이나 다른 방법으로 해당 멀웨어를 실행하게 한다.

악용^{Exploitation}

악성 코드가 실행돼 비인가 접근 권한을 획득한다.

설치^{Installation}

악성 코드는 공격자가 찾기 어렵게 원하는 방식으로 자체 설치해 지속성이나 성능을 유지한다. 흔히 멀웨어는 첫 번째 조각이 설치된 후 두 번째 조각을 다운로드하고 설치한다. 경우에 따라 이러한 영구적인 멀웨어가 정상적인 프로그램보다 더 잘 지원되고 업데이트된다.

명령과 제어^{Command and Control}

멀웨어는 일종의 통신 채널을 생성해 공격자가 원격 셸, 아웃바운드 웹 연결, 합법적 인 클라우드 파일 스토리지 서비스에서 명령을 읽을 수 있도록 원격으로 제어할 수 있다. 이 시점에서 당신의 시스템에 접근할 수 있는 자격증명이 블랙 마켓에서 그것을 원하는 누군가에게 좋은 가격에 판매되고 있을 수 있다.

목표에 대한 행동 Actions on objective

공격자(원래 공격자가 아닐 수도 있음)는 데이터를 훔치거나 웹 사이트를 손상시키며 고객을 공격하고 돈을 강탈하는 등 원하는 모든 작업을 수행한다.

MITER ATT&CK과 같은 다른 인기 있는 체인은 약간 단계가 다르다. 어느 것을 사용하든 적어도 하나 이상을 숙지하는 것이 좋다. 그래야만 공격자가 이미 수행한 작업과 다음에 무엇을 수행할지 알 수 있다.

OODA 루프

침해 사고 대응 계획이 있고 공격자의 진행 상황과 목표에 대한 약간의 아이디어가 있을 수 있다. 이제 대응할 시간이다. 사고 대응에서 널리 사용되는 개념은 OODA 루프다. 관찰, 방향 지정, 결정, 행동은 다음과 같다.

1. 관찰 단계에서 클라우드 제공자가 제공하는 로그, 방화벽, 운영체제 로그, 메트릭, 기타 위치와 같은 시스템에서 정보를 수집해 공격자가 무언가를 수행하고 있음을 나타내는 이상한 동작을 찾는다.

2. 오리엔트 단계에서 무슨 일이 일어나고 있고 다음에 일어날 일을 이해하려고 노력해야 한다. 여기에는 가장 중요한 자산이 어디에 있는지에 대한 내부 환경에 대한 지식과 공격 뒤에 누가 있을 수 있는지에 대한 외부 위협 인텔리전스가 포함될 수 있다. 모든 위협 인텔리전스에 돈이 필요한 것은 아니다. 예를 들어 US-CERT(https://www.us-cert.gov/)는 악성 활동에 대해 정기적으로 공개한다. 의심스러운 행동을 보고 US-CERT가 특정 전략, 기술, 절차를 사용해 특정 위협 행위자가 당신의 산업군을 목표로 삼고 있

다는 경고를 발표한 경우 방향을 잡는 데 도움이 될 것이다.

3. 결정 단계에서 피해를 최소화하거나 복구를 활성화하는 데 사용할 다음 전술을 선택하자. 예를 들어 특정 시스템을 오프라인으로 전환하거나 접근을 취소하거나 시스템을 검역소에 보관하거나 새로운 환경을 구축하기로 결정할 수 있다.

4. 행동 단계에서 실제로 그러한 전술을 실행한다. 클라우드 인프라를 사용하는 것이 실제로 도움이 될 수 있다. 특히 클라우드 환경을 시간이 지남에 따라 유기적으로 성장시키는 대신 클라우드 환경을 구축하는 반복할 수 있는 방법에 투자한 경우에 특히 그렇다. 다음과 같은 예가 있다.

- 대부분의 클라우드 환경은 기존 환경보다 컴퓨팅 인프라와 스토리지를 더 강력하게 구분한다. 공격자가 데이터 스토리지의 콘텐츠를 수정하는 것만으로도 지속(비인가를 유지)은 불가능 하지 않으나 매우 어렵다. 컴퓨팅 인프라의 모든 인스턴스에는 수천 개의 실행 파일과 구성 항목이 포함돼 있지만 일반적으로 데이터보다 훨씬 쉽게 재구성할 수 있다. 이 부분이 주어지면 이미지에 수정 사항을 적용해 공격자가 침입할 수 있는 취약점을 닫고, 모든 컴퓨팅 인스턴스를 종료하고, 고정 인스턴스로 교체하고, 최소한의 다운 타임으로 새 인스턴스를 데이터 스토리지에 연결할 수 있다.

- 스크립트를 사용해 시큐리티 그룹이나 NACL을 잠그는 API를 호출해 시스템을 쉽게 검역소에 보관할 수도 있다. 기존 환경에서는 동일한 효과를 얻으려고 다른 여러 라우터나 방화벽에 수동으로 로그인하거나 케이블 분리를 시작해야 할 수도 있다.

행동 후 루프가 다시 시작된다. 공격자가 수행한 행동, 방향, 결정, 행동에 대한 응답으로 공격자가 무엇을 하고 있는지 관찰해야 한다. 이 루프는 비교적 빠르며 관찰 결과 사고가 해결됐음을 알 수 있을 때까지 지속돼야 한다.

거의 충분히 준비되지 않았을 것이다. 준비가 잘돼 있어도 각각의 보안 사고는 그 사고가 갖는 여러 이유로 복잡할 것이다. 나중에 기억하기 어려울 수 있으므로 15초, 즉 어느 정도 시간을 들여 사고를 대응하는 동안 배운 교훈을 상기시키려고 중요 사항에 대해 메모를 꼭 해두자.

 상황이 나빠지거나 진전을 이룰 수 없는 경우 침해 사고 대응 전문회사에 전화하는 것을 두려워하지 말라. 대부분의 공격자는 방어자가 방어하는 것보다 공격 경험이 훨씬 많다.

클라우드 포렌식

이는 CSI 텔레비전 쇼의 이미지에 영감을 줄 수 있지만 불행히도 현실은 조금 덜 흥미롭다. 본질적으로 중요할 수 있는 모든 것의 포렌식Forensics 사본을 만들고 도구를 사용해 분석하려고 한다.

변경되지 않은 원본 데이터의 좋은 사본이 있다는 것을 입증할 수 있도록 문서화되고 재현 가능한 빙식으로 사본을 만드는 것은 중요하다. 여기에는 일반적으로 손상되지 않은 데이터의 사본이 있음을 표시하는 데 사용할 수 있는 확인 문자(해시 암호화)생성이 포함된다. SHA-256 같은 해시 암호화는 계산 속도가 빠르게 설계됐지만 동일한 해시를 가진 다른 데이터 조각을 만드는 것은 거의 불가능하다. 데이터 사본과 해시 암호화를 사용하면 누구나 신속하게 해시를 만들 수 있고 원본과 비교해 사본이 초기 조사자가 수집한 것과 동일한지 확인할 수 있다. 또한 변경 사항을 쉽게 발견할 수 없는 경우 누구도 (의도적 또는 실수로) 데이터를 변경할 수 없다. 원본을 어떤 읽기 전용 미디어에 기록하고 매번 사본을 비트 단위로 비교할 수 있지만 시간이 훨씬 오래 걸린다.

'도구' 절의 샘플 절차는 가상 시스템 메모리와 디스크 이미지에 대한 포렌식 이미지를 얻는 한 가지 방법을 보여주지만 조사 중에 다른 포렌식 아티팩트가 필요할 수 있다. 예를 들어 공격자가 데이터베이스를 변경했는지 여부를 비교하고 확인하려고 데이터베이스의 스냅샷이나 백업을 확보해야 할 수 있다. 네트워크에서 공격자나 멀웨어가 수행한 작업을 확인하려고 네트워크 패킷이나 흐름 캡처를 확인할 수도 있다.

비인가 접근 차단

이는 당연한 것처럼 보일 수 있지만, 특히 공격자가 시스템에 있었고 관리용 접근을 확보한 경우에 보기 어렵다. 6장의 지침을 따라 내부 분할이 잘돼서 해당 공격이 네트워크의 일부에만 영향 받았기를 바란다.

일반적인 응답은 모든 사람의 비밀번호와 API 키(자동화 포함)를 재설정해 정상적인 작동을 방해하고 인바운드 네트워크와 아웃바운드 네트워크 접근을 차단할 수 있다.

액세스를 신속하고 한 번에 모두 차단하려고 도구와 프로세스가 미리 준비돼 있어야 한다.

데이터 유출, 명령과 제어 중단

비인가 접근 차단을 위해 네트워크 통신을 종료하지 않은 경우 공격자가 명령과 제어 서버에 대한 연결을 중지하거나 지속적인 데이터 손실을 막으려고 아웃바운드 통신을 차단해야 할 수도 있다.

복구

공격을 발견했으며 그 공격을 잘 막았다고 생각되면 이제 정리하고 공격자가 시스템으로 다시 침입할 수 있도록 남겨둔 방법이 없는지 확인해야 한다.

IT 시스템 재배포

지금까지 IT 관점에서 손상된 시스템을 복구하는 가장 간단하고 효과적인 방법은 영향을 받은 모든 시스템을 재배포하는 것이다. 다시 말하지만 새로운 물리적 하드웨어를 구입할 필요가 없는 클라우드에서 좀 더 쉽다. 클라우드 제공자는 충분한 용량을 확보하고 있을 것이다. 손상된 클라우드 시스템은 다시 생성해야 하며, 프로덕션 트래픽은 새로운 시스템으로 전환해야 한다. 손상된 워크스테이션은 모두 밀어버리고 알려진 올바른 이미지를 이용해 새로 설치해야 한다. 영화 <에일리언>에서 엘렌 리플리[Ellen Ripley]가 한 불후의 명언이 있다. "궤도 내 전체에 핵폭탄을 투하하라. 이것이 에일리언 소멸을 확신할 수 있는 유일한 방법이다."

이것이 가능하지 않은 경우 공격자가 시스템을 계속 악용할 수 있는 위험에 대해 위험을 감수하겠다는 부분에 대해 경영진의 승인을 받아야 한다. 악성코드 스캐너를 실행하고 네트워크와 프로세스의 추가 탭을 유지해 손상 표시를 할 수 있으며 다른 보안 조치를 적용할 수 있지만 변경된 레지스트리 항목 하나만으로도 침입자가 시스템에 다시 침입할 수 있다. 그리고 놓친 멀웨어를 이용해 다시 쉽게 침입할 수도 있다.

고지

계약상의 의무나 규제 요구 사랑에 따라 고객에게 알리거나 법 집행 기관에 보고해야 할 수 있다. 분명 우리는 얼마나 많이 성공적으로 은폐했는지 좋은 메트릭은 없지만 야후!, 캐세이 퍼시픽[Cathay Pacific] 등 잘 알려진 실패 사례가 있다.

교훈

가능한 한 빨리 모든 사람이 숙면을 취한 후 습득한 교훈을 돌아보고 다음에 도움이 될 팀 구성, 계획, 절차, 도구, 점검 목록을 업데이트해야 한다. 사건이 발생했을 때 간단한 메모를 해두고 그것을 상기해서 다음에 도움이 될 목록을 작성하는 데 사용하길 바란다.

전체 사고 대응 팀과 프로세스를 구축하는 것은 큰 주제다. 클라우드 환경에 대한 요점을 다뤘지만 자세한 내용은 AlienVault의 사고 대응(https://www.alienvault.com/resource-center/ebook/insider-guide-to-incident-response)과 NIST SP 800-61(https://csrc.nist.gov/publications/detail/sp/800-61/rev-2/final)을 위한 인사이더 가이드를 참고하라.

예제 메트릭

다른 비즈니스 프로세스와 마찬가지로 탐지, 대응, 복구 활동에 대한 측정을 제공할 수 없는 경우 개선 여부를 파악하기 어렵다.

수집을 고려할 수 있는 몇 가지 예제 메트릭은 다음과 같다.

탐지

매월 수집된 이벤트 수, 매월 트리거된 경고 수, 침해 사고를 확인한 경고 비율, 오탐지 경고 비율

대응

경고가 트리거된 시점부터 경고 검토까지의 시간, 사고 확인 시점에서 해당 사고의 종결까지의 시간

복구

영향을 받는 시스템을 재배포하는 데 필요한 시간

전체적으로

시간, 비용, 평판 훼손을 포함한 각 사건의 예상 손실 비용

탐지, 대응, 복구용 예제 도구

다음은 클라우드 탐지, 대응, 복구 영역에서 대표적인 솔루션 목록이다. 5장에서와 같이 나열된 도구를 지지하기 때문에 열거한 것은 아니다. 다음은 이 글을 쓰는 시점에 널리 사용되는 다양한 도구의 예다.

- 아마존 GuardDuty는 AWS 계정이나 시스템에서 비정상적이거나 의심스러운 활동을 찾을 수 있다.

- 아마존 CloudWatch Logs, 애저 Monitor, 구글 Stackdriver Logging, IBM Cloud Log Analytics를 사용하면 로그를 저장하고 검색할 수 있다.

- 아마존 CloudWatch, 애저 Monitor, 구글 Stackdriver Monitoring, IBM Cloud Monitoring은 성능 메트릭을 제공한다.

- AWS CloudTrail, 애저 Monitor, IBM Cloud Activity Tracker는 클라우드 계정에서 특권 사용자 활동을 모니터링할 수 있다.

- 애저 Security Center는 보안 데이터를 중앙 위치로 수집하고 파일 무결성 모니터링과 기타 보안 기능을 수행할 수 있다.

- 시스코Cisco, 맥아피McAfee, 스노트Snort는 클라우드 기반 어플라이언스를 사용할 수 있는 널리 사용되는 네트워크 침입 탐지 서비스 제공자다.

- CloudFlare, Akamai, Signal Sciences는 클라우드 기반 웹 애플리케이션 방화벽 솔루션을 제공한다.

- OSSEC, Tripwire, AIDE, NT 변경 추적기, CloudPassage Halo, Qualys 등은 기존 또는 클라우드 기반 파일 무결성 모니터링 솔루션을 제공한다.

- IBM QRadar, Splunk Security Intelligence Platform, LogRhythm 등과 같은 SIEM은 로그 이벤트를 수집해 분석하고 경고로 알려준다.

- Encase 및 FTK와 같이 널리 사용되는 많은 포렌식 도구 세트는 이제 일부 클라우드를 지원한다.

종합 샘플 애플리케이션

이번에는 탐지와 응답 관점에서 샘플 애플리케이션을 마지막으로 살펴보자. 이 경우의 위협 모델에는 데이터베이스 내에 있는 많은 양의 고객 정보와 이 데이터를 훔쳐 다크 웹에서 판매하려는 공격자가 포함될 수 있다. 우리가 브랜드 이미지 손상을 우려했다면 관심이 달랐을 것이며, 웹 페이지를 훼손하려는 가능성이 가장 높다고 생각했을 것이다.

그림 7-2는 보안 관련 이벤트를 기록하는 중요한 시스템과 보안 팀이 이를 어떻게 처리하는지 보여준다. 파란색 항목(흑백으로 표시되는 경우 어두운 회색 배경의 흰색 텍스트)은 애플리케이션의 기능적 부분을 실행하고 주황색 항목(점선 테두리)은 애플리케이션 인프라를 만드는 데 사용되는 클라우드 제공자나 오케스트레이션 시스템이다. 녹색 항목(연한 회색 배경에 검은색 텍스트)이 감사 프레임워크를 실행한다. 다시 말하자면 애플리케이션에 대한 탐지와 대응 보안 목표는 다음과 같다.

1. 운영 문제 해결과 보안 사고 감지와 대응에 유용한 로그와 메트릭을 수집한다. IDS/IPS, WAF, 방화벽, 서버, 데이터베이스, 콘솔/API는 모두 보안 관련 이벤트와 메트릭을 기록하게 구성돼 있다.

2. 수집한 로그와 메트릭을 공격자가 지울 수 없는 곳에 안전하게 저장한다. 실제로 이는 별도의 관리 통제를 받는 시스템으로, 시스템에서 신속하게 빠져 나가는 것을 의미한다. 이 경우 로그는 별도의 관리 통제하에 있는 로

그와 메트릭 수집기 시스템을 통과하는 것으로 표시되지만 SIEM으로 직접
이동할 수도 있다.

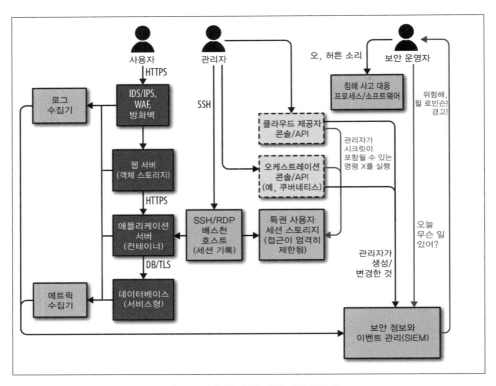

그림 7-2. 탐지 기능이 있는 샘플 애플리케이션

3. 수집된 데이터를 분석한다. 이를 통해 항목에 추가 조사가 필요한지 여부
   를 확인할 수 있다. 이 경우 SIEM(로그 구문 분석, 상관 규칙, 머신 러닝, 대부분
   의 SIEM 마케팅 브로셔에 언급된 기타 기능 사용)과 보안 운영자의 두뇌를 조합
   해 분석을 수행한다.

4. 사람이 조사해야 하는 품목에 대해 자동으로 경고한다. 이 예에서 SIEM은
   보안 운영자 역할을 가진 사람에게 경고를 보내도록 구성된다. 자동으로
   발생된 경고는 오탐지일 수 있다. 보안 운영자는 오탐지가 발생했을 때 가

254

능한 경우 오탐지를 가리지 않고 오탐지를 조정할 수 있는 별도의 피드백 루프(그림에는 표시되지 않음)가 있어야 한다.

5. 보안 침해 사고가 의심되는 경우 침해 사고 대응과 복구 계획을 가동해야 한다.

보호 시스템 모니터링

먼저 시스템을 정상적으로 사용하는 동안 보호 시스템에서 생성된 로그를 살펴보자. 이 그림에서 IDS/IPS, WAF, 방화벽 시스템은 시스템이 사용되거나 남용될 때 로그, 경고와 메트릭을 생성한다. 다음은 그 예다.

- IDS/IPS는 누군가가 포트를 스캔하는 것처럼 보이거나 알려진 악성 시그니처를 볼 때 로그를 기록할 수 있다.

- WAF는 누군가 SQL 인젝션 공격이나 역직렬화 공격을 시도하고 있음을 기록할 수 있다.

- 방화벽(또는 방화벽 역할을 수행하는 IaaS의 구성 요소)은 수락/거부된 연결뿐만 아니라 분당 네트워크에 들어오고 나가는 데이터의 양을 나타내는 메트릭을 상시적으로 기록한다.

애플리케이션 모니터링

다음으로 시스템을 정상적으로 사용하는 동안 애플리케이션과 인프라에서 생성된 로그를 살펴보자. 이러한 로그는 애플리케이션이 수행하는 작업과 이를 만드는 데 사용되는 구성 요소에 따라 크게 달라진다. 실제 응용에 적합한 디자인일 수도 있고 그렇지 않을 수도 있지만 설명을 위해 여러 가지 다른 기술을 사용했다고 가정하자. 다음은 그 예다.

- 웹 서버는 소스 IP 주소와 요청된 URL을 포함해 각 요청을 기록한다. 이 경우 웹 서버는 단순히 웹 요청에 대한 응답으로 객체를 나타내는 객체 스토리지 인스턴스다. 객체 스토리지 서비스가 접근 로그(객체 수정 시간 포함)를 로그 수집 서비스로 보내고 메트릭 서비스에 얼마나 많은 요청이 서비스되는지에 대한 메트릭을 보내도록 구성한다. 객체 스토리지 서비스를 사용하면 운영체제 로그와 같은 하위 수준 항목에 대해 걱정할 필요가 없다. 이는 클라우드 제공자의 일이기 때문이다.

- 이 예의 애플리케이션 서버는 쿠버네티스 클러스터에서 호스팅되는 포드다. 포드에서 실행되는 애플리케이션은 호출된 구성 요소의 URL과 응답이 포함된 각 요청을 표준 출력 파일(stdout)이나 표준 오류 파일(stderr)에 기록한다. 이 경우 애플리케이션은 파일 업로드도 허용하므로 애플리케이션의 한 구성 요소는 각 업로드를 검사하고 멀웨어가 포함된 모든 업로드를 격리하고 경고를 보내는 바이러스 백신 클라이언트다. 워커 노드의 로깅 에이전트는 워커 노드 자체뿐 아니라 각 포드의 로그 정보를 로그 수집기에 보낸다. 또한 쿠버네티스 마스터 자체에서 감사 로깅을 활성화해 누군가 인증하거나 포드를 만들 때 알려주게 해야 한다.

- 데이터베이스는 서비스형 데이터베이스나 데이터베이스 내의 특정 테이블에 대한 거부된 접근 시도와 데이터베이스에 대한 접근 설정의 변경 사항을 기록한다. 또한 주어진 시간에 얼마나 많은 데이터를 전송하는지에 대한 통계도 기록한다. 데이터베이스의 데이터 도난이 가장 우려되므로 이런 점에 주의를 기울여야 한다.

- 가상 프라이빗 클라우드 네트워킹 인프라(그림 7-2에 표시되지 않음)는 네트워크 메트릭을 메트릭 수집기로 보내도록 구성돼 네트워크 사용량이 많을 때 SIEM에 경고를 보낼 수 있다.

관리자 모니터링

또한 관리자가 작업하는 동안 모니터링해야 한다. 앞에서 말했듯 이것이 꼭 시스템 관리자를 신뢰하지 않는다는 의미는 아니다. 이는 공격자가 악의적인 수단을 통해 유효한 관리 자격증명을 얻을 수 있음을 인지하고, 그러한 공격을 탐지하고 대응해야 한다.

교육 목적으로 다음을 추정할 것이다.

- 관리자는 이 환경에서 가상 머신과 컨테이너의 조합을 다루고 있다.
- 관리자는 클라우드 제공자와 컨테이너 오케스트레이션 기능을 사용해 가능한 경우 VM과 컨테이너에서 특정 명령을 실행하지만 긴급 상황에서는 시스템에서 직접 상호작용하는 세션을 사용해야 할 수도 있다.

다이어그램에서 오염된 로그(시크릿을 포함할 수 있음)와 정상적인 정화된 로그는 별도의 시스템에 저장돼 오염된 로그에 대한 접근은 가능한 한 최소한의 관리자로 제한해야 한다. 두 유형의 로그를 모두 동일한 시스템에 저장하는 경우 해당 시스템의 모든 관리자에게 오염된 로그를 볼 수 있게 인가되고 해당 로그에 대한 접근이 신중하게 통제되는지 확인해야 한다.

감사 인프라의 이해

이제 감사 인프라를 살펴보자. 샘플 애플리케이션에서 로그 수집기, 메트릭 수집기, SIEM은 모두 별도의 시스템으로 표시되지만 많은 제품과 서비스가 이러한 영역의 일부나 모두에서 겹친다.

SIEM이나 보안 담당자에게 직접 경고를 보내는 추가 제품이나 서비스를 보유하고 있을 수 있다. 예를 들어 비정상적인 네트워크 트래픽 패턴을 감시하는 네트워크 트래픽 분석 시스템을 사용하거나 서버 또는 워크스테이션이 수행하는 작업에 대한 정보를 수집하는 엔드포인트 탐지와 대응 에이전트를 사용할 수 있다.

다음 시스템을 자세히 살펴보자.

- 로그 수집기는 클라우드 서비스(아마존 CloudWatch Logs, 애저 Monitor, 구글 Stackdriver Logging, IBM Cloud Log Analytics, Splunk Cloud)나 Splunk 또는 Logstash와 같은 별도의 설치된 제품일 수 있다.

  로그 수집기는 모니터링되는 시스템과 별도의 관리 통제를 받아야 모니터링되는 시스템 중 하나에 접근할 수 있는 공격자가 로그 수집기에 접근해 동일한 자격증명을 사용해 로그를 삭제할 수 없다. 분산을 위해 감사와 로깅 구성 요소를 별도의 클라우드 계정에 두는 것이 좋다.

  로그에는 보안 관련 정보와 그렇지 않은 정보가 모두 포함될 수 있지만 일반적으로 보안 관련 정보만 SIEM에 전송한다.

- 메트릭 수집기는 아마존 CloudWatch, 애저 Monitor, 구글 Stackdriver Monitoring, IBM Cloud Monitoring과 같은 메트릭 시스템이나 별도로 설치된 도구에 의해 수집된다.

- 로깅과 모니터링 시스템은 모두 보안 관련 항목을 SIEM에 제공한다. 예를 들어 로깅 시스템은 모든 인증 이벤트를 전달할 수 있으며 모니터링 시스템은 전송율과 같은 수치가 특정 시간 내에 임곗값을 초과할 때마다 이벤트를 푸시할 수 있다.

- SIEM에는 파서(구문 분석기)가 들어오는 다양한 유형의 로그를 이해하고 사람에게 알려야 하는 가치 있는 것을 결정하는 규칙이 있다. 이 경우 SIEM 규칙은 여러 계정에 대한 로그인 실패가 빠르게 연속으로 발생하거나(비밀번호 스프레이), 데이터베이스, 네트워크 메트릭이 비정상적인 활동을 나타내거나 의심스럽거나 여러 이벤트 조합의 경고가 발생할 때 경고할 수 있다.

258

정리

합리적인 보호를 설정한 후에도 공격을 탐지하고 신속하고 효과적으로 대응하고 복구할 수 있다고 확신할 때까지 보안은 완전하지 않다.

탐지는 단지 로깅에 관한 것이 아니다. 사용할 수 있는 모든 로그 소스를 정리하고 그것이 보안에 유용하기를 바랄 수는 없을 것이다. 환경과 위협 모델을 고려해 중요한 사항이 무엇인지 파악해야 한다. 거의 모든 환경에서 특권 사용자가 존재하고, 그들의 행동을 관찰하는 것은 항상 중요하다. "나쁜 일이 생기면 알 수 있나요?" 알 수 없다면 추가 정보 수집이 필요하거나 이미 수집 중인 정보가 가시성을 확보할 수 있는 위치에 있는지 확인해야 한다.

무엇을 관찰해야 하는지 파악한 후 로그가 효과적으로 수집되고, 메트릭화되고, 그것을 잘 살펴보고 있는지 확인해야 한다. 대규모 환경에서는 흔히 SIEM을 이용해 이와 같이 많은 로그 데이터를 처리한다. 시스템 간 시간을 동기화했는지 확인하고 시뮬레이션 공격을 수행해 모든 것이 실제와 정확히 일치하는지 확인해야 한다.

마지막으로 성공적인 공격이 발생했을 때를 대비해야 한다. 즉, 모든 팀이 참여해 계획을 수립하고 필요한 도구를 미리 준비해야 한다. 공격이 발생하면 팀은 공격이 어떻게 이뤄졌는지 파악하고 환경을 폐쇄시키고 상황을 대처해야 한다. 그리고 필요하면 추가 지원을 요청해야 한다.

복구 작업을 수행할 때 이를 정리하려 시도하는 것은 매우 위험하다. 누군가가 관리자 권한을 갖게 되면 멀웨어를 숨길 장소가 너무나 많기 때문에 어디에 멀웨어를 숨겼는지 알아낼 방법이 없다. 가장 안전한 방법은 시스템을 밀고 복원하거나 버리고 새로 설치하는 것이다. 다행히 클라우드에서는 아주 쉽게 할 수 있다. 내부 정리 작업에 대해 과소평가 하지 말아야 한다. 단일 접근 통제 권한, 윈도우의 단일 레지스트리 항목이나 찾기 어려운 백도어를 사용하면 공격자가 사용했다면 쉽게 다시 침입할 수 있다.

찾아보기

ㅇ

실용적인 클라우드 보안
클라우드 보안 기초와 실무

발 행 | 2021년 8월 17일

지은이 | 크리스 닷슨
옮긴이 | 김종준 · 신동혁

펴낸이 | 권 성 준
편집장 | 황 영 주
편 집 | 조 유 나
　　　　김 다 예
디자인 | 송 서 연

에이콘출판주식회사
서울특별시 양천구 국회대로 287 (목동)
전화 02-2653-7600, 팩스 02-2653-0433
www.acornpub.co.kr / editor@acornpub.co.kr

책값은 뒤표지에 있습니다.